家庭科への
Action-Oriented Learning Strategies
参加型アクション志向学習の導入【22の実践を通して】

■編著者

中間美砂子

■著者

小椋さやか

久保田まゆみ

小谷教子

坂本理恵子

真田知恵子

新山みつ枝

野中美津枝

踏江和子

■

大修館書店

はじめに

　家庭科では，個人・家族・地域社会のウェルビーイング向上をめざした生活を創造するために，生涯を通して，さまざまな生活問題を解決する能力を育成することをめざしている。

　人は，いずれにしても家族の中で生を受けるが，一生の間にはさまざまな家族形態を経験する。そのさまざまな家族シチュエーションにおいて，個人と家族の関係をどうするか，個人・家族と地域社会の関係をどうするか，さらに個人・家族・地域社会と環境との関係をどうするか，などの生活問題を解決していかなければならない。

　このような多様な生活問題を解決する能力を育成するということは，まことに困難なことである。生活に関する知識・技術を習得しただけでは，生活問題を解決することは不可能で，実際に問題を解決する体験をする必要がある。しかし，将来生ずるかもしれない生活問題すべてを経験することは不可能である。そこで，家庭科の学習にあたっては，予想される生活問題を疑似的に体験することが効果的と考えられ，実践的・体験的学習，問題解決的学習を用いることが推奨されてきている。

　アメリカでは，家庭科や消費者教育の学習に，早くからアクション志向的な学習法，疑似体験的学習法が取り入れられてきていたが，わが国においても，高等学校家庭科が男女必履修となり，「家族」「消費」が重視されるようになるにつれ，指導法の工夫がなされるようになった。また，高校への進学率が96％を超えた今日，指導法の工夫はますます必要になってきており，この参加型アクション志向学習法が注目されてきている。

　参加型アクション志向学習法は，行動を通して能動的に学ぶ学習法であり，多くは，共同参加による学習方法であるため，一見，学習時間を多く要するようにみえる。しかし，思考を深める学習方法であり，転移性のある能力を身につけることのできる学習方法である。そこで，高等学校家庭科の題材を取り上げ，参加型アクション志向学習を取り入れた授業実践を試みることとした。

　2003年5月に，編著者を中心に，参加型アクション志向学習法に関心をもつ，千葉県，神奈川県，広島県，愛媛県の現役の高等学校教員8名で高等学校家庭科学習法研究会を組織し，研究を進めてきた。その間，合同研究会や，地区別分科会をもつなどして，授業を構想し，授業実践を重ねてきた。研究にあたっては，まず，参加型アクション志向学習法についての勉強会を開催し，そのうえで，基本的な生活問題を挙げ，分担した生活問題ごとに，それらの解決にはどのような学習方法が効果的かを検討し，授業計画を立て，実践し，実践結果をもちより，相互評価を行った。そのうえで，授業計画を修正し，再度授業実践を繰り返した。研究の過程において，育児休業に入った研究者があったが，その場合，授業構想は本人が立案し，授業の実践だけを，研究会員に依頼し，授業実践の分析は，本人が行った。このようなことが可能となった背景には，本研究を通しての研究員の結びつきの強さがあったためといえる。

授業実践結果は，必ずしも再現性を期待できるものではないが，授業実践の積み重ねは，確かな手ごたえを感じさせるものであった。

　本書は，参加型アクション志向学習法の理論的背景に基づき，参加型アクション志向学習を導入し，実践によりその効果を確かめた貴重な実践記録である。授業時間の都合で実践できず，割愛せざるを得なかった授業構想もあり，結果的に，22例の実践事例を掲載することとなった。取り上げた生活課題は限られたものではあるが，他の生活問題に活用を広げることが可能と考える。今後，これらの授業実践を参考に，さらなる新たな試みが生まれることを期待したい。

　科目「家庭基礎」「家庭総合」「生活技術」によっても，学校，地域の実情によっても年間指導計画は異なるが，ここに掲載した実践事例は，科目，学校，地域の実情にかかわらず，状況に応じて活用できるものと考える。

　なお，ここでは，高等学校家庭科教員による高等学校家庭科の題材による実践例を取り上げたが，学習方法については，中学校や，小学校での実践にも適用できるヒントを多く含んでいる。本実践を参考に，中学校，小学校での参加型アクション志向学習導入を試みていただければ幸甚である。

　終わりにあたりまして，本書の出版にあたって，なみなみならぬご協力をいただいた大修館書店社長ほか皆様，特に福島裕子氏に厚くお礼申しあげます。

　　　2006年8月

　　　　　　　　　　　　　　　　　　　　　　　　　　　　著者代表　中間美砂子

もくじ

I 家庭科と参加型アクション志向学習　7

1. 個人・家族・地域社会のウェルビーイング向上をめざす家庭科……………8
2. 家庭科で解決すべき生活問題……………8
3. 家庭科の学習方法の特徴……………12
4. 学習スタイルと教育システム……………14
5. 参加型アクション志向学習法……………16
6. 参加型アクション志向学習の成果の評価……………25

II 家族・保育・福祉領域への参加型アクション志向学習の導入　27

［家族・家庭生活］
1. 人生をみつめる……………28
2. 家事労働について考える……………34
3. 家族コミュニケーションスキル……………40
4. 男女共同参画社会をめざして─家族に関するテーマで新聞作り─……………46

［子育て］
5. 親だったらどう対処するか……………54
6. 離乳食─手作りと市販品の比較をしよう─……………60
7. 育児不安を解消するには……………66

［高齢者］
8. いきいき高齢者像構築に向けて……………72
9. 高齢者と生きる……………78

［障害者］
10. 障害者福祉について考えてみよう……………84
11. 車椅子で街に出てみよう……………92

Ⅲ 衣・食・住生活領域への参加型アクション志向学習の導入　99

[衣生活]
- 12 被服材料の性能を考えた被服選び……………100
- 13 自分らしい着装について考える……………106

[食生活]
- 14 食事と運動のバランスを考える……………112
- 15 栄養を考えた昼食ショッピング……………118
- 16 食品の安全を考える……………126

[住生活]
- 17 家族の住まい選びについて考える……………132
- 18 安全な住まいについて考える……………138

Ⅳ 消費・資源・環境領域への参加型アクション志向学習の導入　143

[消費]
- 19 商品を選ぶ……………144

[資源・環境]
- 20 持続可能な社会をめざして—ECO　ACTION—……………150

[経済計画]
- 21 自分らしい一人暮らしのバランスシート……………156
- 22 これからの生活プラン……………162

Ⅴ 資料　167

執筆分担……………179

本書をご活用いただくにあたって

●

　本書は，高等学校家庭科の授業実践事例を通して，「参加型アクション志向学習」についてまとめたものです。

　それぞれの授業実践が具体的にイメージしやすいよう，実践事例ごとに，実際に授業で使用したワークシートに生徒が記入したものを一部掲載しております。縮小して掲載しているものが多いこともあり，特に生徒の記入部分については，判読しにくいものもあると存じますが，生徒の授業への取り組み状況をご推測いただければ幸甚です。

　実際の授業実践にあたっては，さらに多くのワークシートや資料を活用いたしましたが，紙面の都合上割愛せざるを得ませんでした。しかし，ページ数の関係で本文には掲載できなかった資料の中で，授業をご理解いただくために不可欠と思われるワークシートや資料の一部は，「Ⅴ資料」に掲載いたしました。

　なお，実践時期から時間がたっているものもあり，資料の内容が現在の状況と異なっているものもあることをご了承ください。

　以上の点をご勘案のうえ，これらの授業実践を参考に「参加型アクション志向学習」にトライしていただき，さらに新たな授業を開発していただけることを期待しております。

I

家庭科と
参加型アクション志向
学習

1. 個人・家族・地域社会のウェルビーイング向上をめざす家庭科
2. 家庭科で解決すべき生活問題
3. 家庭科の学習方法の特徴
4. 学習スタイルと教育システム
5. 参加型アクション志向学習法
6. 参加型アクション志向学習の成果の評価

1 個人・家族・地域社会のウェルビーイング向上をめざす家庭科

わが国の家庭科教育では，学習指導要領によれば「家族の一員として生活を工夫しようとする実践的な態度を育てる」（小学校家庭），「進んで生活を工夫し創造する能力と実践的な態度を育てる」（中学校技術・家庭），「男女が協力して家庭や地域の生活を創造する能力と実践的な態度を育てる」（高等学校普通教育における家庭）とされている。ここでは，どのような生活の創造をめざすのかは，明示されていないが，今日，国際的に用いられている概念を用いるとすれば，「個人・家族・地域社会のウェルビーイング向上をめざす生活」といえるであろう。

ウェルビーイングということばが公的な文書に初めて登場したのは，世界保健機構(WHO)憲法草案(1946)といわれる。そこでは，「健康とは，単に病気や虚弱の状態でないというだけでなく，身体的・精神的および社会的に良好な状態(well-being)にあること」と定義されている[1]。その後，このウェルビーイング概念は，子どもの権利条約(1989)や国際家族年(1994)において，個人の尊厳や自己実現までを含む概念に拡大されてきている[2]。アメリカでも，家族・消費者科学(旧家政学)は，「個人・家族・地域社会のウェルビーイングの向上」を環境とのかかわりの中で追求していく専門であるとしている[3]。ここにいう環境は，自然環境および社会環境を含むものと考えられ，個人・家族・地域社会の生活は，環境の影響を受けるとともに，環境へ影響を与えながら，成り立っているといえる。このことを図式化してみると図1のようになる。

2 家庭科で解決すべき生活問題

1 生活問題の設定

個人・家族・地域社会のウェルビーイング向上をめざすためには，生涯にわたって生じてくる生活問題を環境とのかかわりで，実践的に解決する能力が必要である。学校の家庭科においては，そのための素地を育成することが課題となってくる。

では，解決すべき生活問題としてどのような問題を設定すればよいか。学習指導要領に挙げられている項目は，時代と共に変遷している[4]が，家庭科で扱う生活問題領域としては，「家族・保育・

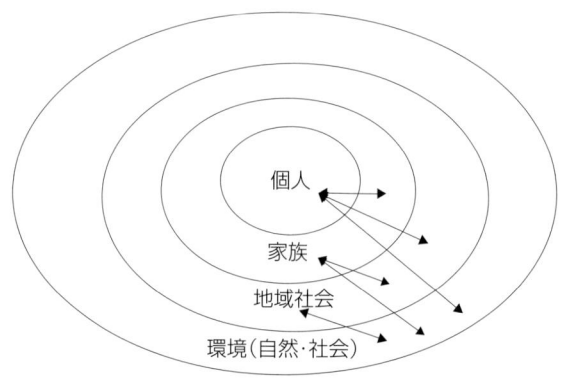

図1　個人・家族・地域社会・環境（自然・社会）のかかわり

福祉領域」「衣・食・住生活領域」「消費・資源・環境領域」を挙げることができる[5]。この分類に基づいて，本書では，次の生活問題を挙げ，それについての授業実践を試みることとした。個人・家族・地域社会シチュエーションおよび参加型アクション志向学習法の詳細については後述するが，授業実践において用いた個人・家族・地域社会シチュエーションと導入した参加型アクション志向学習法も，あわせて表1に挙げる。

表1　生活問題の設定例(本書での授業実践例)

	領域		生活問題(テーマ)	個人・家族・地域社会シチュエーション	参加型アクション志向学習法
1	家族・保育・福祉領域	家族・家庭生活	人生をみつめる	高校生	せりふ完成法(エンカウンター)，アンケート調査(即時集計・グラフ化)，ディスカッション
2			家事労働について考える	高校生のいる家族，幼児のいる共働き家族	調査(聞き取りまたは観察・分析)，ランキング法，ケーススタディ，ロールプレイ，家庭実践
3			家族コミュニケーションスキル	ひとり親と高校生，高校生ときょうだい，高校生と友だち	アサーティブ・トレーニング，ロールプレイ(シナリオ作成)
4			男女共同参画社会をめざして―家族に関するテーマで新聞作り―	独身，若い夫婦，夫婦と子ども，高齢者のいる家族など	ワークショップ，アンケート，インタビュー，せりふ完成法，レポート
5		子育て	親だったらどう対処するか	親と幼児，保育者と幼児	ロールプレイ，ケーススタディ
6			離乳食―手作りと市販品の比較をしよう―	共働き夫婦と乳児，片働き夫婦と乳児	インタビュー，ケーススタディ，実習
7			育児不安を解消するには	夫婦と乳幼児	ケーススタディ，ロールプレイ，シナリオ作成
8		高齢者	いきいき高齢者像構築に向けて	地域の高齢者	フォトランゲージ，推理ゲーム，フィルムフォーラム
9			高齢者と生きる	高齢者のいる家族，地域の高齢者	フィルムフォーラム，高齢者疑似体験，NIE
10		障害者	障害者福祉について考えてみよう	障害者のいる家族，地域の障害者	ブレーンストーミング，ラベルトーク，KJ法，地域実践
11			車椅子で街に出てみよう	地域の障害者	フィールドワーク，シミュレーション，観察
12	衣食・住生活領域	衣生活	被服材料の性能を考えた被服選び	高校生	情報収集・分類(新聞広告・カタログ)，実習，実験，レポート・討論，ランキング法
13			自分らしい着装について考える	高校生	フォトランゲージ，コラージュ，イラスト作成

14	衣・食・住生活領域	食生活	食事と運動のバランスを考える	高校生	コンピュータ・シミュレーション
15			栄養を考えた昼食ショッピング	高校生	計測実習, カードゲーム, シミュレーション, クイズ, 調理実習,
16			食品の安全を考える	成長期の子どものいる家族	調査, 実験, 実習
17		住生活	家族の住まい選びについて考える	若者の一人暮らし, 夫婦のみ, 夫婦と子ども, 高齢者の一人暮らし	ジグソー学習
18			安全な住まいについて考える	夫, 妻, 子, 夫または妻の父または母	シミュレーション, 実習, ワークショップ
19	消費・資源・環境領域	消費	商品を選ぶ	高校生	アンケート調査(実態・意識), インタビュー, 研究発表, シミュレーション, 広告・カタログ分析
20		資源環境	持続可能な社会をめざして―ECO ACTION―	高校生	商品調査, グループディスカッション, 発表, グリーンコンシューマー活動, 省エネ生活シミュレーション
21		経済計画	自分らしい一人暮らしのバランスシート	若者の一人暮らし	コンピュータ・シミュレーション
22			これからの生活プラン	独身一人暮らし, 親と独身の子ども3人家族, 夫婦家族(共働き), 夫婦・子ども1人家族(共働き, 片働き), 夫婦・子ども2人家族(共働き, 片働き), 夫婦・子ども3人家族(共働き)	フィルムフォーラム, シミュレーション

2 生活問題のレベル

　家庭科で解決すべき「生活問題」の一例を表1に挙げたが，これらの生活問題の解決にあたっては，レベルがある。まず，①「自分自身の生活問題」を解決し，ついで，②「家族や地域社会の人々の生活問題」を解決する，さらに③「社会システムにおける生活問題」を解決するという3段階である[6]。実際には，これらのレベルの問題解決は，同時並行で進行するかもしれない。

　そこで，アメリカの家庭科における「永続的実践問題アプローチ」の理論的根拠になっているブラウン(Brown.M.N.,1914～1996)の理論を参考に考えてみたい。ブラウンは，ハバーマス(Habermas, J.1929～)の行為概念を背景に，家族が行う行為の種類を目的合理的行為，コミュニケーション行為，解放的行為の三つに分類している[7]。この理論を援用して，生活問題解決のレベルについて考えてみたものが，表2である。

　これらの解決すべき生活問題のレベルと個人・家族・地域社会・環境との関係を簡単に図式化す

表2　解決すべき生活問題のレベル

レベル	実践への応用	行為の種類	行為がめざすもの	背景科学
1	手段的実践	技術的行為	衣食住などの生活を合理的に営むことをめざす	経験・分析科学
2	相互作用的実践	コミュニケーション的行為	①対人関係において，共感的理解，説明・交渉，共有行動，協働行動などを通して，合意形成をめざす ②乳幼児，高齢者，障害者などをサポートし，彼らのウェルビーイングを保障するための手助けをすることをめざす	解釈科学
3	内省的実践	解放的行為	批判的思考により，権力関係，差別や偏見，圧迫・束縛からの解放のための行動を通して，生活における矛盾や葛藤を解決することをめざす	批判科学

林未和子『現代アメリカ家庭科カリキュラムに関する研究』風間書房，p.165，日本家政学会家政学原論部会『家政学未来への挑戦』建帛社，p.39-40を参考に筆者作成(ユルゲン・ハバーマスの理論を背景にマージョリー・ブラウンおよびベアトリス・ポルーチが提唱した理論が中心となっている)
出典：中間美砂子編『家庭科教育法―中・高等学校の授業づくり―』建帛社，2004

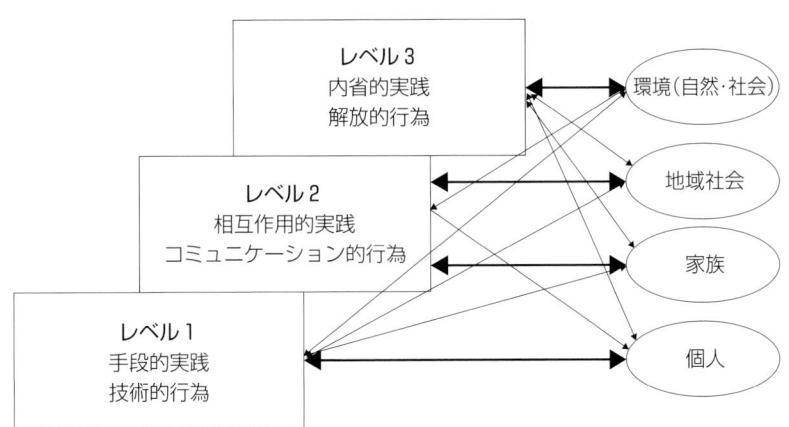

図2　解決すべき生活問題のレベルと個人・家族・地域社会・環境との関係

ると図2のようになる。

3　高校生にとっての家族の位置づけ

　これらのレベルの生活問題を解決できる能力を育成するという教育課題に迫るには，どうすればよいか。個人・家族・地域社会のウェルビーイング向上をめざす家庭科においては，個人・家族を主体とする生活問題について考える必要がある。しかし，高校生の意識にとって，家族はどのような位置を占めているであろうか。
　カーンズ(Karns,P.J.)は，家族のコミュニケーションの構成要素として，適応性(adaptability)と凝集性(cohesion)の二つの軸を挙げている。適応性とは，家族成員が，一緒になって家族のために

計画を立てたり，意見の不一致が生じた場合，それをうまく解決する能力であり，凝集性とは，人々は互いに愛を求め，一つの家庭を形成するために，共に暮らしを営む，それぞれの家族の目的とアイデンティティは互いの深いかかわり合いから生まれるというものである[8]。これらは，時々の家族メンバーのニーズによって変わっていくものである。適応性は，子どもが小さいときには，構造的で，長ずるにつれて柔軟になり，凝集性については，子どもが小さいときは結合的で，子どもが長ずるにつれて，分離的になることが望ましい[9]と考えられている。

この考え方によると，高校生の時代は，適応性は柔軟になり，凝集性は分離的になる時期といえるであろう。すなわち，自分の家族からは一定の距離をおくようになる時期であり，自分の家族について考えることには，興味をもちにくい時期といえる。高校生に，家族について学習させるのはむつかしいといわれるのは，このためといえるであろう。高校生の最も大きい関心事は自分自身の進路であり，異性・恋愛である。「自分が生む家族(family of procreation)」への関心もけっして高いとはいえない。しかし，これからの生き方において，自分，家族，地域社会の関係について考えていくことは，高校生にとって重要な課題である。

4　個人・家族・地域社会シチュエーションの設定

今日，家族の形態は多様化してきており，平均寿命の延びてきた今日，家族のライフステージごとの変化も大きくなってきている。地域社会を把握し，社会問題を解決していく視点をもつためには，「自分が生む家族」について考えるだけでなく，現代社会の多様な家族について考えていかなければならない。

すなわち，家族について学習するということは，「自分が生まれた家族」「自分が生む家族」についてのみ学習するのではなく，広く，多様な家族，変化する家族を視野に入れる必要がある。

ウェストバージニア・カリキュラム技術資源センターによる「成人役割と機能　実践問題を中心とした家庭科カリキュラム」(1992)[10]では，ARF（Adult Roles and Function）家族を想定して，各領域の学習を進める方法を導入している。そこで，本研究においても，さまざまな家族シチュエーションを想定して，学習を進めることで，家族についての効果的な学習ができるのではないかと考え，家族を中心とした個人・家族・地域社会シチュエーションを想定した授業を試みることとした。シチュエーションの想定にあたっては，現代の家族の実態に合った，具体的なシチュエーションを考える必要がある。表3に，家族シチュエーションの想定例を挙げる。

3　家庭科の学習方法の特徴

1　実践的・体験的学習

生涯を通して，このようなさまざまな個人・家族・地域社会シチュエーションにおいて，さまざまなレベルの生活問題を解決していく能力を育成するには，どのような学習方法が適切だろうか。家庭科の学習指導要領の「指導計画の作成と内容の取り扱い」においては，小・中・高等学校を通して，「実践的・体験的な学習活動を中心とする」（高等学校においては，10分の5以上を実験・実習に配当とされている）とある。では，実践的・体験的学習とはどういう学習方法をさすのだろうか。

表3　家族形態の多様化とライフコースを考えた家族シチュエーションの想定例

〈若者一人暮らし〉
　　構成（男性，女性）
　　住居（集合住宅・賃貸，集合住宅・会社寮，間借り）
　　地域環境（首都圏，地方都市，農村，郊外，商店街）
　　家族・親族（実家へ2時間程度以内，実家へ5時間程度以上）
　　近隣（近隣との交流，自治会活動，ボランティア活動）
　　収入（生活保護，勤労収入，仕送り）
〈若い夫婦二人暮らし〉
　　構成（夫，妻）
　　住居（集合住宅・賃貸，戸建て・賃貸，戸建て・持ち家，コミューターマリッジ）
　　地域環境（首都圏，地方都市，農村，郊外，商店街）
　　家族・親戚（子ども希望，子ども希望しない，親同一市町村居住，親遠距離居住）
　　近隣（近隣との交流，自治会活動，ボランティア活動）
　　収入（勤労収入（共働き，片働き））

〈夫婦・子ども暮らし〉	〈三世代暮らし〉	〈高齢者夫婦二人暮らし〉
（生活状況：省略）	（生活状況：省略）	（生活状況：省略）
〈ひとり親と子ども暮らし〉	〈夫婦と未婚成人子暮らし〉	〈高齢者一人暮らし〉
（生活状況：省略）	（生活状況：省略）	（生活状況：省略）
〈再婚夫婦・連れ子暮らし〉	〈夫婦と離婚子家族暮らし〉	〈その他〉
（生活状況：省略）	（生活状況：省略）	（生活状況：省略）

　実践的学習と体験的学習の違いは明確ではないが，実践とは「人間が行動を通じて環境を意識的に変化させること」であり，実践的（practical）学習とは，生活に関係のある実践問題について，自分で実際に行動することを通して学ぶことといえよう。体験とは，「自分が身をもって経験すること」であり，体験的（experimental）学習とは，経験的学習といえる。経験とは，「人間が外界との相互作用の過程を意識化し自分のものとすること」である。経験学習とは，「経験を基礎として行う学習」であり，レヴィン（Lewin.K,1890～1947）による行動モデルと，デューイ（Dewey.J,1859～1952）の行動理論に基づいている。実践そのものではないが，実践への関心を高めるきっかけとなる体験をすることといえよう。

　実践的・体験的学習とは，いずれにしても，人や物の一生のプロセスにかかわることである。乳幼児や高齢者に触れる機会が減少してきた今日，学習の場で，乳幼児や高齢者に触れる機会を通して，人の生涯発達のプロセスにかかわることで，生命を大切にする気持ちが生じ，いろいろな世代の他者を大切にする生き方が可能となるであろう。また，物をつくる経験も，物が製造されるプロセスを見る経験も少なくなってきている今日，学習の場で，物の生産から廃棄までのプロセスにかかわる経験をもたせることは，自分で物をつくる喜びを感じると共に，物や環境を大切にする気持ち，物をつくった人に感謝する気持ちが生じるであろう。

2　問題解決的学習

　家庭科の学習指導要領では，実践的・体験的学習と共に，小・中・高を通して，「問題解決的学習を充実すること」が挙げられている。家庭科における問題解決的学習は，思考による問題解決過程だけでなく，行動による問題解決過程も含むものと考えられ[11]，図3のようなプロセスをたどる。

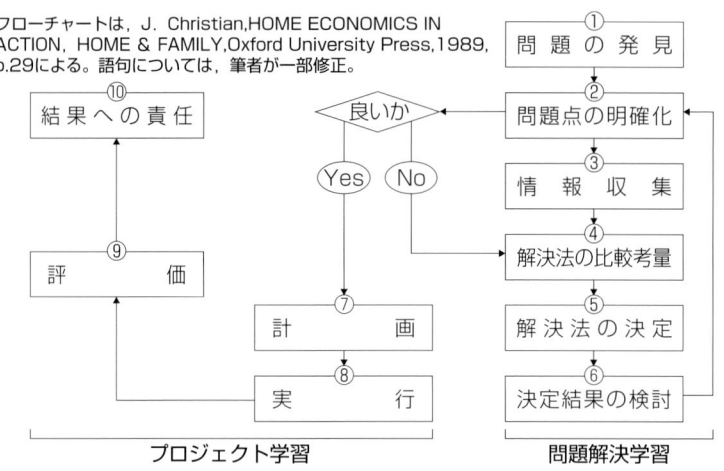

図3　家庭科における問題解決のプロセス
出典：中間美砂子「家庭科における問題解決能力の育成」『家庭科教育』家政教育社，69-4，1995

　思考による問題解決は，デューイによる問題解決学習に起源をもつ。彼は，そのプロセスにおける反省的思考(reflective thinking)を重視している。行動による問題解決は，デューイの考えをさらに発展させたキルパトリック(Kilpatrick,W.H.,1871～1952)によるプロジェクト法に起源をもつ。問題解決的学習において，取り上げる問題は，抽象的なものではなく，具体的な生活問題，すなわち，実践問題(practical problem)でなければならない。

　問題解決を授業に導入する場合，個人による問題解決だけでなく，グループやクラス全体など集団で行う場合が多い。集団として合意を形成する場合の学習方法としては，ブラメルド(Brameld,T.,1904～1987)の社会的一致学習(①証拠を通しての学習，②コミュニケーションを通しての学習，③集団としての同意，④行動を通しての真理性の検証)がある[12]。ワークショップにおける合意形成などはこれにあたるといえよう。

4　学習スタイルと教育システム

1　学習者の学習様式

　実践的・体験的学習や問題解決的学習を導入するにあたって，まず，考えなければならないことは，学習者はそれぞれ，異なった学習様式（スタイル）をもっているということである。学習様式理論としては，1970年に，コーブ(Kolb,D.)が開発した，学習者を4つに分類するモデルが挙げられる。すなわち，想像力豊かな学習者（経験を統合し，内省的に問題に取り組む人），分析的学習者（知られていることを基に理論を発展させ，思考に没頭する人），良識的学習者（理論と実践を統合し，修正と実験をしようとする人），動的学習者（強い理論はないが，試行錯誤を通して学び，正確な結論に達する人）の4タイプである[13]。このように異なった学習様式をもつ学習者を対象に学習を進める場合，どのような工夫が必要であろうか。

2 4MATシステム

　コーブの学習様式に関する研究は，マッカーシー（McCarthy,B.）による4MATシステムの開発（1982）の基礎となった。その後，さらに，この理論は，グレゴーク（Gregorc,A.F.），バトラー（Batler,K.）（1984），フェドラー（Fedler,R.）（1993）などにより研究が進められてきており，今日の学習方法の基礎理論となっている。4MATシステムとは，コーブによって示された，学習者の4つの型に達するように，指導者は，これらすべてを指導課程の中に体系的に用いるよう奨励しているものである。すなわち，さまざまな学習様式をもつ学習者の学習が成立するためには，すべての学習様式（スタイル）を取り入れた教育システムが提案される必要があるとするものである[14]。4MATシステムを簡単に表にまとめてみると，表4のようになり，簡略化して図示したものが，図4である。

表4　学習様式（スタイル）と4MAT教育システム

学習様式（スタイル）		4MAT教育システム				
具体的・任意的	想像的学習者	WHY？	Ⅰ・1	右脳・連想	動機つけ 意味づけ	経験する
			Ⅰ・2	左脳・調査		
具体的・継続的	分析的学習者	WHAT？	Ⅱ・3	右脳・想像	内省・熟考 概念開発	概念化する
			Ⅱ・4	左脳・定義づけ		
抽象的・任意的	良識的学習者	HOW？	Ⅲ・5	左脳・手段	有用性 技能	応用する
			Ⅲ・6	右脳・拡張		
抽象的・継続的	動的学習者	IF？	Ⅳ・7	左脳・洗練	適応	創造する
			Ⅳ・8	右脳・統合		

http://chiron.valdosta.edu/whuitt/col/instruct/4mat.html　http://ladybats.tripod.com/4mat.htmlより筆者作成

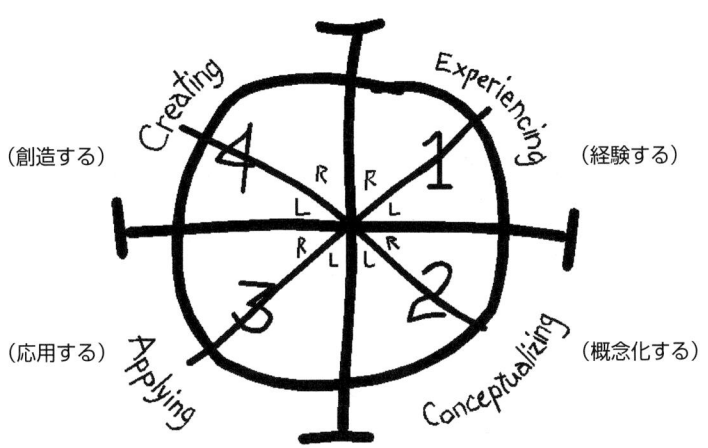

図4　4MAT教育システムの概念図
出典：http://ladybats.tripod.com/4mat.html
注：訳語は筆者による
　　Rは右脳，Lは左脳を表している

5　参加型アクション志向学習法

1　アクション志向的学習法の系譜

　実践的・体験的学習および問題解決学習を取り入れた学習は，4MAT教育システムに通ずる。すなわち，体験的学習は，4MATシステムの第Ⅰ段階に，実践的学習は第Ⅲ段階にあたり，問題解決学習は，第Ⅰ段階から第Ⅳ段階までの全サイクルを含むものといえるであろう。この4MAT教育システムに迫るには，行動を通して学び，行動変容をねらう主体的学習方法としてのアクション志向学習を用いることが効果的である。このアクション志向学習は，学者により，その分類方法やネーミングは異なるが，方法そのものは，アメリカの家庭科教育，アメリカや北欧の消費者教育で，早くから用いられてきている方法である。わが国の家庭科においても，家族，消費者教育が重視されてきた1989年の学習指導要領の改訂以来，多く用いられるようになってきた。

　表5～9に，アメリカの家庭科教育・消費者教育や北欧の消費者教育で用いられてきたアクション志向学習的学習方法（指導方法）を挙げる。これらは，ごく一部に過ぎないが，このように，アクション志向学習法は，評価方法として，教授方法として，学習方法として，アメリカで，北欧で，家庭科教育で，消費者教育で，さまざまなネーミング，さまざまな分類で用いられてきている。

表5　家庭科の評価方法として挙げられている例（アメリカ）

〈評価におけるシミュレーション技術〉
ロールプレイング，スキットとパントマイム，教育的ゲーム，質問，デモンストレーション 　実験・体験，創作事件，書類受け，ディスカッション，分類テスト，手紙書きと書式書き込み

出典：Hazel Taylor Spitze & Mildred Barnes Griggs "Choosing Evaluation Techniques" Home Economics Education Association，1976

表6　家庭科の指導方法・教授スキルとして挙げられている例（アメリカ）

〈指導方法〉	効果的質問 ディスカッション―クラスディスカッション，小グループディスカッション（内外サークル，ブレーンストーミング，バズセッション），パネルディスカッション，ディベート，シンポジウム，フォーラム ケーススタディ シミュレイティッド・エクスペリエンス（疑似体験）―スキット，ソシオドラマ，ロールプレイング，フォトシチュエーション ゲーム，デモンストレーション
〈学習のための組織〉	実験室体験，家庭体験，コミュニティ資源への接触，基礎的スキルの強化

出典：Valerie M. Chamberlain & Joan M .Kelly "Creative Home Economics Instruction" McGraw-Hill Book Company（1981，1975）

〈教授スキルと方法〉	中心的教授スキル，ディスカッションの導入，視覚メディア， 疑似体験―スキット，ソシオドラマ，ケーススタディ／シナリオ，視覚シチュエーション，コンピュータ・シミュレーション デモンストレーション，経験学習，実験活動，共同学習 学習のためのゲーム―カードゲーム，コンピュータゲーム，ボードゲーム，言語ゲーム，TVゲーム技術を用いた学習

出典：Valerie M. Chamberlain & Merrilyn N. Cummings "Creative Instructional Methods for Family & Consumer Sciences Nutrition & Wellness"，Glencoe McGraw-Hill，2003

表7 家庭科の学習方法として挙げられている例(アメリカ)

〈学習者との話し合い〉
　ディスカッション(小グループディスカッション,協力学習グループ,内外サークル,シンポジウム,パネルディスカッション)
　インタビュー
　ブレーンストーミング
〈アクション志向学習方略〉
　ディベート
　ロールプレイ
　ゲーム
　シミュレーション
　実験
〈学習者との話し合い〉
　ディスカッション(小グループディスカッション,協力学習グループ,内外サークル,シンポジウム,パネルディスカッション)
　インタビュー
　ブレーンストーミング

出典:Elizabeth j. Hitch & June Pierce Youatt "Communicating Family and Consumer Sciences" The Goodheart-Wilcox Company, Inc.(1995, 1993)

表8 消費者教育教授法として挙げられている例(アメリカ)

A 質疑応答,B 学習目標,C ケーススタディ,D ディスカッション,E 経験,
F フィールド・トリップ,G グループ学習(共同学習),H 印刷物,I インタビュー,
J ジョーク,K 情報,L 法律,M マルチメディア,N 新聞分析,O 教室外活動,
P 問題解決,Q アンケート,R ロールプレイング,
S 寸劇,調査,シミュレーション,T テレビ,U 指導計画,V 視覚教材,
W ワークシート,消費者教育XYZ

出典:消費者教育支援センター:消費者教育教員セミナーテキスト,1991
　　　(ヘイドン・グリーン『消費者教育教授法A to Z』サウス・ウェスタン社,1990)
注:A～Zの文字にあわせた語が複数項目挙げられているが,その中から,アクション志向的学習に関すると思われる項目のみを選んだ。

表9 消費者教育の学習方法として挙げられている例(北欧)

〈協働的な学習方法〉
　テーマ学習,課題研究,レポート・小規模調査・チームワーク,研究成果の伝達(展示,意見発表,壁新聞,ポスター,ディスカッション,ディベート,ドラマ(寸劇),指人形,パフォーマンス)
〈生徒主体の学習方法〉
　個人的課題研究,スーパーバイズ学習,ワークブック・レポート・日誌,マインド・マップ,新聞・雑誌,要約,クロスワード・パズル
〈ゲーム学習〉
　カード・プレイ,ボードゲーム,パズル,ビンゴ

出典:北欧閣僚評議会,大原明美訳『北欧の消費者教育』新評論,2003

2 参加型学習の系譜

わが国では，これらの学習方法は，特に社会教育におけるワークショップを進めるための参加型学習アクティビティとして用いられてきた。そのルーツは，占領下で行われた教育関係者の現職教育としてのIFELに始まる[15]。IFELは，1948年から1953年まで8期にわたって開催され，講義式ではない実地見学やグループ討議などにより進められたワークショップが取り入れられた。これらの参加型学習は，レヴィンのグループ・ダイナミックス研究を起源とする。

家庭科教育での参加型学習は，第3期のIFELに始まる。IFELで，家庭科教育部門が設けられたのは，第3期(1949)から第7期(1951)までで，家庭科指導者延べ176人が受講している。第3期には，ウイリアムソン(Williamson,M.,1885～1969)の指導下で，ワークショップが行われ，以後，ウイリアムソンは，第6期までかかわっている[16]。このワークショップの経験は，新教科家庭科の指導者にとって，画期的なものであった。指導者たちは，このワークショップを通して，グループ研究，プロジェクト法，問題解決法等を学び，1949年から「一般家庭」の中へ取り入れられたホームプロジェクトや，1953年に結成された全国高等学校家庭クラブ連盟(FHJ)の活動の指導に大きく生かされることとなった。このように，初期家庭科においては，ワークショップ学習を進めるための参加型学習が大いに重視されていたことがわかる。

その後，教育方法は，時代の変化と共に，さまざまな変化をたどり，技術を重視した時代，科学的知識を重視した時代などを経てきており，必ずしも参加型学習が重視されてきたとはいえない。しかし，近年，また，新たに参加型学習が注目されるようになってきた。そのきっかけは，佐伯胖により紹介されたレイヴ(Lave,J.)とウェンガー(Wenger,E.)の「学習とは，『実践の共同体』への『参加』である」とする「正統的周辺参加と実践共同体」理論[17]が生じてきたことといえよう。つながりながら学ぶ共同参加学習により，学習効果があがり，関係性が形成されるとするものである。共同で学習することをピア・エデュケイション(peer education)というが，いろいろな学習様式(スタイル)をもつ学習者が共同して学習することにより，学習効果を上げることができることに注目した学習方法である。

一方，社会教育では，IFELの影響を受け，早くから，参加型学習方法が多く用いられてきている。表10に社会教育で用いられている参加型学習方法を挙げる。

3 参加型アクション志向学習方法

前述のアクション志向学習には，個人で取り組む場合もあり，必ずしもすべてが参加型学習とはいえないが，アクション志向学習と参加型学習は，ほぼ同義に用いられているようである。しかし，ここでは，あえて，共同で取り組む学習を重視し，共同で取り組むアクション志向学習を参加型ア

表10　参加型学習のアクティビティ

〈参加型のアクティビティの展開〉
ディベート，KJ法，各種討議法(バズ・セッション，パネルディスカッション，シンポジウム・フォーラム，レクチャー・フォーラム，フィルムフォーラム，インタビュー・ダイアローグ)，ブレーンストーミング，ラベルトーク，ランキング，ゲーム，ロールプレイ，アサーティブ・トレーニング，フォトランゲージ，フィールドワーク，シミュレーション，ネイチャーゲーム，アイスブレイク

出典：広瀬隆人，澤田稔，林義樹，小野三津子『生涯学習支援のための　参加型学習のすすめ方』ぎょうせい，2000

クション志向学習と称することとする。

　以下，参加型アクション志向学習方法について，試みに，(1)共同思考学習法，(2)想定事例についての問題解決学習，(3)現実課題についての問題解決学習の三つに分類して，列挙することとする。しかし，(1)は，参加型学習の基礎スキルともいえるもので，(2)，(3)の学習においても併用される学習方法である。

(1)共同思考学習法

■バズ・セッション

　グループ学習とは，前述のように，レヴィンのグループ・ダイナミックスにより開発されてきた学習方法で，班学習，小集団学習などといわれる。グループで学ぶことにより，より深くつながりながら学ぶことができる。どのような方法でグループをつくるか，グループの適正人数は，グループを固定するか流動的にするかなど，具体的にはいろいろな課題がある。

　バズ・セッションとは，6人のグループで6分間討議するということから6・6討議ともいわれる。グループで話し合った後，全体の場で意見を交換するものである。小グループだと意見が出しやすく，全員が討議に参加することが可能になる。

■ブレーン・ストーミング

　自由な発想で討議し，創造的に問題解決を行う討議法。10人前後での討議が一般的である。アイデアの量を求めるもので，自由奔放に自分の考えを述べるほど望ましいとされる。発言内容の良し悪しを判断してはならない。多くのアイデアを出すことにより，アイデアの方向を変えたり，結びつけたりする。

■アサーティブ・トレーニング

　他者とのコミュニケーション場面において，葛藤や対立が生じた場合，「非攻撃的自己主張」ができるようなコミュニケーションスキルをトレーニングする方法である。ゴードンの「勝負なし法」[8]，コビー(Covey.S.R.)の「win‐win法」にも通ずる[19]。

　コミュニケーションには，非主張的コミュニケーション，攻撃的コミュニケーション，アサーティブ・コミュニケーション(非攻撃的自己主張)の三つがある。自分も相手もともに大切にしようという相互尊重のコミュニケーションスタイルであるアサーティブ・コミュニケーション手法を学ぶことを目的とする[20]。場面設定をし，プレイヤーが自分の思うように演じ，第三者がそれを観察する。そこでプレイヤーも観察者も，アサーティブ・コミュニケーションについて学ぶことができる。

■インタビュー

　友人や家族，地域社会の人々へのインタビューにより人々の意見や生活実態を把握することができる。インタビューにあたっては，聞くスキルが必要である。相手がこころを開放して話したいと思うような雰囲気をつくる親和的・共感的関係(ラポール)をつくるスキルが必要となる。

■アンケート

　アンケートを作成し，自分自身の意識や態度を分析したり，クラスの皆の意見を把握したりすることができる。アンケートの質問は，明確なものである必要がある。回答方法には，はい・いいえの二者択一，良い・普通・悪いなどの3～5件法，多くの選択肢からいくつでも選べる多重回答などがある。答えやすい質問法，集計しやすい回答法を設定すべきである。

■KJ法[21]

　川喜田二郎氏により開発された，集団で，思考を進める場合に多く用いられる方法である。各自

のアイデアや意見をラベルに書き，そのラベルを集め，グルーピングし，見出しをつける。グルーピングしたラベルを1枚の模造紙に貼り，グループ間の相互関係を明確にしていく（図5）。

■イメージ・マップ（マインド・マップ，概念図）[22]

最初に一つの言葉（概念）を与え，そこから思いついた新しいことば（概念），さらに，どのような関係がそれぞれの概念の間に存在するかをマップに書く。個人で学習の事前・事後にマップを作成し，自分の進歩を確認するためにも用いられることもあり，個人で作成したマップを他者と比較することで，他者との発想の違いを知り，そのうえで，さらに発想をふくらませることもできる（図6）。

■ランキング[23]

さまざまなテーマについての10個前後のキーワードをカードに記入し，そのカードをダイヤモンド型に並べ，順位づけをする。個人で行い，相互比較し，多様な見方があることに気づく場合もあるが，集団で行い，合意形成をはかる方法として用いることもできる（図7）。

■フォトランゲージ（フォトシチュエーション）[24] [25]

1枚の写真や絵は，ことば以上にさまざまな問題や状況を示すことがある。フォトランゲージとは，写真や絵を使って，そこから受けたメッセージを互いに発表し合う活動である。1枚の写真や絵を用いる場合もあれば，複数の写真や絵を比較検討する場合もある。写真は，全体に見えるように大きいものとするか，グループごとに用意する必要がある。

■新聞分析（NIE）

社会は，日々刻々と変化している。時事ニュース記事を分析することで，生活問題を把握し，解決法を考えることができる。①記事の出所，日付を明らかにする，②テーマにしたがって，記事を分類する，③記事を注意深く読む，④記事の要旨を記述する，⑤記事の明らかにしていること，概念，問題を明らかにする。

■ジグソー学習[26]

アロンソン，サイクス，ステファン，スナップ（Aronson, Sikes, Stephan, & Snapp, 1975）によって開発されたジグソー学習は，協同学習と仲間による教え合い学習を骨子としている。そのプロセスを簡単に示すと，まず，①5，6人のジグソー・グループ（ばらばらグループ：JG）に分ける。②このジグソー・グループから一人ずつ集まり，新たに5，6人からなるカウンターパート・グループ（似たものグループ：CG）をつくり，各班ごとのテーマについて学習する（カウンターパート・セッション），③各CGで学習を行った成員は最初のJGにもどり，それぞれ，学習したことを代理教師として，互いに教え合う（ジグソー・セッション）。このような学習をすることにより，一人ひとりが責任をもつようになり，学習効果が高まるというものである。簡単に図示すると図8のようになる。

(2)想定事例についての問題解決学習

■ディベート

ディベートとは，あるテーマについて肯定側，否定側二つのグループに分かれ，肯定側立論，反対尋問，否定側立論，反対尋問，作戦タイム，否定側反駁，肯定側反駁，審査タイムのプロセスを通して討論を行い，主張の論理性，実証性を競う討議法である。論題には，事実論題，因果論題，価値論題，政策論題などがある。最近では，コンピュータによるオンラインディベートも行われている。

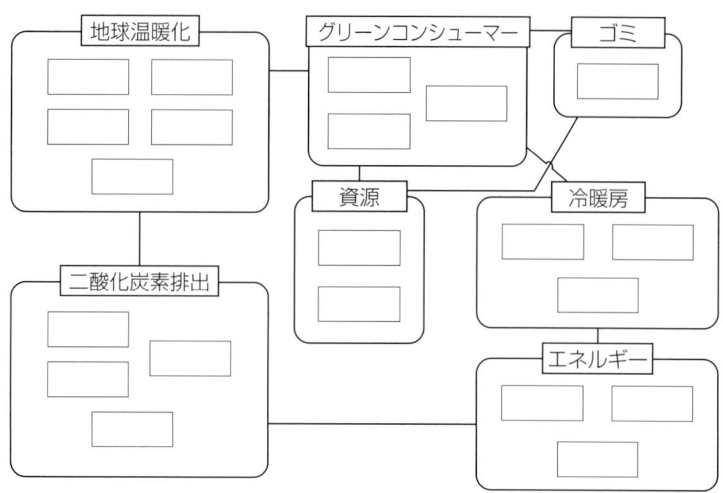

図5　KJ法によるグルーピング例

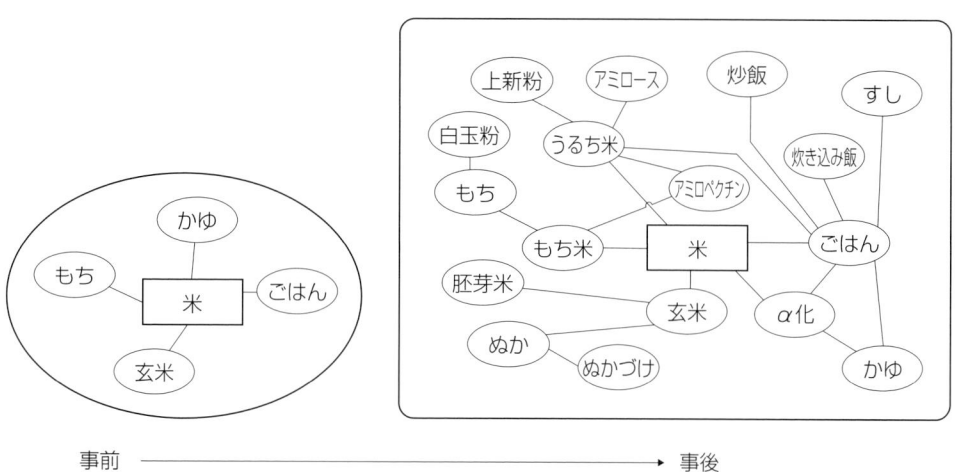

図6　イメージ・マップの例

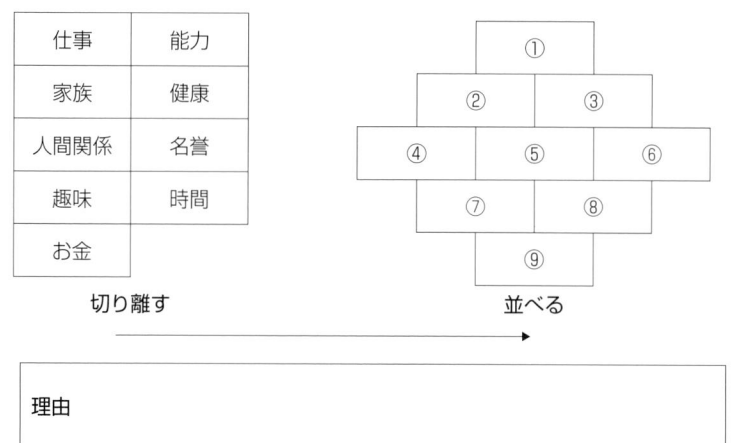

図7　ランキング法による順位づけの例

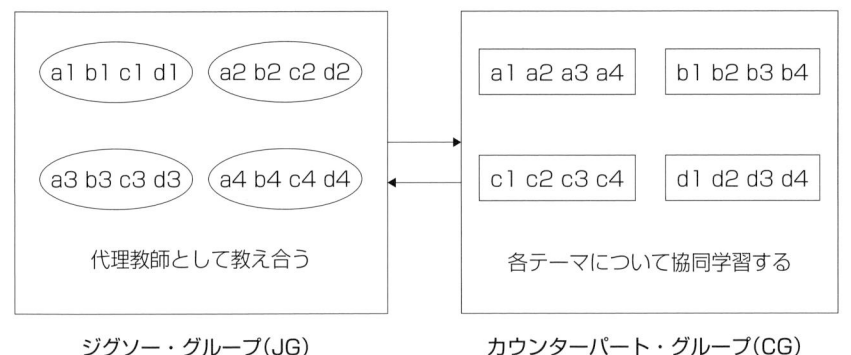

図8　ジグソー学習におけるジグソー・グループとカウンターパート・グループづくりの例

■ロールプレイ

　ロールプレイはモレノ（Moreno,J.L.,1892～1974）が心理療法として用いた心理劇（サイコドラマ）に端を発する。状況設定だけ行い，登場人物に期待される役割を演じさせることにより，その立場を理解することを期待するものである。授業では，問題解決学習の素材としても用いられる。その場合，聞いている者に問題点について考えさせ，問題解決をするにはどうすればよいか，ディスカッションをさせる。台本のある寸劇（スキット）を演じることにより，問題解決的学習を行う場合もある。

■ソシオドラマ（社会劇）[27]

　設定された状況に基づいて，自分が現実に感じるように演じるもので，期待される役割を想定して演ずるサイコドラマ（ロールプレイ）とは異なる。問題解決をするにはどうすればよいかについて，ディスカッションを行うことは，ロールプレイと同様である。

■ゲーム

　ゲームには，チャンスとパズルの両面が含まれ，学習意欲がわくきっかけとなる。授業に用いられるゲームには，次のようなものが挙げられる。

〈言語パズル〉

　しりとり，クロスワード，百科事典，10の扉，ビンゴ，てがかりかくし，ジャンルクイズ等さまざまな言語パズルが考えられる。既習の知識の定着度を確認するのに適切な方法である。パズル的要素が大きく，思考の訓練となる。

〈カードゲーム（トランプ式ゲーム）〉

　組み合わせゲーム（伏せておいたカードから関連あるものを2枚引く），3～5枚そろえ（同じ食品群等同種のカードを集める），3～7並べ（順位のあるもののカードを降順または昇順に並べたり，手順の学習などに用いられる）などがある。チャンス的要素もあるが，思考訓練にもなる。

〈アクションゲーム〉

椅子取りゲーム，ジェスチャーゲーム等，身体行動を伴うゲームである。

■シミュレーション

〈シミュレーションゲーム〉

　ゲームとロールプレイ双方の特徴をもっているゲームであり，人生ゲーム，購入ゲーム等のすご

ろく形式のボードゲームやコンピュータゲームが挙げられる。デシジョンポイントにおいて，どう決断するか，意思決定能力を育成するために適切なゲームである。

〈ケーススタディ〉

ケーススタディとは，生徒が直面するだろう事例を提示して，その解決法を考えるプロセスを通して，問題解決能力を育成することをめざすものである。事例としては，新聞記事，まんが，小説，テレビドラマ等の既存資料，手紙形式，日記形式，手記形式，対話形式，スキットなどによる自作資料を用いたりする。資料選択・資料制作上の留意点としては，次の点が挙げられる。

- 家庭生活で現実に起こる可能性のある困難な状況を表しているもの
- 選択対象が少なくとも二つ以上あり，意思決定場面があること
- 当ケースについてだけでなく，一般的問題解決にも役立つようなものであること

ケースの問題解決方法を考えるにあたっては，個人で考える場合，グループで考える場合などがある。そのプロセスは，次の通りである。

- 問題確認(問題発見—問題の明確化)
- 可能な解決法の列挙
- 解決法の結果の予測

〈疑似体験〉

高齢者，障害者，幼児などになった体験をし，対象者の気持ちを類推し，対象者の人権，ノーマライゼーションについて考えるきっかけとする。また，その体験を通して，ケアのあり方や福祉について考えることができることを期待するものである。

■実験・実習

実験・実習は，実験室，実習室で行われる。実験は，科学的根拠を理解するために行われる発見学習の一つといえる。科学的事実を，実験を通して自ら発見する経験をすることは，科学的認識を得させるうえで効果的である。実習は，基礎的生活技能を取得するためや取得した基礎技能を活用して問題解決をするためなどの目的で行われる。これらの実験・実習はグループで行われることが多く，協働能力を育成する効果があるが，個々の学習者の学習が成立しない場合もあることにも留意する必要がある。個々人が活躍できる場を設定する工夫が必要である。

(3)現実課題についての問題解決学習

現実の課題，実践問題の解決には，さまざまな学習方法を用いて，主体的に問題解決を行い，さまざまな学習メディアを用いて発表，交流し，相互学習を行う学習方法が用いられる。学内だけでなく，家庭や地域での実践を伴う学習でもある。

■ホームプロジェクト

学習者の生活実践の場は，家庭や地域である。高等学校学習指導要領には「ホームプロジェクト」が位置づけられており，実践的態度を養ううえで効果的である。個人で取り組む学習ではあるが，発表することにより，相互学習が成立する。

■フィールドワーク(現地調査)

地域社会に出て，現地調査を行う。まず，地域の実態を知ることで，地域の課題を発見することができる。

■ワークショップ[28]

ワークショップとは，「職場」「作業場」「工房」を意味することばである。意見交換をしながら，

合意形成をし，共同活動を行い，目的を達成することである。フィールドワークで発見した地域課題を解決するための方法について意見交換をし，合意を形成したうえで，解決のための活動を行う。高等学校学習指導要領には，共同で地域活動を行う「学校家庭クラブ活動」が位置づけられているが，この活動のプロセスはまさにワークショップである。

　現実的課題(実践問題)解決は，家庭科の究極目的ともいえ，さまざまな参加型アクション志向学習が組み合わせて用いられている(表11)。

表11　現実的課題(実践問題)解決のプロセス

①生活問題発見

②調べる(情報収集)

自分で調べる	観察，実験，体験，実習
人に尋ねて調べる	アンケート，インタビュー，電話，メール，
物を使って調べる	図書，TV，インターネット，新聞，広報誌，カタログ，パンフレット，広告

③解決法を考える(情報分析)

個人で考える	KJ法，イメージ・マップ法，フィッシュボーン方式
グループで考える	KJ法，ディスカッション，ブレーンストーミング，ディベート，パートナー活動，ラウンドテーブル，ワークショップ，

④まとめる(解決法の決定のプロセス)

KJ法，表作成，グラフ作成，イメージ・マップ，フィッシュボーン，紙芝居，クイズ，ゲーム，寸劇台本

⑤実践する

家庭実践	調理，清掃・整理，被服製作，購入，家族ディスカッション
地域実践	環境・福祉等に関するボランティア活動

⑥発表する

学級発表(全体発表・ブース発表)	プリント(新聞)提示・展示，模造紙(壁新聞)提示・展示，実物提示・展示，写真
全校発表	提示・展示，ビデオ活用，パワーポイント活用，デモンストレーション(実演)
研究会での発表	パワーポイント活用，デモンストレーション(実演)，ポスターセッション
地域社会での発表	公民館，図書館，高齢者施設，保育所コーナーへ掲示，広報誌へ記事掲載

⑦発表の記録・評価

発表の記録(個人)	ワークシートに記録(発表の要点・評価)
感想・評価	個別感想・評価，
評価のフィードバック	個別評価をグループごとにまとめたものをグループに配布

出典：中間美砂子編著『家庭科教育法―中・高等学校の授業作り―』建帛社，2004

6　参加型アクション志向学習の成果の評価

1　反省的実践としての授業

　授業におけるパラダイム転換は，1980年代半ば以降，「技術的実践(technical practice)」から「反省的実践(reflective practice)」への転換として議論されてきた。

　「反省的実践」とは，佐藤学によって紹介された，ショーン(Schon,D)が提起した「技術的実践」に代わる概念であり，「活動過程における省察(reflection in action)という実践的認識論を基礎とし，問題状況との対話を通して，問題を省察し，その省察を反省しながら，クライエント(ここでは生徒：筆者注)と協同でその問題の背後にあるより大きな問題へと立ち向かっていく実践的探求を意味している[29]。

　「参加型アクション志向学習」は，この「反省的授業」に通ずるものであり，その評価にあたっては，従来用いられてきた目標に準拠した行動目標的評価ではなく，授業場面で生じた個別的，具体的な表現の意味を解釈学的に把握していかなければならない。

2　オープン・エンド的アプローチ

　アイズナー(Eisner,E.W.)は，オープン・エンドの結果を追求する学習においては，行動目標ではなく，問題解決目標や表現目標が求められることを主張している。彼は，経験に培われたセンスや鑑識眼に基づく「教育的鑑識」と分析的「教育的批評」の二つの評価を効果的に組み合わせることにより，行動主義の教育評価では対象の外へと除外されていた数量化し得ないものを記述し評価する必要を提起したのである[30]。

　参加型アクション志向学習は，問題解決型の学習であり，目標を設定するとしても，問題解決目標や表現目標を設定すべきであり，結果はオープン・エンドでなければならない。したがって，結論よりも，どのように考え，どのように問題を解決したかというプロセスが重要となってくる。

　いわゆるオープン・エンド・テストを用いることも考えられるが，オープン・エンド・テストとは，既習の知識や概念・原理を総動員させ，それらを効果的に関連づけさせながら問題解決にあたらせるもの[31]で，客観テストのように正解が一つにきちっと決まるのではなく，プロセスを重視しなければならず，評価者の識見による解釈が重要となってくる。

3　パフォーマンス評価

　ヒッチ(Hitch,E)とユアット(Youatt,J.P.)は，パフォーマンス(遂行活動)に基づいた真正(authentic)の評価を重視している[32]。参加型アクション志向学習は，まさにパフォーマンスであり，パフォーマンスのプロセスを評価する必要がある。シャクリー(Shaklee,B.D.)らは，真性の評価としてのパフォーマンス評価をポートフォリオ評価としており，ポートフォリオ評価は，プロセスでもあり，場でもあるとしている。彼らは，真性の評価とは，「『リアルな課題』に取り組ませるプロセス中で子どもたちを評価すること」であり，「まさに本物の(authentic)課題に取り組ませることによってこそ，子どもたちの中に生きて働く学力が形成されると共に，その学力形成(パフォーマンス)の様相を評価することができる」といっている[33]。

　このような真正の評価，パフォーマンス評価，ポートフォリオ評価こそ，参加型アクション志向

学習の成果に適応される評価といえるであろう。実際の評価にあたっては，パフォーマンスのプロセスにおけるさまざまな作品，ドラマの下書き，見学メモ，インタビュー記録，ワークシートなどを対象とする必要がある。パフォーマンス水準を決めて，評定尺度法を用いたり，確認表（チェックリスト）を用いたりするのも一つの方法であろう。

○引用文献
1）高野陽「健康」岡本夏木ほか監修『発達心理学辞典』ミネルヴァ書房，1995
2）高橋重宏『子ども家庭福祉論』放送大学教育振興会，1999
3）エリザベス・J.ヒッチ，J・P・ユアット著，中間美砂子監訳『現代家庭科教育法　個人・家族・地域社会のウェルビーイング向上をめざして』，大修館書店，2005（原著2002，1995，1993）
4）日本家庭科教育学会編『家庭科教育50年史　新たなる軌跡に向けて』建帛社，2000
5）中間美砂子編著『家庭科教育法—中・高等学校の授業づくり—』建帛社，2004
6）前掲5）
7）日本家政学会家政学原論部会翻訳・監修『家政学　未来への挑戦』建帛社，2002
8）正岡寛司『家族過程論』放送大学教育振興会，1995
9）P.J.カーンズ，野田雄三ほか訳『ファミリーコミュニケーション　家族システムの調和と成長』現代社，1987，1990（原著1981）
10）West Virginia Department of Education "Adult Roles and Education - A Practical Problem Centered Home Economics" The West Virginia Curriculum Technology Resource Center, 1992
11）中間美砂子「家庭科における問題解決学習」『家庭科教育』家政教育社，69-4，1995
12）井上弘『現代教育方法学』明治図書，1967
13）前掲3）
14）http://chiron.valdosta.edu/whuitt/col/instruct/4mat.html　http://ladybats.tripod.com/4mat.html
15）広瀬隆人，澤田稔，林義樹，小野三津子『生涯学習支援のための　参加型学習のすすめ方』ぎょうせい，2000
16）青木大兒『占領期教育指導者講習研究集録　昭和25年度　家庭科教育（家政教育科・家政科教育）』（解題：柴静子）すずさわ書店，2002
17）ジーン・レイヴ・エティエヌ・ウェンガー，佐伯胖訳『状況に埋め込まれた学習』産業図書，1993
18）トーマス・ゴードン，近藤千恵訳『親業（おやぎょう）—新しい親子関係のために—』サイマル出版，1980
19）御船美智子「生活経営主体のエンパワーメント」日本家政学会生活経営部会『福祉環境と生活経営』2000
20）平木典子「アサーションとは？　さわやかな自己表現のために」『青年心理75』金子書房，1989
21）川喜田二郎『発想法　創造性開発のために』中央公論社，1967
22）J.P.ノヴァック＆D.B.ゴーウィン，福岡敏行ほか監訳『子どもが学ぶ新しい学習法』東洋館出版，1992，1993
23）前掲3）
24）前掲3）
25）Valerie M. Chamberlain & Joan M .Kelly "Creative Home Economics Instruction" McGraw-Hill Book Company 1981, 1975
26）蘭「児童の学習成績および学習態度に及ぼすJigsaw学習方式の効果」Jap.J.of Educ.Psychol.VOL.XXXI No.2,1983
27）前掲25）
28）村川雅弘編著『授業にいかす　教師がいきる　ワークショップ型研修のすすめ』ぎょうせい，2005
29）佐藤学『教育方法学』岩波書店，1996
30）前掲29）
31）高橋庸「オープン・エンド・テスト」東洋ほか編『現代教育評価事典』金子書房，1996，1988
32）前掲3）
33）B.D.シャクリースほか著・田中耕治監訳『ポートフォリオをデザインする』ミネルヴァ書房，2001

II

家族・保育・福祉領域
への参加型アクション志向学習の導入

[家族・家庭生活]	1. 人生をみつめる
	2. 家事労働について考える
	3. 家族コミュニケーションスキル
	4. 男女共同参画社会をめざして
[子育て]	5. 親だったらどう対処するか
	6. 離乳食
	7. 育児不安を解消するには
[高齢者]	8. いきいき高齢者像構築に向けて
	9. 高齢者と生きる
[障害者]	10. 障害者福祉について考えてみよう
	11. 車椅子で街に出てみよう

[家族・家庭生活]

1 人生をみつめる

1 はじめに

　家庭科では，生涯発達への展望をもつこと，すなわち，人生をみつめることが大きな課題である。一方，高校生はこれから大人の仲間入りをする時期にあり，キャリア計画を含めた人生設計が大きな課題である。そこで，家庭科の学習を始めるにあたって，まず，人生をみつめさせることが重要と考える。自分自身をみつめるにあたっては，「自己理解」「自己受容」「他者理解」などの機会をもつことが必要である。しかし，このような機会をもつことは一人では不可能である。授業を通して，友人と交流し合うことにより，はじめて可能となると考える。

2 本授業開発のねらい

　今日，「自己肯定感」をもてない高校生，「無力感」をもつ高校生が多くなってきたといわれ，これらの解決に「エンカウンター」手法[1]を導入する試みがなされてきている。エンカウンターとは，「ホンネとホンネの交流や感情交流ができるような親密な人間関係（体験）」といわれる。ここでは，その考え方を取り入れ，クラスの友人との交流を通して，「自己理解」をし，「人生をみつめる」ことができることをめざした授業を試みることとした。自分自身の「価値観」をみつめ，友人との「価値観の違い」を実感し，「自分探し」をさせ，そのうえで，「人生をみつめる」ようにさせるため，クラスの友人の考え方と比較することにより，自分自身の考え方を再確認することを試みる授業の開発を試みた。

3 授業計画

解決すべき生活問題 （本題材のねらい）	自己理解，自己肯定感を高める 自分の人生について考える
個人・家族・地域社会 シチュエーション	高校生
導入した参加型アクション志向学習法	せりふ完成法（エンカウンター），アンケート調査（即時集計・グラフ化），ディスカッション
授業の展開	1　自分をみつめる　〜　現在の自分をみつめ，将来をイメージする (1)〈ワークシート1「自分探し」〉の吹き出しの文を完成させ，自分や自分のライフコースをみつめたり，考えたりする。その際，自分が大切に思っている価値観をみつけるために「価値観分析シート」（日本能率協会）[2]を用いる。 ・「私は小さいころ，○○の子どもでした。」 ・「私は○○をしているときの自分が好きです。なぜならば，○○だからです。」 ・「私の好きな○○は○○です。なぜならば，○○だからです。」 ・「私が就きたい職業は○○です。そのためには，○○をしなければなりません。」 ・「私は結婚（したい・したくない）です。なぜなら，次のような家庭生活を送りたいからです。」 ・「子どもは｛（　）人欲しい・欲しくない｝です。その理由は，○○です。」 ・「私はこんな老後を送りたいです。たとえば，○○です。そのためには，今，○○をしなけれ

授業の展開
ばなりません(しようと思います)。」 ・「私が，すてきだなあと思う生き方は○○です。なぜならば，○○だからです。」 (2)吹き出しから自分で一つ選び，クラスで発表する。すべての吹き出しが発表できるように促す。 【1時間】 2　人生をみつめ，展望する (1)人生に関するアンケート調査用紙を配付する。項目は， 　①理想とする仕事の条件，②家庭に求めている役割，③結婚に対する印象，④結婚相手を決めるときに重視する条件，⑤夫婦共働きの家事分担，⑥最もなりたくない親，⑦理想に近い職業生活と家庭生活を重視する割合 (2)アンケートに無記名で回答する。 (3)生徒の回答したアンケート用紙を回収する。 (4)回収した用紙(クラス内の誰の回答用紙かは生徒には不明)およびアンケート集計用紙を配付する。 (5)配付された回答用紙の人になりきって，クラス全体で挙手により集計し，各自のアンケート集計用紙にグラフ化する。〈ワークシート2「人生に関するなりきりアンケート集計用紙」〉(資料p.168) (6)クラス全員の集計結果からクラス全体の人生における価値観を理解する。 (7)資料「結婚しなくても豊かで満足のいく生活ができると回答した者の割合」[3]「子育ての意味」[4]「老後生活のイメージ」[5]から生き方の価値観を考える。 (8)人生における自分の価値観を最初に実施した「せりふ完成法」を用いて確認し，他の人の価値観と比較しながら，自分を理解する。 (9)職業生活と家庭生活のバランスについて，クラス全体でディスカッションする。 【1時間】 【総時間：2時間】

評価
・現在の自分をみつめ，将来をイメージすることができたか。 ・なりきりアンケートに意欲的に参加できたか。 ・職業生活と家庭生活について，クラスの人の意見や一般の統計と自分の意見とを比較することができたか。

【授業者：久保田まゆみ】

○参考文献・参考資料
1) 国分康孝監修『エンカウンターで学級が変わる・高等学校編』図書文化社，1999，2002，2003
2) 野口吉昭『自分マーケティング！売れるジブンづくりの仕組みと仕掛け』日本能率協会，2003
3) 内閣府『男女共同参画白書』2002
4) フォーラム女性の生活と展望編『図表で見る女の現在』ミネルヴァ書房，1994
5) 経済企画庁『国民生活選好度調査』2001

4　授業の実践

(1)自分探し

　各自に〈ワークシート1「自分探し」〉を配付し，吹き出しにことばを記入させた。その際，自分の価値観を確認させるため，参考資料として，225個の価値観が列挙してある価値観分析シート(野口吉昭『自分マーケティング』日本能率協会)を配付した。発表は，各自1項目ずつ発表させたが，全員意欲的に取り組んでいた。ただ，型にはめすぎるのはかえって考えにくい面もあったので，その場合，自分でいいやすいように変えて答えさせた。

(2)人生をみつめ，展望する

　人生(「職業生活と家庭生活」)に関するアンケート調査に各自回答したものを回収し，回収したアンケート用紙の人になりきって挙手したものを集計し，集計用紙〈ワークシート2「人生に関するなりきりアンケート集計用紙」〉(資料p.168)にグラフ化させた。自分で集計するこの方法は，速や

かにクラス全員の結果がわかるという長所があり，自分の意見，クラスの意見，一般統計との比較が容易で，すぐディスカッションに移ることができた。集計状況，集計結果は，図1～7の通りである（吹き出しは，生徒の気づきや意見，一部抜粋）。

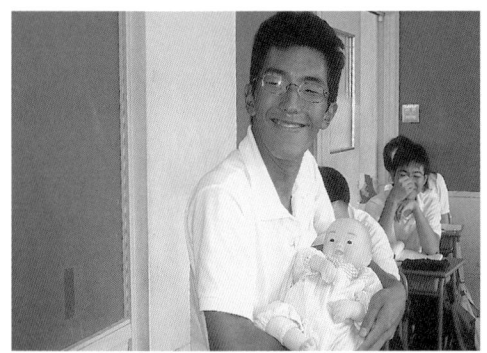
▲子どもについて発表する生徒

▲挙手によるアンケートの集計のようす

図1　理想とする仕事の条件

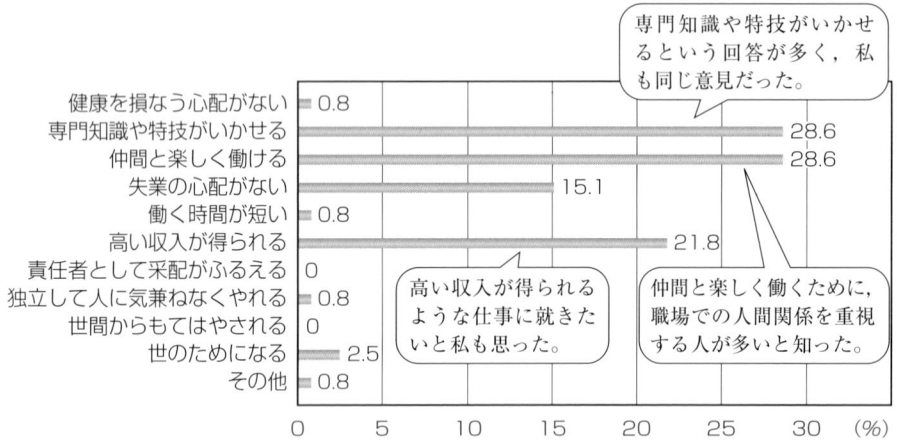

- 健康を損なう心配がない　0.8
- 専門知識や特技がいかせる　28.6
- 仲間と楽しく働ける　28.6
- 失業の心配がない　15.1
- 働く時間が短い　0.8
- 高い収入が得られる　21.8
- 責任者として采配がふるえる　0
- 独立して人に気兼ねなくやれる　0.8
- 世間からもてはやされる　0
- 世のためになる　2.5
- その他　0.8

吹き出し：
- 専門知識や特技がいかせるという回答が多く，私も同じ意見だった。
- 高い収入が得られるような仕事に就きたいと私も思った。
- 仲間と楽しく働くために，職場での人間関係を重視する人が多いと知った。

図2　家庭に求めている役割

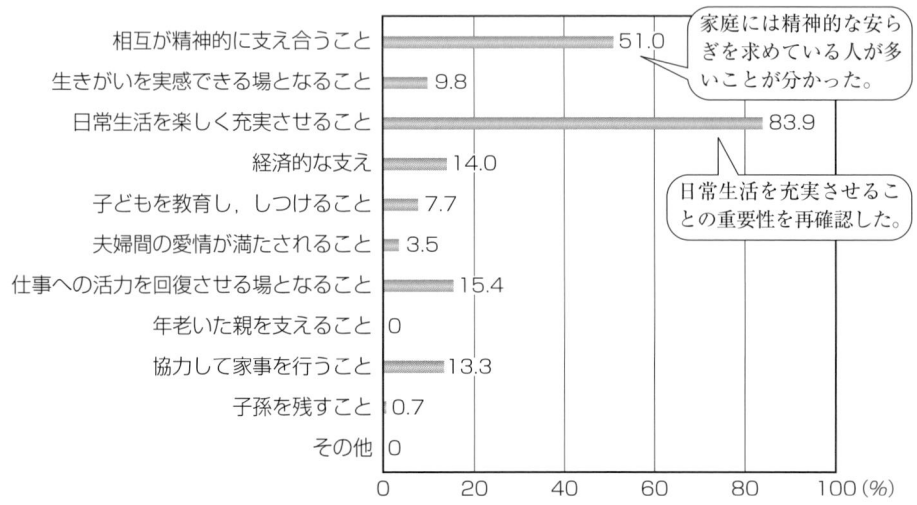

- 相互が精神的に支え合うこと　51.0
- 生きがいを実感できる場となること　9.8
- 日常生活を楽しく充実させること　83.9
- 経済的な支え　14.0
- 子どもを教育し，しつけること　7.7
- 夫婦間の愛情が満たされること　3.5
- 仕事への活力を回復させる場となること　15.4
- 年老いた親を支えること　0
- 協力して家事を行うこと　13.3
- 子孫を残すこと　0.7
- その他　0

吹き出し：
- 家庭には精神的な安らぎを求めている人が多いことが分かった。
- 日常生活を充実させることの重要性を再確認した。

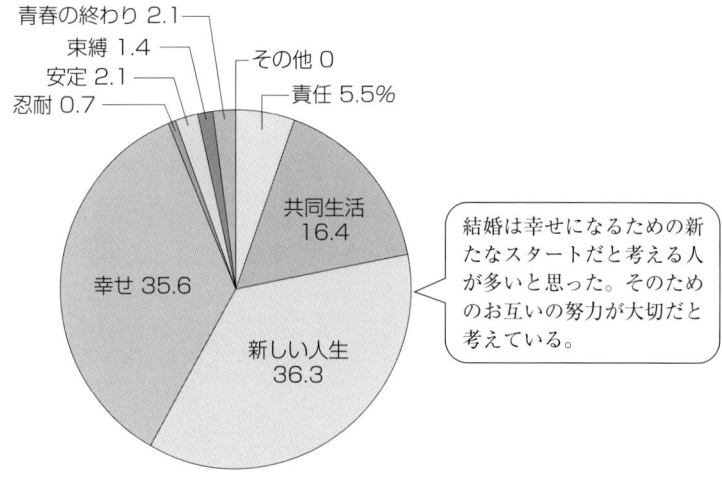

図3 結婚に対する印象

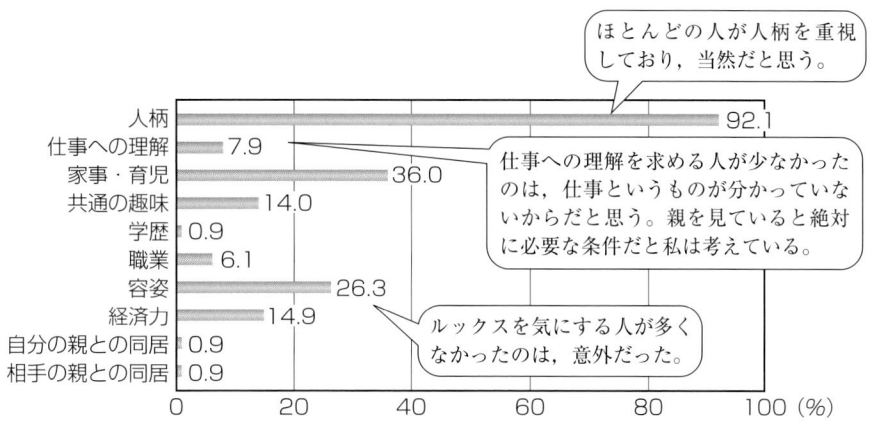

図4 結婚相手を決めるときに重視する条件

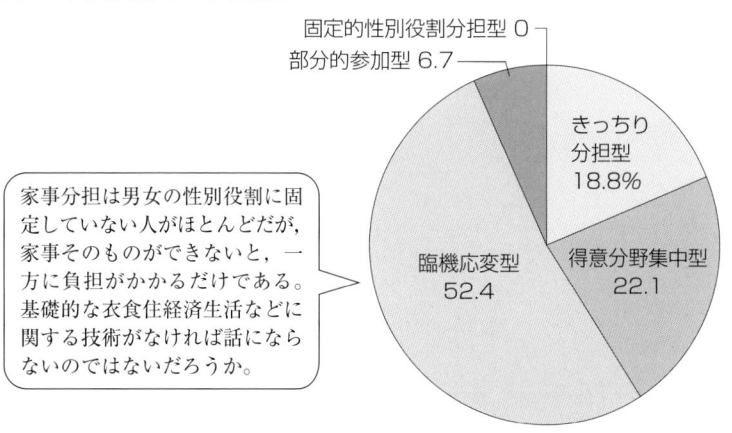

図5 夫婦共働きの家事分担

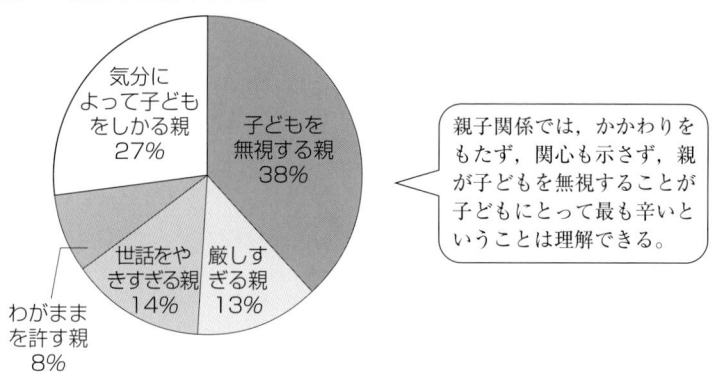

図6 最もなりたくない親

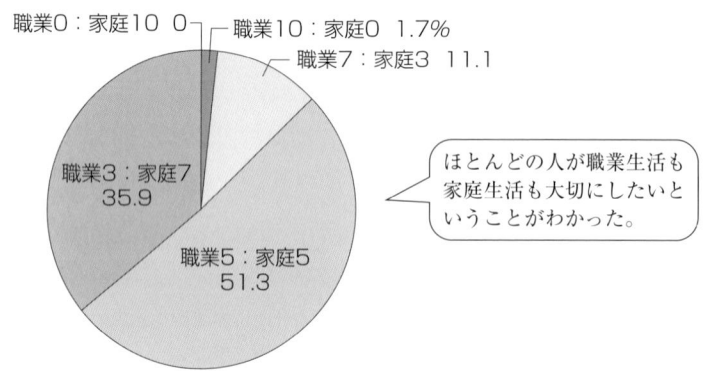

図7 理想に近い職業生活と家庭生活を重視する割合

5　参加型アクション志向学習導入の効果

(1) せりふ完成法

「自分を知る」とは，あら探しをすることではなく，自分でも気づかなかった自分のよいところを知ることである。せりふを完成するという作業を通して，自分の考えを項目ごとに手軽に整理して考えることができた。また，クラス全員の前で，自分の考えを発表したので，自己理解・他者理解のきっかけにすることもできた。発表を不安がる生徒は多いが，8項目から1項目だけ自分で選択して発表させたので，自信をもって楽しく発表していた。ただし，8項目を網羅した展開にするためには，なるべく前の人が発表していない項目を選択させる，一定数が発表した項目は除外するなど，限定させる必要がある。

(2) アンケート調査

質問紙によるアンケート調査は，限られた時間内に大勢の意見を聞くことができる。集計にあたっては，回収して授業後，教員が集計するのではなく，回収してすぐに再配付し，生徒は再配付された回答用紙の生徒になりきって，挙手によりアンケート集計，グラフ化する。クラス全員が参加しないと正確なデータとならないので，自ずと適度な緊張感が生まれ，意欲的に参加した。また，自分の回答が即データになるので，興味をもって自分の考えを人と比較しながら展開できたので，適切な方法であると考える。自分のホットな考えを即集計，即比較することで，授業の流れにリズムをつくり，意欲的に取り組むことができた。

6 授業実践の資料

(資料p.168参照)

〈ワークシート1「自分探し」〉

次の吹き出しに言葉を入れ、完成しなさい。

- 私は小さい頃 **人見知りをする** 子どもでした。

- 私は **野球観戦** しているときの自分が好きです。なぜなら、**素の自分を出すことができる** だからです。

- 私の好きな○○（野球チーム）は **広島カープ** です。なぜならば、**球場の雰囲気がとても良い** だからです。

- 私がつきたい職業は **車をつくる仕事** です。そのためには、**しっかり資格** をとらなければなりません。

- 私は、結婚（したい・したくない）です。なぜなら、次のような家庭生活を送りたいからです。**とても温かい家族をつくりたいからです。**

私

- 私がすてきだなあと思う生き方（をしているの）は、**おじいちゃん** です。なぜならば、**自分の意志をしっかりと発言する** だからです。

- 私はこんな老後を送りたいです。たとえば、**田舎に住んでみること** です。そのために、今 **しっかり働いてお金を貯めること** をしなければなりません（しようと思います）。

- 子どもは｛（3）人欲しい・欲しくない｝です。その理由は、**とても可愛くて好きだから** です。

1 人生をみつめる 33

[家族・家庭生活]
2 家事労働について考える

1 はじめに

　男女共同参画社会の実現に向けて，社会には新しい動きがあるのは確かである。これからの社会を生きる高校生たちは男女平等，男女の互いの協力はあたり前のことだと考えているだろう。学校生活のあらゆる活動において，それは自然に行われていることである。しかし，家庭での生活ではどうであろうか。家事労働はだれがしているのだろうか。

　それぞれの家庭の問題ではあるが，性別役割分業の考えが根強く残っている高校生も多い現実がある。高校生には，経済的自立，精神的自立，生活的自立が必要だと話をして，家庭科の学習を始めることにしている。自立の中でも生活的自立は高校生がすぐ取り組むことのできることであるが，高校生は家事をほとんどしないという統計がある。そこで，あえて家事労働の実践を通して，「自立」とは何か，「男女共同参画社会に生きるには」について考えさせたい。

2 本授業開発のねらい

　家事労働については，生活時間の設計と結びつけて考えさせることとし，家事労働を時間ポイント制として実践させる。その実践を通して，家事労働の意義を理解し，家族の協力の大切さを学ばせたい。また，高校生がいかに家事に非協力的であるかということを認識させ，家族としての協力への動機づけとしたい。さらに，家事労働の実践を通して，職業生活と家庭生活の両立に向けて，何が大切なことなのかを考えるきっかけとしたい。

3 授業計画

解決すべき生活問題 （本題材のねらい）	家事労働について考える
個人・家族・地域社会 シチュエーション	高校生のいる家族 幼児のいる共働き家族
導入した参加型アクション志向学習法	調査（聞き取りまたは観察・分析），ランキング法，ケーススタディ，ロールプレイ，家庭実践
授業の展開	1　生活時間について考える (1)生活時間調べ（聞き取りまたは観察・分析） 　自分と家族のうちの主な生計維持者，主な家事従事者の，それぞれの1日の生活時間を調べ，〈ワークシート1「生活時間調べ」〉（省略）に記入する。 (2)生活時間の分析 　〈ワークシート2「生活時間調査から，現在の家庭を分析しよう」〉で，収入労働時間，家事労働時間，生理的生活時間，社会的文化的生活時間に区分して分析する。家族の家事分担のあり方，職業や学業と余暇のバランスなど比較する。 2　生活自立に必要な生活技術 (1)自立した生活をするために必要な生活技術とは

授業の展開	自立のために必要な生活技術を衣食住の分野別に各自5項目挙げ，グループ内で発表し，さらにクラスで話し合う。 (2)あなたの生活技術得点を算出してみよう 　だれもが身につけるべき生活技術50項目について，自分の得点を算出し，〈ワークシート3「生活技術得点」〉(省略)に記入し，さらにクラスの得点分布をつくり，自分の得点をクラスの人と比較してみる。 【2時間】 3　家事実践 家事実践をしてみる。 1回10分の家事労働を1ポイントとし，15ポイント以上実施し，〈ワークシート4「家事労働の実践」〉(資料p.169)に記入し，家族からのコメントを書いてもらう。 さらに，自分自身の生活的自立について考え，家事の意義や，家族への思いなどを書く。 【家庭実践】 4　職業生活と家庭生活 職業生活と家庭生活を両立させるため，保育や介護などの課題を解決する環境について考える。 (1)〈ワークシート5「ロールプレイ」〉の事例について，夫の立場，妻の立場で問題を解決する会話文を考える。自分の考えた会話文で，ロールプレイをグループ内で行う。 (2)ランキング法 　〈ワークシート6「子育て期の職業生活と家庭生活の両立」〉を用いて，両立させるために大切なこととはどんなことか次のキーワードについて，ランキング法により順位をつけ，発表させる。ついで，その理由を考える。さらに，友人の考えた順位・意見と比較する。 《キーワード》 　家事の協力，男女平等の考え，保育施設，住環境，他の家族の状況，職業労働の内容，通勤時間・方法，家事代行サービスの利用，その他 【2時間】 【総時間：4時間＋家庭実践】
評価	・家事労働の意義を理解できたか。 ・生活時間のバランスが分析できたか。 ・自分の生活技術を確認できたか。 ・家事実践を通して，家事能力を身につけることができたか。 ・家事をしている人への配慮ができたか。 ・職業生活と家庭生活の両立について，自分の考えをまとめることができたか。

【授業者：坂本理恵子】

○参考文献：
- 神奈川県高教組『もっと素敵にWORK＆LIFE』
- 『My Life　家庭科資料』大修館書店

4　授業の実践

(1) 1時間，1日，一生をどう生きるか

　まず，自分の生活時間と生計を担当している家族の生活時間を調べ，〈ワークシート1「生活時間調べ」〉(省略)に記入し，ついで，収入時間，家事時間，生理的生活時間，社会的文化的生活時間に分類してみる。ついで，その生活時間調査をもとに，〈ワークシート2「生活時間調査から，現在の家庭を分析しよう」〉を用いて，家庭の就労状況を，Aきっちり分担型，B得意分野集中型，C臨機応変型，D部分的参加型，E固定的性別役割分担型に分類させ，自分自身はどの程度家事に参加しているか書かせ，以上を参考に，自分の家庭について総合的に分析させた。さらに，自分自身の将来の家庭について，夫婦の就業状況，家族の家事分担パターン，職業労働などについても考え

させた。

(2) 生活自立に必要な生活技術

生活自立に必要な最低限の生活技術50項目について，自分たちの生活技術得点を採点し，〈ワークシート3「生活技術得点」〉(省略)に記入し，クラスの人と比較させた。

(3) 家事能力を高めよう（家庭実践）

家事能力を高めるために，1日1回10分を1ポイントとし，10ポイント以上の家事労働を家庭で行うよう，家庭実践課題を課し，〈ワークシート4「家事労働の実践」〉(資料p.169)に記入させ，さらに家族による確認サイン，コメントを記入したものを提出させた。

さらに，家事の意義や家族への思いなどを書き，提出させた。

(4) 職業生活と家庭生活について考えさせる

① 〈ワークシート5「ロールプレイ」〉の事例の共働きの夫婦の会話文に続く会話を考え，ロールプレイをし，職業生活と家庭生活について話し合わせた。

② 幼児のいる家族が，職業生活と家庭生活を両立するためには，何が重要か，〈ワークシート6「子育て期の職業生活と家庭生活の両立」〉で列挙された9項目について，それぞれランキング方式で順位をつけ，順位づけの理由を書かせ，そのうえで，グループ内で比較し，ディスカッションを行わせた。

◆生徒の考えたキーワードの重要度とその理由
- キーワード 「家族の協力」：19人，「男女平等の考え」：17人，「住環境」：6人，「職業労働の内容」：3人，「その他」（健康・愛：6人，夫婦仲良く・思いやり：12人）／2クラス64人中
- 家事はお互いにやってほしい，子どもをみてあげられないから保育園も大事。おばちゃんとか親戚の人が近くにいてくれると助かる。近所の人も一緒に協力してくれたらいい。あまり代行サービスは利用したくない。
- まず，労働のないようや労働時間が重要だと思いました。帰宅時間が遅かったり，重労働をしている人は家事協力しようとしても協力できないと思うから。また，共働きでも女性が家事をやるものという考えがあると，女性の負担が多くなるので，平等の考えも大切だと思いました。
- 共働きだから家事の面でどちらか一方に負担をかけてはいけないと思った。幼児がいて共働きだから面倒を見てくれる他の家族や，住環境は大切だと思う。平等の考えは基本だと思う。
- まず，やっぱり男女平等でなければならないと思った。もし，仕事をやるなら家事の協力も必要だし，職業労働の内容も大事だと思った。住環境や保育施設はいろいろ探せるし，通勤時間は我慢すれば平気だと思う。

5　参加型アクション志向学習導入の効果

- 生活時間を調べることで，家族へのさまざまな思いを再認識させることができた。その中で家事労働について取り上げ，男女の協力や職業生活と家庭生活の男性と女性とのかかわりについて考えるきっかけをつくることができた。
- 家事労働を時間ポイント制にして家庭実践することは，取り組み状況を明確にすることができる。また，家族のサインやコメントを記入してもらうことによって，家事への参加や家族の協力など，「家族」について考える場にもなった。
- ロールプレイやランキング法は，他の人の考えを知る方法としても大いに効果がある方法といえる。ランキングは楽しく実施することができる。ランキングしながら，生徒は，職業，家事，保育などに関する多くのことを考えていることがわかった。

6　授業実践の資料

(資料.169参照)

〈ワークシート2「生活時間調査から，現在の家庭を分析しよう」〉

＊　生活時間調査から、現在の家庭を分析しよう。

Ⅰ　現在の家庭状況

① 家庭の就労状況

【　A共働き継続タイプ　(B)夫・妻のみ就労継続タイプ　C状況に応じて共働きタイプ　】

②家族の家事分担のパターン

【　Aきっちり分担型　B得意分野集中型　C臨機応変型
　　　　D部分的参加型　(E)固定的性別役割分担型　】

〈A〉きっちり分担型
仕事やお互いのスケジュールに関係なく，割り振られた家事はそのまま分担する。

〈B〉得意分野集中型
お互いの得意な分野の家事をやるわけだが，男性にも得意分野がなければ無理。

〈C〉臨機応変型
お互いの忙しさや都合などを考慮して、できる方がやるべきことをする。

〈D〉部分的参加型
男性が「ごみ出し」「ふろ掃除」など，部分的に家事に参加しているが，ほとんどの家事は女性が背負っている。

〈E〉固定的性別役割分担型
近代の伝統的性別役割分担をそのまま実行している。

③自分自身の家事参加状況

【　Aほとんどしない　(B)時々参加　Cほぼ毎日参加　】

Ⅱ　全般的分析　家族の職業労働・余暇とのバランス・家事労働の分担のあり方
　　　　　　　自分自身の生活の反省点など、気づいたことをコメントしてみよう。

Ⅰの現在の家庭状況①～③で選んだ記号を右欄に書きなさい。	①	②	③
	B	E	B

生活時間の調査から現在の家庭を全体的に分析してみよう
父は就労継続タイプで、母は専業主ふ。母は常に家のことをやているが、父は帰ってきてもタバコを吸ったりテレビを見るなどで、まるで家事の手伝いをしない。自分は土・日の休日に昼ごはんを作ったり、たまに自分で洗濯物をあらったりしている。ひまな時間が多いのでもう少し家事の手伝いをしようと思う。父は1日の半分以上働いているので、過労死する可能性もあるかもしれない。

〈ワークシート5「ロールプレイ」〉

これからの家庭・社会を考えてみよう。

次の文に続いて、それぞれの立場で会話文を考えてみよう。但し、すぐ終わるような文は避けるようにしよう。またグループ発表後、他の人の意見も書いてみよう。

事例1 昨日、一昨日とAちゃんは風邪の高熱で寝ています。

妻「看病のために私が2日間も会社を休んだわ。前回の病気の時も会社を休んだから、これ以上は仕事を休めないわ。」
「いつも私ばかり会社休むのって変じゃない！」
「あなただって親なんだから、今日はあなたが会社を休んで、看病してちょうだい！！」

自分の考えた夫の返事	友人の考えた夫の返事
今日は曜日だよ…。 昼からは休めないかな？	「母末見が子どものはあたり前でしょうがみんなはあたり前にやっぱい」

事例2 妻の職場で急な会議が開かれ、定刻には帰宅できません。
妻の電話「急な仕事でB君の保育園のお迎えに行けなくなったから、あなたが保育園に迎えに行ってくれないかしら？」
「B君もお腹が空いちゃうから、夕食のしたくも考えてね。」

自分の考えた夫の返事	友人の考えた夫の返事
分かったよ。ごはんは何か適当に作っておくから。	「わかした。でも、ごはんは作れないからコンビニに弁当でいい？」

事例3 妻は仕事が忙しく、家事が充分できません。
夫「忙しいのは分かるけど、家の掃除くらいは君がやるべきじゃないの？」
「それに、この頃夕食はスーパーの脂っこいお総菜が続いているね。」

自分の考えた妻の返事	友人の考えた妻の返事
私も仕事が忙しいんだから、文句を言うなら、あなたももう少し手伝ってよ。	「部屋が汚いって心ゆくんだら自分で掃除すれば？」 「時間がなくてお総菜はスーパーのになるのです。文句張って作ってちゃから食い慢して」

〈ワークシート6「子育て期の職業生活と家庭生活の両立」〉

幼児のいる家族が職業生活と家庭生活を両立するには、どのような環境が必要なのか？

1) 次のア～ケのキーワードのうち、あなたはどれが重要と考えますか。その重要度に順位をつけてみよう。また、キーワードのカードを切り取り、ダイヤモンド型に置いて、その理由について書いてみよう。

順位	重要と考える内容
(2)	ア）家事の協力
(3)	イ）男女平等の考え
(6)	ウ）保育施設
(9)	エ）住環境
(4)	オ）他の家族の状況
(1)	カ）職業労働の内容
(7)	キ）通勤時間・方法
(5)	ク）家事代行サービスの利用
(8)	ケ）その他自分で考えてください〔 引休の協力 〕

その他（健康・収入・経済事情・愛情等考える）

2) 友達のカードの置き方をみて、あなたのカードが変わったのなら、矢印で変化を示してみよう。

左のように並べた理由を書いてみよう

まず、労働の内容、労働時間が重要だと思いました。帰宅時間が遅かったり、残業などをしていると、家事に協力をしてほしいとしても協力できないと思うから。
また、共働きでも、という考えから家事をわけるもの、そして、休日の負担が少なくなるので、平等の考えも大切だと思いました。

友人名	友人の①位を書いてみよう ①位
A 田原	家事の協力
B 円原	男女平等の考え
C 仲谷	休みの助力

[ダイヤモンド型配置]
カ）職業労働の内容
ア）家事の協力　イ）男女平等の考え
オ）他の家族の状況　ク）家事代行サービスの利用　ウ）保育施設
キ）通勤時間・方法　ケ）その他 引休の協力
エ）住環境

［家族・家庭生活］
3 家族コミュニケーションスキル

1 はじめに

　家族は社会の変化と共に変容している。特に，家族の中で挨拶もせず，家族の一員となっていない高校生も存在する。家族関係において，共感的理解，共有行動などのコミュニケーション行為を通して，家族それぞれが人としての存在価値を認め合うことができるようになるということは，高校生がこれから生きていくうえで大きな意味をもつ。
　多様な家族のライフスタイルが存在する現在，どのように家族とかかわればよいのか，具体的な手だてとなる授業案を作成し，実施する。

2 本授業開発のねらい

　家族コミュニケーションをはかる技術を習得させるために，ある場面を想定し，シナリオ作成という共同作業を通して，相互に学び合うことは学習課題を発見させるために有効と考える。設定家族の中で，高校生が自らの気持ちを表現し，他の人の気持ちを思いやったり，公正や正義を理解したりする活動を通して，家族のコミュニケーションをはかるスキルを身につけることができるものと期待する。
　コミュニケーションには「非主張的」「攻撃的」「主張的（アサーティブ）」があることを理解させ，アサーティブな視点を養わせたい。個人レベル，グループレベル，クラスレベルにおいて，自らのコミュニケーションスキルを判定させ，今後のさまざまなコミュニケーション場面において，応用できるものととらえている。

3 授業計画

解決すべき生活問題 （本題材のねらい）	家族のコミュニケーションをはかるスキル，とりわけ，アサーティブなコミュニケーション能力を養う
個人・家族・地域社会 シチュエーション	ひとり親と高校生 高校生ときょうだい 高校生と友だち
導入した参加型アクション志向学習法	アサーティブ・トレーニング，ロールプレイング（シナリオ作成）
授業の展開	1　個人のアサーション度チェック用紙を配付し，回答・集計する〈ワークシート1「家族コミュニケーション～アサーション度をチェックしよう」〉 2　コミュニケーションには「非主張的」「攻撃的」「主張的（アサーティブ）」の3種類があることを説明する 「非主張的」…恐れが強く，引っ込み思案で自分の信念をきちんと主張できない。他者から同情を引こうとする。 「攻撃的」…自分の恐れや不安定さをごまかすために他者を攻撃し責め立てる。強硬な話し合いを

授業の展開	行い，愚かな危険を冒す。 「主張的(アサーティブ)」…困難や苦痛に自分で対処しようとする意志がある。自分の権利も他者の権利も認めようとする。 3　アサーション度をチェックし，自己判定する 4　次の3つの人間関係場面を想定し，グループごとにシナリオの続きを作成する 1つの例に対して，「非主張的」「攻撃的」「主張的(アサーティブ)」すべての反応をするように，担当グループを決める。 〈例1　ひとり親(母親または父親)と高校生の会話〉 　テレビばかり見て勉強しない高校生に対して，成績，バイト，友人関係などについて口うるさくいう親と親がうるさいと感じている高校生 〈例2　高校生と中学生のきょうだいの会話〉 　一緒の部屋に住んでいるが，部屋の掃除をするのは高校生の兄ばかり。中学生の妹は全然掃除をしないので，兄はいつも不満に思っている。 〈例3　高校生同士の会話〉 　高校生のAさんは授業に真面目に取り組み，ノートもきちんととっている。同じクラスのBさんはよくさぼり，試験直前にノートをAさんから借りたがっている。 5　グループごと(1グループは3～4人)に，読み原稿〈ワークシート2「非主張的，攻撃的，主張的なコミュニケーションのシナリオ」〉を作成し，発表する 〈発表手順〉 　●私たちは事例○○について紹介します。(進行役：1人) 　●登場人物は○○と△△です。(ナレーション：1人) 　●では，二人の会話を演じます。(役割演技：2人) 　●以上で私たちの発表を終わります。 　発表するとき，グループごとに非主張的・攻撃的・主張的(アサーティブ)の3つのコミュニケーションの違いがわかるように，その理由となる台詞を具体的に挙げながら発表する。 6　今後のコミュニケーションのあり方についての自分の考えをまとめる 7　一定期間後(今回は1ヶ月後)，シナリオ作成テストを行い，定着度を測る 【総時間：2時間】
評価	●学習ワークシート評価(個人) ●シナリオ内容および発表評価(グループ) 　①シナリオが充実した内容に仕上がっているか。 　②内容をわかりやすく発表できたか。 　③アサーティブな視点がもてるようになったか。

【授業者：久保田まゆみ】

○参考文献：
- 平木典子『アサーショントレーニング』金子書房，1993
- 森田汐生『あたらしい自分を生きるために』童話館出版，2005

4　授業の実践

(1)アサーション度チェック

〈ワークシート1「家族コミュニケーション〜アサーション度をチェックしよう」〉の各場面において，自分だったら，どのような言動をするか，最も近いものを1つずつ選び，集計し自己判定さ

せた。日頃の自分自身の言動を振り返らせ、コミュニケーション学習の動機づけをさせるのがねらいである。チェック後、非主張的、攻撃的、主張的のタイプの説明をし、自己判定させ、自分の日頃のコミュニケーションを振り返らせた。判定の基準は次の通りである。

◆アが最も多い人
　非主張的なコミュニケーションをとりがちです。「非主張的」とは、恐れが強く、引っ込み思案で自分の信念をきちんと主張できず、他者から同情を引こうとします。次のようなことに覚えはありませんか。たとえば、①不愉快だが表情には出さず、むしろ、ぎこちなく笑いながら「いいですよ」などと言ってOKしてしまう。②思っているだけで何も言わない。③イヤだと思っても我慢し、だれかが言ってくれればよいのにと思う。

◆イが最も多い人
　攻撃的なコミュニケーションをとりがちです。「攻撃的」とは、自分の恐れや不安定さをごまかすために他者を攻撃し責め立てます。強硬な話し合いを行い、愚かな危険を冒すことが多いです。次のようなことに覚えはありませんか。たとえば、①腹を立て、大きな声で言う。②不愉快そうな顔をして、ガミガミ言う。③ある日突然、キレる。

◆ウが最も多い人
　主張的（アサーティブ）なコミュニケーションをとりがちです。「主張的（アサーティブ）」とは、困難や苦痛に自分で対処しようとする意志があります。また、自分の権利も他者の権利も認めようとします。次のようなことに覚えはありませんか。たとえば、①礼儀正しく、しかしきっぱりと、はっきりした声で意見を言う。②はっきりと理由を述べて断り、新たな提案もする。③状況を分析して述べ、冷静に提案する。

2クラス分のアサーション度チェックの結果は、図1の通りであった。

図1　アサーション度チェックのタイプ別人数

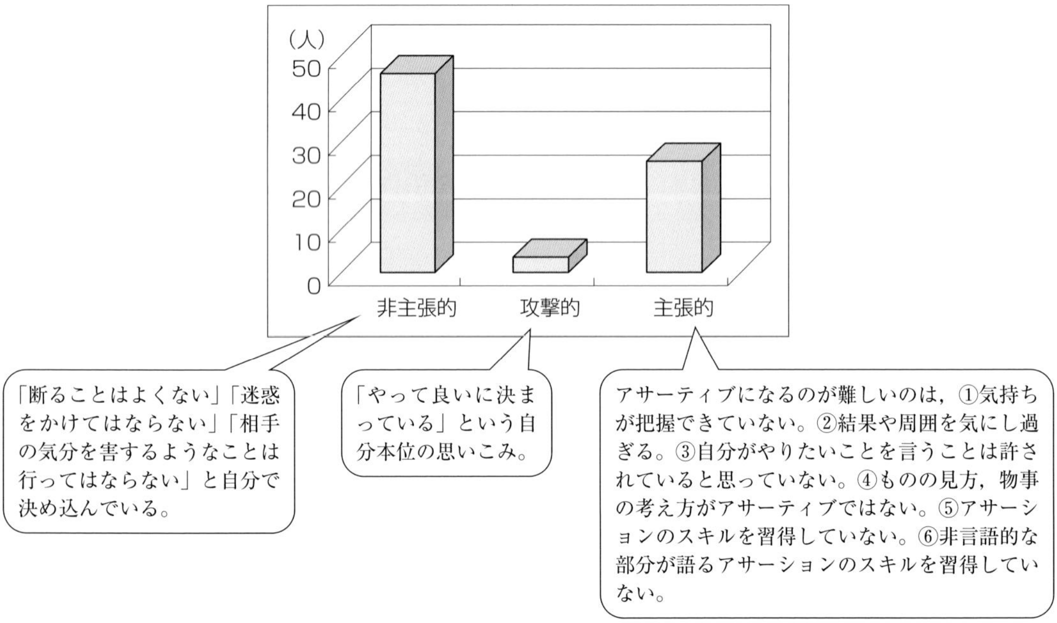

「断ることはよくない」「迷惑をかけてはならない」「相手の気分を害するようなことは行ってはならない」と自分で決め込んでいる。

「やって良いに決まっている」という自分本位の思いこみ。

アサーティブになるのが難しいのは、①気持ちが把握できていない。②結果や周囲を気にし過ぎる。③自分がやりたいことを言うことは許されていると思っていない。④ものの見方、物事の考え方がアサーティブではない。⑤アサーションのスキルを習得していない。⑥非言語的な部分が語るアサーションのスキルを習得していない。

(2)アサーティブ・トレーニング
　アサーティブ・トレーニングを行うため、次の3つの場面を設定し、それぞれについて、非主張的、攻撃的、主張的なコミュニケーションのシナリオ〈ワークシート2「非主張的、攻撃的、主張

的なコミュニケーションのシナリオ」〉を作成させ，発表させた。文字だけよりも，表情や語気が表現できるので，それぞれのコミュニケーションのあり方が理解しやすい。家族や友人とのコミュニケーションのあり方についての生徒の感想を一部抜粋して掲載する。また，学習して1ヶ月後，何も復習せずに，コミュニケーションの種類についてのテストをすると，ほとんどの生徒がシナリオを完成することができ，この学習法はコミュニケーションの種類の理解についての定着度が高いことを実感した。

◆学習後の生徒の感想
- これからは家族や友人などに当たり前の挨拶などをして，日常的な会話などをしていこうと思う。コミュニケーションを取るのは難しいことだから，最初からなれなれしくはしない方がいいと思う！
- やっぱり1番思い浮かばなかったコミュニケーションの種類は主張的なものだった。振り返ってみると，自分は攻撃的だったなって思う。これからはもう少し優しい言い方や相手を説得できるようにしていきたいと思う。
- テストをして一番答えやすかったのは主張的だった。自分では主張的ではないと思うので意外な結果だった。2番目は攻撃的だった。友だちにはあまり攻撃的じゃないが，弟には攻撃的だと思う。
- 家族間のコミュニケーションはことばによって深められるが，ことばを補うものとして身振りや表情などの非言語的なコミュニケーションも関係することを発表を通して改めて実感した。
- アサーション度チェックをやってみて，その日の気分によってもかなり違ってくると思った。気分がよいときは主張的になるけど，悪いときはほぼ非主張的，場合によっては攻撃的な言い方になり，後悔してしまう。今度からは相手のことも考えて冷静にできるようにしたい。
- 普段の生活を振り返ってみると，アサーション度チェックは当たっていると思う。結構自分は嫌でも黙って手伝ったりするから。これから社会に出ていく中で，もっと主張的になりたいと思う。自分の気持ちをはっきり伝えないまま，相手に従っているので，相手に誤解されたり無視されたりしやすく，結果的に相手の言いなりになり，自分のことを分かってもらえないまま欲求不満がたまる。
- いつまでもだまり続けずに自分の意見を言って，それでもことばと相手に対する態度を選んで，接することが大事だと思われる。非主張的な人の気持ちの裏にある攻撃は，八つ当たりになりやすい。
- このチェックをやって，俺の親や友だちとの人間関係がうまくいかないのは，コミュニケーションの仕方がいけなかったんだと思った。今後主張的になりたいと思う。
- 家族内でコミュニケーションを取ることは大切だ。こういうところから子どもの非行を防いでいくことが大事だと思う。家でも友だちとでも自分たちでルールというものを作れればいいと思う。今後，自己主張もしっかりしていきたい。
- 家族とは，助け合うために日頃からコミュニケーションを取らないといけないと思った。今まではご飯の時だけ家族と一緒に過ごし，ほとんど自分の部屋にいたから，もっとリビングにいるべきだと思った。
- アサーション度チェックをして，非主張的なパターンが多かった。日頃からそう感じていたので予想通りだった。もっと人とたくさんコミュニケーションした方がいいと思った。
- 主張的に話すのがいいけど，時には攻撃的に言って自分の主張を強く言うことも必要だと思った。
- 毎日人と人との話し合いなど，ことばを考えながら話すとそれはそれで楽しいし，仲良くなっていくからいいが，時には厳しく声を掛け合っていくといいと思う。

このように，自分で日頃からつくり出している非合理的で非現実的な思い込みが日頃の言動に影響している。本校の生徒は非主張的なコミュニケーションをしがちであることが，アサーション度チェックで明確になったので，主張的なものに変えるためのアドバイスを行った。また，頭で理解できていても，このままでよいと感じる生徒には具体的な考え方を提示し，日常に活用できるよう支援した。

5　参加型アクション志向学習導入の効果

　アサーション度チェックを活用し，自分を振り返ることを通して，主体性を養い，生徒は自分自身を意識するようになった。また，現実にありがちな場面設定を扱うことで，コミュニケーションへの興味・関心をもたせることができた。コミュニケーションの種類，つまり，非主張的・攻撃的・主張的(アサーティブ)なコミュニケーションを意識してシナリオをグループで作成することは，これまでの行動の枠にとらわれず，人と新しいコミュニケーションをしたいという気持ちを感じさせた。だれもが，自分の意見を聞いてもらいたい，自分の気持ちや考えを理解してもらいたい，家族や友人とのかかわり方を工夫し，創造したいということを再確認させ，行動化へつながるものとなったと考える。学習して1ヶ月後，コミュニケーション別シナリオ完成テストを行い，定着度を測り，その高さを確認することができた。

6　授業実践の資料

〈ワークシート2「非主張的，攻撃的，主張的なコミュニケーションのシナリオ」〉

〈例1〉
母　親：「何度言ったらわかるの。いつもテレビばっかり見て，少しは掃除でも手伝ってよ」
高校生：「うるさいんだよ。きのうやったじゃないか。今から勉強するから忙しいんだ」
母　親：「本当なの。都合が悪いと，すぐに勉強って言うんだから」
高校生：「するって言ってるのに。やる気がなくなるんだよな。いつもこうなんだから」
母　親：「成績が下がっているようだけど，ヘンな友だちとつきあっているんじゃないの。夜帰るのが遅いし。バイトの時間が終わってもなかなか帰らないんじゃないの」
高校生：「　　　　　　　　　　　　　　　　　　　　　」

〈例2〉
ナレーション：「高校生のあなたは中学生の弟(妹)と同じ部屋を一緒に使っている。掃除はすべてあなたがやっている。たまには，部屋の掃除を手伝ってくれればいいのにと思っている。きょうはあなたの友だちが遊びに来る予定である。そのため，昨日あなたは掃除をした。ところが，弟(妹)はお菓子の袋は散らかし，雑誌も床に広げっぱなし。もうすぐ，友だちが遊びに来る時間である。」
高校生：「いいかげんにしろよ。いっつも出しっぱなし，汚し放題」
中学生：「いいだろう。病気になるワケじゃないし」
高校生：「もうすぐ，友だちが来るんだぞ」
中学生：「いつものことじゃん」
高校生：「　　　　　　　　　　　　　　　　　　　　　」

〈例3〉
ナレーション：「高校生のAはいつもまじめに授業に取り組み，ノートも几帳面にまとめている。それに対して，同じクラスのBは授業には出ているものの，よくぼーっとしている。まもなく，定期テストが始まる。Bはまじめなａからしょっちゅうノートを借りたり，レポートを教えてもらったりしている。ただ，Bは準備が悪く，いつも直前に気軽に頼むので，Aはほとほと嫌気がさし，Bには今後貸したくないと思っている。そんなとき，いつものようにBがAにノートを貸してくれと言ってきた。しかも，明日テストがあるので，そのノートを使ってAは勉強する予定なので，貸したくない。」
高校生B：「英語のノートを貸してくれよ」
高校生A：「何で貸さないといけないんだよ」
高校生B：「　　　　　　　　　　　　　　　　　　　　　」

〈ワークシート１「家族コミュニケーション～アサーション度をチェックしよう」〉

次の場面を読んで，あなたの言動に最も近いものをア～ウの中から１つずつ選びなさい。

場　　面	ア	イ	ウ
1　友達が髪を切った。「昨日切ったんだ」と言われたときに…。	□　特に何も言わず，うなずく。	□　へえ，しょっちゅう切ってるね。	□　前のもよかったけど今度の髪型も似合ってるね。
2　自分の特技について話す場面で。	□　○○を少し。	□　○○で全国大会にも出ています。私よりキャリアが長い人よりもいい成績でした。	□　特技は○○です。やめたいときもあったけど，続けてきたかいがあって全国大会に出場しました。
3　コンビニの店頭でコピー機の使い方がわからないときに…。	□　わからないんですけど。	□　説明書が全然わからない，急ぐんではやく説明して。	□　すみません，トレイの選択がよくわからないので教えてください。
4　調理実習の自由献立を班で相談中。野菜いための材料に自分の嫌いなピーマンが入っている。	□　嫌だけど黙っている。	□　私，ピーマン嫌い。そんなの食べんよ。	□　私ピーマン苦手なんだけど，他の材料に代えてもらえないかな。
5　文化祭のバザーでおつりを渡し間違い，横にいた友人から違うよと指摘され…。	□　黙って正しい金額を渡し直す。	□　忙しいんだからこれくらい間違えるよ。みんな間違えてるよ。	□　（客に）すみません。（と正しい金額を渡す）（友人に）ありがとう。助かったよ。
6　授業中，先生が黒板に間違った字を書いたことに気づいた。	□　黙っている。	□　先生，字を間違えていますよ。頭悪いんですね。	□　先生，○の字を間違えています。正しくは△です。
7　親から誕生日にプレゼントとしてTシャツをもらったが，あまり自分の好みに合わない。「明日着ていったら～」と言われ…。	□　黙って受け取り，何も言わず翌日は着ない。	□　趣味悪いね。お金くれた方が良かったのに。	□　ありがとう。うれしいよ。でもちょっと派手な気がするな。重ね着とかちょっと工夫してみるね。
8　人気のラーメン店で順番待ちで並んでいたら割り込まれた。	□　黙って我慢する。	□　何割り込んでるんだ，こっちが先だ。	□　困ります。私たちはずっと並んでいるんです。この列の最後尾はあそこです，ちゃんと並んでください。
9　お祭りで学校の先生に会った。ゆかた姿の私に「いつもと感じが違って素敵だね」と話しかけられて…。	□　黙ったままうなずく。	□　制服じゃないから。（と，ぶっきらぼうに言う）	□　ありがとうございます。制服姿じゃないからですかね。
10　友達からかかってきた電話が長くなっていて切りたい。	□　言えずに我慢する。	□　もう切るわ，じゃあ。（と言って切る）	□　ごめんね，せっかく電話くれたんだけどそろそろ切るね。では，また。
11　自分が「この間買物したときに～」と話し始めたら「そうそう，買い物と言えば～」と話を中断された。	□　黙って話を聞く。	□　人が話してるのに何なの！ちゃんと聞いて！	□　ちょっと待って！　後で聞くから，まず，私の話を聞いてくれないかな。
12　放課後の廊下で掲示物の貼り替えをしている教員から手伝って欲しいと頼まれたが，電車の時間が迫っている。	□　いいですよ。（と断れず手伝う）	□　嫌です。だれか他の人に言ってください。	□　すみません，電車の時間に間に合わないので，また今度手伝います。
合　計　数	個	個	個

[家族・家庭生活]

4 男女共同参画社会をめざして―家族に関するテーマで新聞作り―

1 はじめに

　1999年に成立した「男女共同参画社会基本法」では，性別による固定的な役割分担にとらわれず一人ひとりが個性と能力を発揮できるような社会づくりをめざす基本理念を定めている。政府は21世紀の日本社会を方向づける最も重要な課題の1つを「男女共同参画社会」の実現と位置づけている。

　少子高齢化など私たちの生活をめぐる状況が変化していく中で，高校生の時期に，固定的な役割分担にとらわれないジェンダーに敏感（ジェンダー・センシティブ）な視点を育てていくことは，彼らの将来の生き方に，大きな意味をもつものである。男女共同参画社会をつくり上げて行く場として家庭生活は大きな位置を占める。そこで家族領域におけるジェンダーに関するテーマを題材にした授業案を作成し，実践する。

2 本授業開発のねらい

　家族領域においてジェンダーに関する結婚・子育て・家事労働・介護などのさまざまなテーマを設定した。生徒が主体的に考えまとめていく形をとりたいと考え，グループでの新聞作り，発表という授業を展開させる。さまざまな資料を収集し，グループの中で討論して1つの新聞にまとめていく過程の中での，生徒自身の「気づき」や新たな発見を大切にしたい。そして，ジェンダー・センシティブな視点を養うとともに，自らの生活実態や価値観と照らし合わせ，多様な生き方や選択があることを知り，生徒が自らの生き方を見直す手立てとなることを期待する。発表を入れたことにより，一見ばらばらのようにみえるテーマが，ジェンダーという串でつながっていることに気づいてもらいたい。

3 授業計画

解決すべき生活問題 （本題材のねらい）	家族をめぐるさまざまな場面で性役割分業などのジェンダーとのかかわりへの気づき，ジェンダー・センシティブな視点，多様な生き方や選択があることの理解と受容
個人・家族・地域社会 シチュエーション	独身，若い夫婦，夫婦と子ども，高齢者のいる家族など （どのテーマを選ぶかによって異なる）
導入した参加型アクション志向学習法	ワークショップ，アンケート，インタビュー，せりふ完成法（「自分探し」），レポート
授業の展開	1　テーマ（家族領域での男女共同参画社会に関する8つ）を選びグループ決定する グループ分け（男女混合）に先立って，関心をもたせるために動物漫画による「せりふ完成法」〈ワークシート1「自分探し・せりふ完成法」〉を個人で完成する。〈導入〉 【8つのテーマ】 　①結婚と家族―夫婦別姓を中心に―

授業の展開	②赤ちゃんが減っていく―出生率の低下と家族― ③ジェンダーって何だ ④男と女のパートナーシップ―仕事も家庭も― ⑤家事労働を考える ⑥父親の育児参加―みんなで育てる，子どもとかかわって生きる ⑦家族の中の虐待と暴力 ⑧いきいきとした高齢期を迎えるために―高齢者と家族― 【1時間】 2　テーマに関連した新聞・資料・図書などをもとに〈ワークシート2「個人レポート」〉（省略）をまとめ，次時に提出する〈気づき〉 【家庭学習】 3　各自持ち寄ったレポートに班員全員が目を通し，共通理解をはかる 　新聞作りのためにグループとして，調べたいことや知りたいこと，疑問点，相談にのってもらいたいことなどを出し合う。〈認識・理解〉 　班ごとに〈ワークシート3「新聞作りにむけて」〉を提出する。教師は次時までにアドバイスを記入し返却する。 【1時間】 4　図書室に集合。司書の協力を得て作成した〈資料「グループ学習のためのテーマ別ブックリスト」〉（省略）を参照しながらさらに資料を集める 【1時間】 5　収集，討論などを経てグループで新聞（B4版2枚）を作成する〈フィードバック・意識の変容〉 【2時間】 6　新聞原稿は決められた日に提出し，家庭科委員がクラス人数分を印刷する 7　家族・ジェンダーに関する基礎知識の講義を行う 　この日に刷り上った新聞8種類と〈ワークシート4「新聞および発表の評価表・個人用」〉を配付。次時までに目を通し，新聞の評価を記入してくる。 【1時間】 8　各班10分程度の発表をする 　発表の評価を〈ワークシート4「新聞および発表の評価表・個人用」〉に記入し，班長に提出する。〈新たな気づきへ〉 【2時間】 9　班長は〈ワークシート5「新聞および発表の評価表・グループ用」〉で，評価点数と感想のとりまとめをし，教師に提出する 　授業の導入で行った〈ワークシート1「自分探し・せりふ完成法」〉を再度行い，意識の変容をみる。 10　男女共同参画社会に向けて，「高校生の提案」を作成する 【1時間】 【総時間：9時間＋家庭学習】
評価	・新聞が充実した内容に仕上がっているか。 ・発表で皆にわかりやすく内容が伝えられたか。 ・ジェンダー・センシティブな視点がもてるようになったか。

【授業者：小谷教子】

○参考文献：
- 小谷教子他　日本家庭科教育学会誌　vol..43 No.1「授業実践のひろば」，2000
- 草薙ネット編『漫画とアニメで語る，男女の性と生』黒船出版，1999

4　授業の実践

(1) 8つのテーマに関連した,〈ワークシート1「自分探し・せりふ完成法」〉の完成

　8つのテーマに関連したせりふをウサギやクマなどの動物が問いかけて,サルが答えるというもの。吹き出しにせりふを完成させるだけでなく,サルの顔の表情を入れるのもなかなか楽しく,導入ワークシートとして他の授業でも使える。今から始まる授業がどのようなことを扱うのか関心を喚起し,意識づけを行うのがねらいである。同じワークシートを一連の授業の最後にもう一度行うと,生徒の意識の変化が読み取れる。今回実施(平成16年度)では,父親の育児休暇取得や家事労働の担い手,結婚後の改姓などに意識の変化が見られた。

(2) 個人レポート

　グループ学習を始める前に,個人で資料(新聞,本,雑誌,インターネット等)を探し,資料を添え,その要約と感想を書かせたレポート〈ワークシート2「個人レポート」〉(省略)を課した。次に全員が持ち寄ったレポートを回して読み共通理解をはかるという手順をふむことで,グループ学習参加において同じラインに立つことができる。

(3) 新聞作りに向けてのワークシート

　班員のレポートを全員が読み,新聞作りにあたって,載せたいこと,知りたいこと,問題点,疑問点などを出し合い,〈ワークシート3「新聞作りにむけて」〉に記入し,次時の図書室での資料探しにつなげる。また,このワークシートに「教師のアドバイス欄」を設け,視点の適正化,資料収集の偏りの是正等について,ヒントや助言を書き込み,返却した。

(4) グループ学習のための「テーマ別ブックリスト」

　司書の先生に図書室の本・資料の中から「テーマ別ブックリスト」を作成してもらった。図書室には臨時の「家庭科の図書コーナー」を設置し,期間中は貸し出し禁止とした。資料の探し方やインターネットの検索方法などは指導する必要がある。本をじっくり読む時間がなかなかとれないのが課題である。

(5) 新聞の完成

　授業時間以外にも放課後に家庭科室開放日を設け,相談にものった。男女でわいわい言いながらする作業そのものが,まさに男女共同参画ともいえそうだ。

(6) 新聞及び発表の評価表(個人用)

　新聞の評価と発表の評価に分かれる。各グループの発表までに,新聞の評価と質問ができるような準備をしておく。新聞,発表共に5段階評価をし,得点は成績に反映させることで,新聞をきちんと読み,発表をしっかり聞く態度ができた。

(7) 新聞及び発表の評価表(グループ用)

　自分のグループの〈ワークシート4「新聞および発表の評価表・個人用」〉をそれぞれの班長が回収し,感想のとりまとめと平均得点を算出し,〈ワークシート5「新聞および発表の評価表・グループ用」〉に記入し,教師に提出する。この作業を各班ごとにすることで,級友がどのように評価しているかを実感できる。

(8) 男女共同参画社会に向けて,高校生の提案

　生徒がつくった新聞のテーマは8つともジェンダーの串―「男女それぞれが性別にかかわりなく個性や能力を発揮することのできる社会を」(男女共同参画社会)―でつながっている。新聞作りや発表を通して得たものをいかして,高校生の視点で,(自分たちが取り組んだテーマや級友たちが

発表したテーマから，ここのところがこんなふうになったら男女共同参画社会になる…と考えてみて）「男女共同参画社会を実現するためにどうであったらよいか」具体的な意見を提案してもらった。気づきや新たな発見など学んだことをフィードバックさせ，個人レベルから社会レベルへの視点へとつなげたいというねらいである（本題材実施においては，時間的に厳しく，期末試験の中で意見を書かせた）。

◆生徒の提案例
- 職場で男女の比率がアンバランスにならないように女性の比率をある一定以上（4割とか）に義務づける。
- 父親の育児参加がしやすい環境をつくるべきで，テレビドラマでこのようなテーマを扱う。
- 広報やメディアでの男女の取り上げ方を変えるべき。影響力が大きい。
- 育児参加ができる。もちろん収入も保障する。
- 不平等があったら裁判など簡単に執行できる制度があったらよい。　など

5　参加型アクション志向学習導入の効果

(1) グループで新聞作りという学習方法によって，自分たちで資料を収集し，それを整理しまとめるという能力がついた。

(2) 日常生活のさまざまな場面に，ジェンダーにかかわる問題が存在していることが実感できたと思われる。たとえば担任の先生へのインタビュー，クラス全員への簡単なアンケート調査，家族の考えなど，学校内や生活上の例を通して，ジェンダーをめぐる考え方を記事にするなど，高校生の生活に密着した身近な例からのアプローチは，他の生徒にも理解しやすく，また，興味を誘う点でも効果があった。

(3) ジェンダー・センシティブな視点をもつことが必要であると主体的に気づくことができた。ジェンダーに関しては教師の一方的な講義は反発を招く恐れもあるが，資料を収集し，文献を読み，新聞作りの過程や発表を聞く中で自らが気づいたことは，抵抗なく受け入れられる。教師やクラスメイトへのインタビューやアンケート等においても，ジェンダーに関する問題を見据える視点や，学んだことをフィードバックする意識がなければ行えないであろう。楽しみながらまとめる作業の過程で意見を言い合う，あるいはグループ発表を通して他のテーマの内容を知ることなどから，価値観の相違やジェンダーバイアスに気づいたことも大きい。

　なお，本題材は平成11年度に飯塚和子，宇郷香織，小谷教子の3名の講師（日大習志野高校）が共同で開発したものが基本となっている。その後，社会の変化に合わせて8つのテーマのタイトルを若干変えたり，初年度の課題となっていた発表のやり方を生徒が主体的にかかわるような評価方式にしたりその他にも工夫を入れてきている。現在の形になったのは，日大習志野高校講師清水真由美先生の協力によるところが大きい。

6 授業実践の資料

〈ワークシート1「自分探し・せりふ完成法」〉

年 組 No. 氏名

1
- (左) 今までの様に、結婚した女性の名字は変えた方が良いだろう。
- (右) 今は女の人は結婚したら名字が変わるのが普通だけど名字を変えたくない（夫婦別姓）を希望する女の人が多くなっているんだって。あなたはどう思う？

2
- (左) わけちない。
- (右) 女性がだんだん子供を産まなくなっているよね。なぜかな？あなたの考えを教えて。

4
- (左) 最終手段としては仕方ないが、買物など不都合な面があるため賛成しない。
- (右) 隣の新婚さんは夫が家事をして妻が働きに出てるんだよ。私も結婚して子供ができても働き続けようと思うのだけど、そういうのどう思う？

3
- (左) テレビ番組でもテーマとして取り上げられていたが、やはり良くないだろう。
- (右) 「男だから頑張らなくちゃ」とか「女はでしゃばるな」って言われて、どうしてだろうと思ったことない？こういう考え方はジェンダーと関係があるのだけどあなたはどう思う？

7
- (左) 暴力で解決するのは絶対にダメだと思う。
- (右) かわいいはずの我が子に、ついかっとなってしまって、たたいてしまうのは、異常な親なのかしら…あなたはどう思う？

5
- (左) やらなければならない家族の仕事だから、仕方ない。
- (右) お母さんがパートで皿を洗うとお金が稼げるのに、家では1円も稼げるわけじゃないでしょ。家事労働って一体何だろう？あなたはどう思う？

6
- (左) 恥ずかしいと思う。男性には仕事をするというイメージがついているから。
- (右) 父親も母親も育児休暇がとれるんだけど、男がとるのって恥ずかしいのかな？あなたはどう思う？

8
- (左) なるべくスポーツに触れて、健康を保ち、同年代の人たちと多く接するだろう。
- (右) 50年後私たちが65歳になるころは、3人に1人が65歳以上なんだって。そのとき君は誰とどんなふうに暮らしているのかな？

〈ワークシート3「新聞作りにむけて」〉

ワークシート　新聞作りにむけて

3組 6班　テーマ〈父親の育児参加〉
班長　氏名　番

タイトル(見出し)	個人レポートの内容　わかったこと・ポイント	調べたいこと・知りたいこと・疑問点
育児休業 (氏名 多田新樹)	育児休業対象者……1歳未満の子を養育する男女の労働者 育児休業給与金……育児休業中の賃金が一定の水準を下回った場合に支給	○パパクオータ制 ○育児休業対象について ○全国的にどれくらい育児休暇をとっているか ○育児休業をとらなかった理由
父親の育児参加のカロについて (氏名 石川健太)	60才以上の年代では、いまだに「男性は外で働くべき」という考えが強いが、若者を中心に"分担して育児をすべき"という考えが広まりつつある。	○育児休業給付金は○○年代の国の育児休業策 ○職場の雰囲気 ○○歳くらいの企業からの ・育児休日の取得率等 ○国の対策
父親の育児参加の現状 (氏名 今井 副))	日本の育児休暇は男女ともに30歳までにとっている。父親が何をすれば母親が何を変えてくれることをほとんど受け入れなければいけない(個人や企業の努力が必要である)。	○育児休業の良い点、悪い点、どれでもいいので、会社に説明して 先生からのアドバイス
育児休業率について (氏名 中村 邦義)	育児休業例 の"うるさい"(1万)は父親は 1%以下[になっている。] 育児休業也[も使っている父親は 1%以下である。]	○プリントNo.2のキーワードをおぼえましょう ○仕事っては誰のた仕事ですか？ ○アンケートやインタビューでメンバー、クラスメイト、子供や家族など大人にも取材を求めてみましょう。(3人です。)
国民現状との育児休暇の対応について (氏名 渡辺 健大)	父親の割合があまりないいー者の原因は 日本の育児・育児の休暇の対応である!!	○育児に関する法律や現況対策(サポート)すなどはどんなものがあるか?子供(姪、甥など)として考えて下さい。 ○育児はほぼ母親といわれているが中心と考えて下さい。 ○発表になります。

4　男女共同参画社会をめざして―家族に関するテーマで新聞作り―

〈完成した新聞例〉

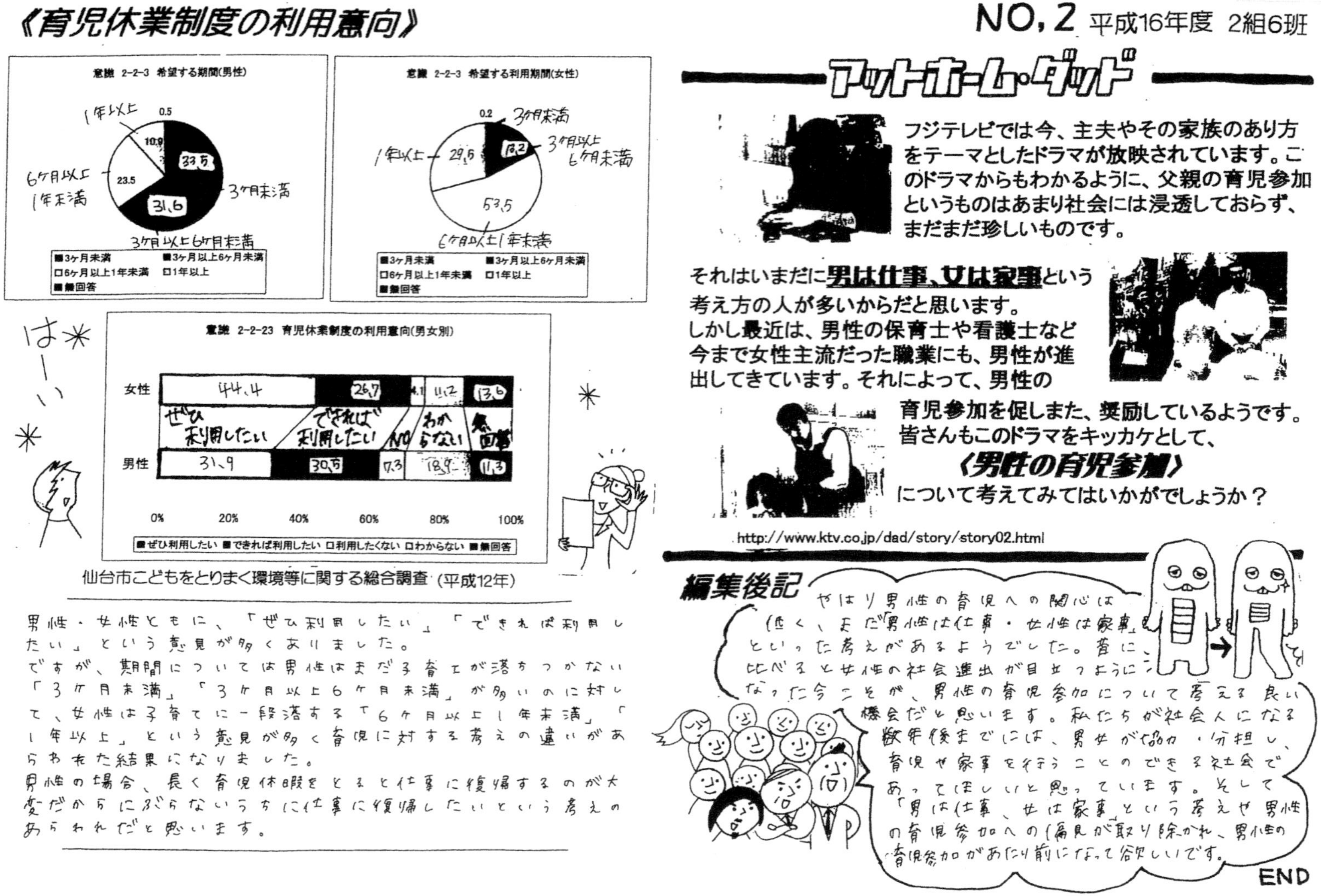

NO.2 平成16年度 2組6班

アッパードッグ

フジテレビでは今、主夫とその家族のあり方をテーマとしたドラマが放映されています。このドラマからもわかるように、父親の育児参加というのはあまり社会には浸透しておらず、まだまだ珍しいものなのです。

それはいまだに男性は仕事、女性は家事というような考え方の人が多いからだと思います。しかし最近は、男性の保育士や看護士など今まで女性が主流だった職業にも、男性が進出してきています。それにともなって、男性の育児参加を促したり、奨励しているようです。皆さんもこのドラマをキッカケとして、

《男性の育児参加》

について考えてみてはいかがでしょうか？

http://www.ktv.co.jp/dad/story/story02.html

編集後記

やはり男性の育児への関心は低く、まだ「男性は仕事・女性は家事」という考えがあるようです。せめて半分半分で目々を育児に参加できたら、女性の社会進出についても、私たちがこれから担っていくこの社会において、良い影響を及ぼすことができると思います。家事や育児を女性にばかり任せる男性（主に仕事）、女性は家事という家族の姿、女性が育児と仕事の両立に疲れて苦しむ姿、男性の育児参加が遅れているという偏見が早く無くなればいいと信じています。

END

《育児休業制度の利用意向》

図表 2-2-3 希望する利用期間（男性）
1年以上 0.5
10か月 23.5
6ヶ月以上 31.6
1年未満
3ヶ月以上6ヶ月未満
3ヶ月未満
無回答

図表 2-2-3 希望する利用期間（女性）
1年以上 29.6
3か月活 0.2
3ヶ月以上 53.5
6ヶ月未満
3ヶ月以上6ヶ月未満
□1年以上
無回答

図表 2-2-23 育児休業制度の利用意向（男女別）

	ぜひ利用したい	できれば利用したい	利用したくない	利用したくない	わからない	無回答
女性		26.7	41.2	4.1	13.3	
男性		30.5		31.9	18.0	11.3

0% 20% 40% 60% 80% 100%
■ぜひ利用したい □できれば利用したい ■利用したくない □わからない ■無回答

仙台市ことどもをとりまく環境等に関する総合調査（平成12年）

男性・女性ともに「ぜひ利用したい」という意見が少ないということが明らかになりました。期間については、まだまだ男性は3ヶ月以上6ヶ月未満、女性は1年以上と男女で育休に対する意見にズレがあります。この結果により、男性が家事・育児に参加する場合がぐっと少なく、育休が終わり仕事に復帰するのは女性の方がだんぜん多いということが考えられます。男女ともに育休をとりやすいような環境のなかで、仕事に復帰したいと思う人が多くなればいいと思います。

〈ワークシート4「新聞および発表の評価表・個人用」〉

第1学年グループ学習　新聞及び発表の評価表　　（個人用）

★新聞の評価は発表の授業までに記入しておきましょう。（自分の班も評価対象）
★以下の基準で評価し、○で囲みましょう。
　　　5：良い　4：やや良い　3：普通　2：やや悪い　1：悪い

		評価した者	1年 3 組 42 番氏名	
3 班	テーマ名 ジェンダー			左の様に評価したポイントは？
新聞の評価	①見やすさ（字・レイアウト）は工夫されていたか	5 -④- 3 - 2 - 1		イラストが載っていてインパクト大だった。文字の並びが美しだった。
	②内容はよく調べてあったか	⑤- 4 - 3 - 2 - 1		歴史や、アンケートなど、文字数が多く、よく調べてあるなと思った。
発表の評価	③要点を押さえているか	5 -④- 3 - 2 - 1		一つ一つの内容を詳しく伝えられていた。
	④発表の仕方（声の大きさ・態度）はよかったか	5 -④- 3 - 2 - 1		しゃべり方がおもしろい人がいた。聞き取りやすかった。
疑問点・印象に残った点・新たに得た知識など				

クラス全体がジェンダーに対してどのような意見を持っているのか知れた。また、ジェンダーの歴史が書いてあってためになった。

〈ワークシート5「新聞および発表の評価表・グループ用」〉

第1学年グループ学習　新聞及び発表の評価のまとめ　　（グループ用）

1年 3 組 2 班　　テーマ 赤ちゃんが減っていく　　班長氏名

		平均得点 (小数点第2位四捨五入) 総得点÷評価人数＝平均得点	合計点 ①＋②＋③＋④
新聞の評価	①見やすさ（字・レイアウト）	186点÷45人＝ 4.1	17
	②内容はよく調べてあったか	191点÷45人＝ 4.2	
発表の評価	③要点を押さえているか	196点÷45人＝ 4.4	
	④発表の仕方はよかったか	192点÷45人＝ 4.3	

疑問点・印象に残った点・新たに得た知識など（主な意見）
子供に対する教育費が意外に多い。
少子化問題の原因はいろいろある。また年金問題などに関係している。
評価をまとめてみて、班としての感想
全体的にはまぁまぁ良かったけど、一人一人の評価を見ると、グラフが少し大きい、字が少ない、もっとはやく話した方が良いなどの意見があったので、発表はもっとスムーズに、新聞はもっと工夫すれば良かったなぁと思った。

この「評価のまとめ」を表紙にし、担当したテーマの個人評価表を出席番号順に並べて提出の事

[子育て]
5 親だったらどう対処するか

1 はじめに

　少子化や核家族化が進み，現在，高校生のいる家庭では，その多くが乳幼児とは同居していない。身近に乳幼児がいないことにより，体験学習などでは，乳幼児とどのように接したらよいかわからずに戸惑う生徒も目立つ。一方，生き方は多様化し，結婚する人，結婚しない人，離婚をする人，子どもをもつ人，子どもをもたない人など，さまざまな生き方がある。しかし，高校生には，将来，自立した一人の人間として，自分の子どもをもつ，もたないにかかわらず，次世代を担う子どもたちの成長について常に関心をもち，積極的にかかわることができる成人になって欲しいと考える。

2 本授業開発のねらい

　子どもは，よい・悪いの区別なく自己を主張することがある。時には親は，子どもの行動を受け止めにくくなることもある。

　【事例】では，子どもが少し無理な自己主張をして失敗してしまったとき，親はどのような対処ができるのかを考えさせる。親の態度を4つの典型的なタイプ「保護的」「放任的」「拒否的」「支配的」に分類し，各自で親子のせりふを考えさせる。さらに，4～5人のグループになりどんなせりふがあるのか，発表し合い，1つを選んでロールプレイを行う。

　実際に経験したことのない親としての役割演技を行うことにより，親としての立場の理解を深めさせたい。また同時に，そのときの子どもの気持ちも理解させたい。

3 授業計画

解決すべき生活問題 （本題材のねらい）	子どもの人間形成にかかわる親（保育者）の役割を理解する
個人・家族・地域社会 シチュエーション	親と幼児 保育者と幼児
導入した参加型アクション志向学習法	ロールプレイ，ケーススタディ
授業の展開	1　親と子どもにかかわる【事例】について，親は，どのような対応ができるのか考える (1)自分が子どもの頃，親に理解されずに，悲しい気持ちになったことはなかったか振り返る。 (2)聞き分けがない子どもの対処に，親が困っているのを見たことがあるか思い出してみる。 (3)〈ワークシート1「親の態度と子どもへの影響　1」〉の事例を読む。 【事例】「ヒロシ」は3歳。6歳の姉がいる。姉が飲み物を飲むときに，ガラスのコップを使っているので，ヒロシはうらやましくてたまらない。自分もガラスのコップで飲みたいと親に訴えたが，「まだ早いからだめ」と断られた。しかしどうしてもガラスのコップを使って飲むと言い張り，ミルクを入れてもらった。ガラスのコップは，プラスチックコップと違って重く，持つところもないので手をすべらせて床に落としてしまった。ガラスは割れ，飛び散り，ミルクはこぼれてしまった。

授業の展開	(4)親の4つのタイプ「保護的」「放任的」「拒否的」「支配的」について確認する。 (5)吹き出しに親とヒロシのせりふを各自で書いてみる。 (6)4～5人のグループをつくり，お互いにせりふを発表し合う。 (7)それぞれのタイプから1つずつ選んでロールプレイをする。 (8)演技者は，演じてみての感想をグループの人に話す。観察者も感想を出し合い，それぞれ感じたことをプリントにまとめる。 2 〈ワークシート2「親の態度と子どもへの影響 2」〉について (1)「親の態度と子どもへの影響」の図を見て，親の態度がどのように子どもに影響を及ぼすか考える。あくまで傾向であることを伝える。 (2)〈事例〉の場合はどんな対処が理想であるか，考えてまとめる。 (3)理想の親のせりふを考えて発表する。 3 〈ワークシート3「ふりかえりカード」〉を記入する 【総時間：2時間】
評価	・興味をもち，真剣にロールプレイに取り組んだか。 ・子どもの気持ちを理解しようと努めたか。 ・親や保育者の役割についての理解が深まったか。 ・将来の自分の生活にいかしていこうとする態度がみられたか。

【授業者：新山みつ枝】

4 授業の実践

(1)ロールプレイ・最初の実践

初めてこの授業を実践したときには，ロールプレイがぎこちなく，計画通り授業展開できなかった。そのため，実践を繰り返し，授業展開を少しずつ改善していった。

最初に実践したクラスでは，【事例】を2つに分けた。前半部分は，ヒロシが，「ガラスのコップで飲みたい」と言い張る部分とし，親の対処の仕方を考えさせた。後半は，ヒロシが，失敗してしまってからの対処の仕方を考えさせた。前半部分は，2人組でロールプレイを行わせ，後半では，グループで活動させた。それぞれが考えたせりふを，すべてロールプレイで行ってみたため，ロールプレイの回数がとても多く，授業終了後，「疲れた！」とつぶやく生徒がいた。また，メンバーに，しらけた生徒が一人でもいると，グループ全体が，盛り上がらずにうまく活動ができないこともわかった。そのようなグループでは，話し合いも十分になされず，それぞれが個人で感想をまとめてワークシートを仕上げているだけという状況がうかがわれた。

(2)ロールプレイ・2回目の実践

2回目の実践では，【事例】を前半と後半を1つにした。〈ワークシート1「親の態度と子どもへの影響 1」〉のように変更し，ヒロシが失敗してからの親の対処の仕方について考えさせた。せりふは，個人でつくり，グループで1つ選んで，ロールプレイをするようにした。親の1タイプずつで時間を区切り，各グループが，一斉に演技するように改善した。そのため，短時間で終了してしまうグループはなかった。

(3)ロールプレイ・3回目の実践

3回目の実践でも，グループで話し合って，1つのせりふを決めて，ロールプレイするようにした。和やかな雰囲気で話し合いができた。また，くじをひいて，グループのメンバーに1番から5

番(または4番)までの番号を決めた。授業者が，何番が何役になるかをそのつど指定したので，だれが何役になるのか期待し，ゲーム感覚を楽しむことができた。また，省略せずに，1つ1つじっくりと取り組んでいる様子がみられた。

⑷ ロールプレイ終了後

ロールプレイ終了後は，まず観察者の感想を自由に述べさせてから，演技者にも気持ちを発表してもらった。グループで感想を出し合って，ワークシートに各自の感想をまとめさせるようにした。話し合いでは，個人による感じ方の違いを知ることができた様子がみられた。演技者は，首から ひろし と 親(保育者) と書いた厚紙を首から下げるようにした。

▲「親(保育者)だったら」　　▲「ヒロシだったら」

◆ロールプレイ終了後の生徒の感想(一部抜粋)
- 実際に発表とかやってみると，親の気持ちとかがよく分かるなあと思った。
- 私の考えたせりふに近い人がいたり，全く思いつかなかったものを書いている人がいた。
- 自分たちで，実際に演じてみて，子どもの心境を感じ取ったりして，とても楽しくできました。
- みんなで話し合いながら考えたので良かった。
- 自分たちが大人になったらやっぱりこういう場面に出会うと思うので大変だと思いました。
- 多少の恥じらいがあったもののスムーズに話し合いやロールプレイができた。

5 参加型アクション志向学習導入の効果

全体的には，ロールプレイは，楽しく，効果的に学習できたようである。しかし，ある子ども役の生徒は，ロールプレイで，親役になった人から強く叱られて，「子どもの頃の気持ちを思い出し，ショックを受けたり，悲しく思ったり，しぶしぶOKしたりした」という感想を書いている。やはり，これらは，ロールプレイをしてみて，はじめてわかる気持ちだと思う。

また，観察者は，グループの話し合いで，「こんな親の対処は，なんだか気持ちが悪い」「なぜ，ここで叱らないのか理解できない」「なぜ叱るかわからない」などという感想をそれぞれ述べていた。確かに，ロールプレイは，さまざまな立場の人の意見や考えを理解し，自分とは違った多様な視点を育てることができるという効果がある。

改善を重ねながら実践をしてきたが，その結果，少しの工夫でロールプレイが盛り上がることがわかった。今後は，〈ワークシート2「親の態度と子どもへの影響　2」〉の事例の理想的な対処の仕方についてもロールプレイで全体発表させたい。また，場面設定を変えて実施してみたい。

6　授業実践の資料

〈ワークシート１「親の態度と子どもへの影響　１」〉

　ヒロシは飲み物を飲むときにはプラスチックのカップを使って飲んでいる。姉は、ガラスのコップを使っているので、ヒロシはうらやましくてたまらない。自分もガラスのコップで飲みたいと親に伝えたが「まだ早いからだめ」と断られた。しかしどうしてもガラスのコップを使って飲むと言い張り、ミルクを入れてもらった。ガラスのコップは、プラスチックコップと違って重く、持つところもないので手を滑べらせて床に落としてしまった。ガラスは割れ飛び散り、ミルクはこぼれてしまった。

（1）ふきだしに親とヒロシのせりふを考えて書きなさい。
（2）グループを作って考えたせりふでロールプレイをしてみよう。
（3）ロールプレイをして感じたことを〔　〕に書きなさい。（親の気持ちとヒロシの気持ちなど）

Aタイプ（保護的）

親：「大丈夫だよ。あぶないからさわっちゃダメだよ。片付けてあげるから」
ヒロシ：「ありがとう。自分で片付けなくてもいいんだ。またやらせてもらおう。」

〔子どもがあまやかされて、次もやっていいと思っちゃうから、何してもいいと思っちゃうと思う。自分の事が自分でできるのが遅くなる。親は子どもが大事ですっごく心配なんだと思った。〕

Bタイプ（放任的）

親：「自分がやったんだから自分で片付けてね」
ヒロシ：「どぉしよう。」
＊自分でどうしたらいいか考えてごらん。どうしたらいいんだろう…

〔自分で片付けてって言われても、どうやって片付ければいいかわからないし、怒られてないから何が悪いのかもわからないから結局何もわからない。〕

Cタイプ（拒否的）

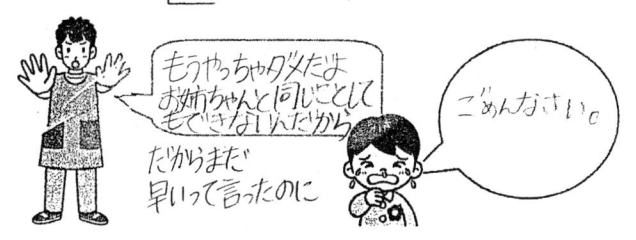

親：「もうやっちゃダメだよ　お姉ちゃんと同じことしてもできないんだから　だからまだ早いって言ったのに」
ヒロシ：「ごめんなさい。」

〔拒否してばっかりで怒ってるだけだから、何が悪いのかわからないのに自分が悪いと思っちゃう。親ももともと子どもには出来ないって決めつけてる…もしかしたら出来るかもしれないのに。〕

Dタイプ（支配的）

親：「だからダメって言ったのに。お父さんの言うとおりにすればよかったんだよ。やっぱりガラスのコップを使うのはもう少し先だね。」
ヒロシ：「でもお姉ちゃんと同じことがしたかったんだもん。わかったよぉ。」

〔やりたくても、やはり親のいうとおりにしてないといけないって思って自分の考えで行動できなくなりそう。親が言ったとおりに動くろ(ママ)になりそう。親も子どもは自分の言うとおりって感じ。〕

〈ワークシート2「親の態度と子どもへの影響　2」〉

（1）　乳幼児期の子どもに対して親がどのようにかかわるかは子どもの人格形成に大きな影響を与える。下の図をみて親の態度がどのように子どもに影響をおよぼすか考えてみよう。

図1　親の態度と子どもへの影響の例

［親の態度は，大きく保護的・放任的・拒否的・支配的の4つに分けられる。その親の態度の影響を受け，子どもにはさまざまな傾向がみられるようになる］

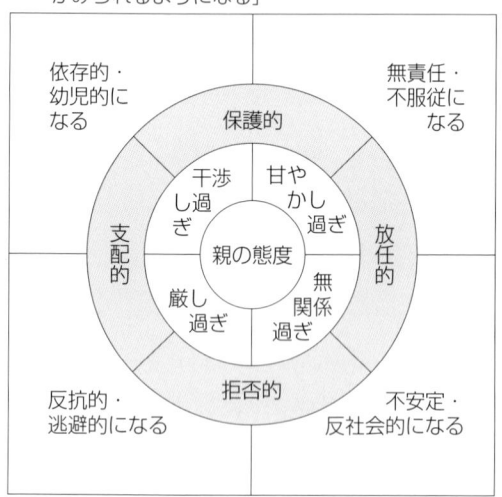

◎　図1をみて考えたことをまとめてみよう

> 干渉しすぎや甘やかしすぎると親にたよってばかりだったりわがままになって自分で自分のことがちゃんとできるようになるまで時間がかかりそう。
> 支配的・放任的すぎると親の意見にしばられて，親が一番正しいって思ったり親の思いどおりに育っていきそう。
> どの態度にかたよるのもよくないケド，ちょうどよくきんとうに適切な態度をとるのも難しいなって思う。

（2）親の態度は、実際には図1のように固定的なものではなく、時には拒否的であったり時には保護的であったりする。ワークシートNo1のような事例の場合、あなたはどんな対処の仕方が適切だと思いますか。またそれはなぜですか。

> 理想の親は、子どもが困っているときは子どもと一緒にその問題を考えて助けてあげて、わがままな時はあまやかさず軽く放っておいてほしい。あまり自分の意見ばかりおしつけないで、親の思いどおりに子どもをうごかさないでほしい。
>
> ＜セリフ＞
> 親「だからダメって言ったでしょ。お姉ちゃんは、もうプラスチックのコップで上手に飲めるからガラスのコップを使っているんだよ。だから、ひろし君もプラスチックのコップで上手に飲めるようになったらガラスのコップ使おう。今は、ママといっしょにおかたづけしようね。そしたらすきなコップで牛乳飲もう♡」
> ひろし「わかったぁ。上手に飲めるようになったら僕にもガラスのコップ使わせてネ。」

〈ワークシート３「ふりかえりカード」〉

ふりかえりカード

(1) 私が気づいたことは‥‥

2枚目のプリントは基本的に皆、同じような理想を持っている。

(2) 私が驚いたことは‥‥

親の育て方・パターンには様々な種類があり、
その育て方・パターン次第で人格が形成されること。

(3) 私がうれしかったことは‥‥

グループで話し合っている時に同じ意見を持っている人が
いて、共感できたこと　など

(4) 私がわかったことは‥‥

親の子への接し方仕第で子供の成長が大きく
変わること。また、子供との時間の大切さ!!

(5) あなたのグループの雰囲気は‥‥

話し合いはスムーズに進んでいて良かったと思う。
意見もしっかりと言え、RPも楽しんでできた。

(6) 感じたこと、気づいたことは‥‥

上に書いてあることがほとんど。!!

[子育て]

6 離乳食 ―手作りと市販品の比較をしよう―

1 はじめに

　少子化に歯止めが効かない今日，学校の統廃合などに代表されるように，子どもにかかわる機関が縮小していくのは自然な流れであるように思える。

　しかし一方で，保育所の待機児童者数の増加や市販のベビーフードの利用増加など，必ずしも子どもの数には比例していない現象が生じていることもまた事実である。

　この一見矛盾する事実に気づかせ，社会的背景を考えるきっかけとなるような授業を実施する。

2 本授業開発のねらい

　少子化であるにもかかわらず，離乳食の市販品が増加しているということに深く興味を覚え，題材として取り扱うこととした。ほとんどの生徒が日頃離乳食にかかわることはあまりないと思うが，調理実習を取り入れることで興味関心をひくよう工夫した。手作りと市販の離乳食の比較を通して，働く保護者，保育所利用者の増大，家事役割分担など，さまざまなことに結びつけて考えさせるきっかけとしたい。そして，理念だけでなく，実生活に応じた選択ができる力を身につけさせたい。

3 授業計画

解決すべき生活問題 （本題材のねらい）	さまざまな家族の事情に応じて，手作りと市販品の離乳食をどのように利用していけばよいか。
個人・家族・地域社会 シチュエーション	共働き夫婦と乳児 片働き夫婦と乳児
導入した参加型アクション志向学習法	インタビュー，ケーススタディ 実習：市販品の比較・大人のメニューとともに離乳食を作る
授業の展開	1　離乳食の実態調査 (1)生徒自身の体験 　生徒自身が食べていた離乳食について親に聞いて調べ，〈ワークシート1「離乳食に関するエピソード」〉に記入してくる。この課題が難しい場合は，現在離乳食を食べさせている人または，離乳食を食べさせた経験がある人へインタビューする。 (2)離乳食のレシピを集めておくか，経験者から作り方を教わる。　　　　　　　　　　　　【家庭学習】 2　グループ作り（可能な限り男女混合班とする） 3　家族設定の理解（ケーススタディ） 2つの文章を読み，ケースを理解する。 以下，ケースの文章を簡素化したもの。 〈ケース1　夫（会社員）・妻（会社員）・乳児一人（保育所）〉 夫：サラリーマン 　　子どもをお風呂に入れたり，部屋の掃除はするが，料理が苦手。 妻：子どもが1歳になったので会社に復帰

料理が得意で離乳食をすべて手作りしてきたが，会社に復帰してからは，作り置きしても間に合わなくなり，ストレスを感じるようになってきた。
　　市販品を利用することには抵抗がある。
子：1歳
　　通っている保育所は自宅から近い便利な場所にある。

〈ケース2　夫(会社員)・妻(専業主婦)・乳児一人(在宅)〉
夫：サラリーマン
　　子どもをお風呂に入れたり，部屋の掃除はするが，料理はしない。
妻：専業主婦
　　料理が苦手。市販品の離乳食にはいささか抵抗があり，家にいるので作る時間はある，という周りの目を気にしながら日々格闘。
　　だんだんとストレスを感じようになる。子どもがごはんを食べてくれないときは落ち込む（子どもの機嫌によるものであっても自分の料理が下手だと考えてしまう）。
子：1歳
　　自宅でずっと過ごしている。

4　離乳食の役割
教科書・資料集により，離乳食の役割を理解する。

5　離乳食の進め方のめやす，食品群別摂取量のめやすの比較
- 資料を読んで進め方のめやすを知る
- 食品群別摂取量のめやすの表を完成し，気づきをまとめる。

6　日本の現状
〈ワークシート2「日本の保育事情について考える」〉(省略)により，市販離乳食の推移，保育所利用者数などから現在の日本の保育現状を認識し，その感想を書く。

【1時間】

7　離乳食を食べてみよう
〈市販品〉
事前に対象年齢がわかるようなラベルははがしておき，調理名だけ提示されたものを離乳食の対象年齢を考えながら試食する。対象年齢順の予想，表示，栄養，味，食感などへの気づきを〈ワークシート3「市販品の離乳食の調査をしよう」〉(資料p.170)に記入する。

【1時間】

〈手作り〉
①レシピ作成
　課題で集めてきた保育雑誌などを参考に，作りたい離乳食を考える。このとき，離乳食だけをつくるレシピではなく，大人の食事を作りながらできるもの，材料がある程度両者に共通しているものを考える。市販品試食も参考にする。フローチャート式で，〈ワークシート4「手作り離乳食のレシピを考えよう」〉(省略)に記入する。
　その際，各グループで，対象年齢が重ならないように教師が配慮する。

【1時間】

②実習（班学習）
③試食（各班の離乳食を互いに試食し，評価する）・片づけ
④まとめ

【1時間】

8　離乳食のまとめ
- アンケート結果や実習，その他資料から，市販と手作りについて〈ワークシート5「市販品と手作りの離乳食を比較してみよう」〉にまとめる。
- 最初の家族設定に戻り，各班ごとに解決策を発表させる。

授業の展開	・最後に各自で考えをまとめる。 【1時間】 【総時間：5時間＋家庭学習】
評価	・働く保護者の子育ての現状について理解を深めることができたか。 ・安易に手作りがよい（または市販品がよい），などのイメージにとらわれることなく，家族シチュエーションに応じた選択方法について考えることができたか。

【授業者：踏江和子】

4　授業の実践

(1) 自分自身の離乳食に関するエピソード

　授業は3学期に実施したため，〈ワークシート1「離乳食に関するエピソード」〉は，冬休みの課題とした。このワークシートを記入するにあたり，自分の幼い頃のビデオを見せてもらうなどによる新たな発見もあったようである。自分が保護者にしてもらったことを，自分の子どもにも伝えたいという感想が多くみられた。

(2) 日本の現状についてのコメント

　〈ワークシート2「日本の保育事情について考える」〉(省略)に，ベビーフードの供給量の推移(ベビーフード協議会)，保育所数と保育所利用児童数の推移(厚生労働省)などの資料を提示し，気づきを書かせたところ，特に指示しなくともさまざまな意見が出てきた。

(3) 市販離乳食の試食（写真①）

　味については，あまりおいしくなかったという意見が多かったが，衛生的である，便利，栄養バランスがよい，意外に安いなど肯定的感想も多かった。全体的に市販品に対するマイナスイメージはなく，うまく活用すればよいのではないかという意見が多かった。

(4) 手作り離乳食のレシピ（写真②～⑥）

　想像をはるかに超えるさまざまなレシピが登場した。大人用のレシピと同時に作ることで，慌ただしい日常生活において役立つものを作ることが意識できたようである。

(5) 市販品と手作りの比較

　どちらかのみをよしとするのではなく，そのときの状況に応じて組み合わせていけばよいという感想が多くみられた。

▲①市販離乳食の試食　　　　　　　　　　▲②離乳食作り

▲③トマトケチャップリゾットとオムライス 　　▲④煮込みうどん

▲⑤野菜のコンソメスープ煮とカレーライス 　　▲⑥ひき肉おじやと野菜たっぷりドライカレー

5　参加型アクション志向学習導入の効果

　市販食品の試食や離乳食の調理実習というのはこれまでの授業でも行ってきた。しかし，今回は自分の離乳食経験を振り返り，さまざまなグラフから現状を知り，ケーススタディと組み合わせた実習を行った。

　最終的には，自分の将来を考えるものとしたが，現段階で学んだことをいかして，ある家族にアドバイスするというのが目的の1つにあるため，生徒たちは，ワークシートを何度も読み返しながら，自分たちなりの結論を導くことができた。

　実際に，自分で考え，調べ，手を動かす授業で，生徒たちは，さまざまなことを得ることができたと実感している。

6 授業実践の資料 　　　　　　　　　　　　　　　　（資料p.170参照）

〈ワークシート1「離乳食に関するエピソード」〉

①離乳食のスタート　　　　　　　　　　　　②離乳食の終わり

　　　4～5　カ月頃　　　　　　　　　　　1歳　3　カ月頃

③手作り定番メニュー（料理名、作り方、形状など特徴がわかるように・・・）

○ほうれん草がゆ
ほうれん草をぐじゃぐじゃにすりつぶして、ごはんをミルクでおかゆを作ってその中にすりつぶしたほうれん草を入れる。

○マカロニグラタン
マカロニとほうれん草、卵を刻んでおく。溶かしバターを作り、耐熱器に溶かしバターと小麦粉をまぜてレンジで1分チンする。溶かしバターに牛乳をよくまぜながら加え、6分程とると3煮てホワイトソースも作る。灰りんでおいた材料にホワイトソースをあえて粉チーズをかけてオーブンで焼く。

④市販品の利用（どんなメニューだったか）

○ホワイトソース
　　グラタンに使う

○和風だし
　　みぞれ汁　　など

⑤みなさんが特にお気に入りだった（らしい！？）離乳食

　マカロニグラタン
　ヨーグルト
　焼きうどん
　　　　　　　など

⑥離乳食にまつわるエピソード

まだ離乳食に慣れてないせいか、少ししか食べず、よく悩んだらしい。めんどくさくて手をぬいた食事を、笑顔でおいしいと食べてくれてうれしかったらしい。

★★これらの話を聞いて感じたこと★★

いっしょうけんめい私のために私は覚えてないけど、よくしてくれたのがうれしかった。毎日のメニューを考えるのも大変だったと聞いて、本当に感謝です。

〈ワークシート５「市販品と手作りの離乳食を比較してみよう」〉

市販品と手作りの離乳食を比較してみよう。

年　組　番　名前

① グループで話し合ってまとめてみよう。

比較項目	市販品	離乳食 手作り
味・食感	手伝いより薄い目 やわらかい	市販品よりうすめ かたため
栄養面	バランスが良い	かたチョロっとバラ
価格	便利だけど高め	かなりやすい
所要時間	すごく早い	30分くらい
衛生面	密封されているので安全	気を付ければ大丈夫
その他の気づき	容器を捨てないといけない	愛情がこもっている
それぞれの長所・短所	市販品では、時間がない時にはとても良いけれど、味があられないし、いちからの作りじゃないので食所でも使える。手作りは、食材がわかるので安全だけれど、時間がかかり、衛生面も気をつけないといけない。	手伝いより保存がきく、便利だし。愛情がこもっているけど、作るのが大変である。手作りは、市販品よりも味がうすくたくさん栄養があってよい。

② これまでの学習をふまえて、最初の家族の解決策を考えてみよう。

ケーススタディー１	ケーススタディー２
うちが足りない時に市販を使うようにする。朝ごはんを作る時には夜のうちに用意しておけばよいと思う。指示地があるわけではないけれど、旦那さんにも食事、準備などを手伝ってもらうことで子どもに愛情が伝わると思う。	インターネットでお料理教室を学びに作ってみたらよいと思う。(子どもが食べている間など)時間はうまく使って、旦那にも何か手伝ってもらう。
市販品ばかりじゃなく時間があるときには、ちゃんと手作りして子どもには愛情をかけてあげる。そうすることで子どもは喜ぶし、旦那も手伝ってくれたりすると思う。忙しい時は市販品も利用して、自分の時間も大切にする。	

③ 各班の発表を聞いて気づいたことをまとめよう。

1班	楽しみながら料理をするといい。
2班	手伝うようにな感じで、離乳食を使うと良い。
3班	同じような意見があった。
4班	色だけで食べるもので、手伝いは良い。
5班	料理教室に行ってもらうと主婦の仲間を増やす、ストレス発散によくなるのでは？
6班	（君の好きなに食物を作って食べさす）市販品のもの、栄養がよくごはんのお供に使ってみてはどうか。
7班	同じ意見がけっこうあった。
8班	夫と一緒に作る。(見がすきな食べ物を手伝うと食べてもらえる。)
9班	市販品はすぐに手に入るし、種類が多い。
10班	夫婦で手伝ってもらうことが大事です。手伝いでも手作りをさせ、家族で食べる。

★ さまざまな家族設定において、市販品と手作りの離乳食をどのように組み合わせていけばよいだろうか。自分が保護者の立場だとしたらどうだろうか。

どうしても難しい時には、自分で味見したことだけし、市販品を使うと良いと思った。家族で食事をすることのすばらしさを味った。子どもだと思うから、大人も子ども食べる物があるようなのりはして食事して食卓を囲みたい。

6　離乳食―手作りと市販品の比較をしよう―　65

[子育て]
7 育児不安を解消するには

1 はじめに

　育児不安は，現代の子育てのキーワードの1つといえる。子どもの虐待がクローズアップされるに伴い，育児不安が虐待につながる可能性を示唆する声も多い。

　育児不安の背景として，①知識や経験の不足から生じる単純な不安，②母親のおかれた社会的な環境に起因している不安，③母親自身の問題に起因している不安，④子どもの問題に起因している不安，⑤家族機能の問題に起因する不安，⑥世間の情報や地域社会での問題に起因する不安が挙げられる。これらの不安を解消するために，保健所等の公的支援はもちろん医療現場でも出産前また出産直後からサポートする体制がとられているほか，NPOをはじめとする民間の支援組織もあることを高校生段階で理解しておくことは必要であると考えられる。

2 本授業開発のねらい

　本授業では，核家族という家族シチュエーションにおける子育てのケースについてグループごとに一度ロールプレイさせ，その後，支援策等を活用しての解決案を盛り込んだシナリオづくりをした上で再度ロールプレイする「ロールプレイ＋問題解決シナリオづくり」を参加型アクション志向学習として取り入れた。役割を演じることで，育児不安を抱える可能性がある母親あるいは父親の立場に立って考えることはもちろんのこと，グループワークを通してさまざまな解決策があることを実感することは，未来の子育ての当事者としての自覚を高めるだけでなく，社会の一員として子育てを見守ることの必要性に気づいたり，これからの自分の生き方へつなげていくためにも必要だと考える。

3 授業計画

解決すべき生活課題 （本題材のねらい）	育児不安解消におけるコミュニケーションの大切さの理解 子育て支援策とその活用の必要性についての理解
個人・家族・地域社会 シチュエーション	夫婦と乳幼児（3ケース）
導入した参加型アクション志向学習法	ケーススタディ，ロールプレイ，シナリオ作成
授業の展開	1　「育児の悩みの実際」を知る 　Web上の掲示板，ホームページの質問コーナーなどに寄せられた育児に関する心配事，悩みなどの生の声を知り，些細なことのように見える悩みも当事者にとっては深刻であることを伝える。 2　ロールプレイ1（資料参照前） 　班ごとに次のケース〈ワークシート1「育児の悩みを解消しよう」〉から担当するケースを決め，育児の悩み・不安をめぐっての夫婦のやりとりについて，グループ内で，繰り返しロールプレイを行い，その記録（シナリオ1・資料参照前）を書く。

ケースA：夫（28歳）は，仕事が忙しく帰宅時間が遅いため育児参加が難しい。妻（27歳）は，結婚を機に退職，出産。転居したばかりで知人も少なく，地域との交流もあまりない。
ケースB：夫（21歳）は，日頃から家事・育児に協力的，妻（20歳）は，結婚後ほどなく出産。本人たちに育児経験はなく，また友人の多くは未婚もしくは既婚者でも子どもがいないため，身近に育児についての不安を相談できる相手がいない。
ケースC：夫（23歳）は，平日は仕事で忙しいものの，休日は家事・育児に積極的に協力，妻（25歳）は，結婚後も共働きだが現在産後休暇中。産後9週目から職場復帰の予定だが，仕事との両立に不安・疲労を感じており，現在マタニティーブルーの症状が出ている。

【1時間】

授業の展開

3　ロールプレイ2（資料参照後）

〈資料「地域の子育て支援サービスについての資料」〉（省略）を見たうえで，班ごとに，再度先に担当したものと同じケースについて，具体的な解決方法を盛り込んだロールプレイをし，その記録（シナリオ2・資料参照後）を書く。

資料には，公的支援だけでなく民間の支援サービスや組織について，託児や相談を中心にサービス内容を提示。母親同士が同世代で交流支援を行う育児サークル，シルバー人材センターなどによる異世代からの育児支援，ファミリーサポートセンターのような互助組織など，さまざまな取り組みがなされていることを伝える資料を用意（地域の育児サークル通信，HP，ファミリーサポートセンターなどのリーフレット等，具体的な資料もあるとなおよい）。

【1時間】

4　ロールプレイの実演（全体発表）

一班ずつ前に出て，シナリオに基づいて，ロールプレイ1，2を実演する。その際，セリフのない者も「シナリオ1と2を比べての変化や，ロールプレイを観察して感じたこと」を発表する。

【1時間】

5　ロールプレイの振り返り

ロールプレイを通して，
- 親が問題を抱え込んでしまわず，積極的に支援策を活用することが大切であること
- 主な育児担当者と周囲のコミュニケーションが大切であること
- 育児上起きうる問題への知識・理解が大切であること

などに気づかせる。
〈ワークシート1「育児の悩みを解消しよう」〉に班ごとの解決の手立てをまとめる。

6　育児不安について主な原因を整理し，理解する

〈ワークシート2「育児不安を解消するには」〉（資料p.171），厚生労働省委託「子育て支援等に関する調査研究」の結果などをもとに，育児不安が生じる原因についてグラフを読み取りながら考え，整理する。その際，各ケースの原因と照らしながら理解を深めたい。
- 育児経験の不足と育児情報の氾濫　・出産にともなう生活の激変によるストレス（退職，自分のための時間の減少など）　・身体的変化から起きるマタニティーブルーや産後うつ病　・地域等からの孤立感　・夫婦の対話と相互理解の不足

7　まとめ

1～6の学習を通しての感想を書き，それをもとに，将来の子育てについて，また，子育てを支援する一員としてのあり方について考える。

【1時間】
【総時間：4時間】

評価

- 子育ての当事者の立場になって考えることができたか。
- 子育てを支援する周囲のありかた，配慮の仕方について考えることができたか。
- 考え方，価値観の違いを受け入れることの大切さに気づけたか。
- 子育て支援策とその活用の必要性を理解することができたか。

【授業者：踏江和子】

4 授業の実践

(1)「生の声」から「悩み」に目を向ける

　育児不安は，高校生という年齢・発達段階から見ると，比較的近い将来に直面しうる生活課題であるといえるが，実際にその場面がこないとわかりづらいという特性をもっている。そこで，ベビー用品のメーカーや医師会などが開設しているホームページ上の「育児相談室」や「質問コーナー」などに寄せられた育児担当者の「生の」悩みの声に触れさせた。今回は教師が読み上げて紹介したが，この段階では生徒たちからは「え～？　そんなことで悩むの？」という声も多く，笑い声も出ていた。周囲にとっては些細に感じることでも，当人にとっては深刻な問題であることをしっかりと伝えておく必要がある。

◆生徒の反応が大きかった「悩み」の内容（ピジョンHP内「子育て・発達お悩みQ＆A」より）
- よく反り返ります。大丈夫？（生後3ヶ月）
- 体重は3ヶ月で2倍と聞いていたのに，まだ1.8倍ぐらい，栄養不足？（生後3ヶ月）
- 同じころ生まれたよその子は笑うのに，うちの子はあやしても笑いません（生後3ヶ月）

(2) 各ケースをきちんと把握するために

　ロールプレイにおいて複数のケースを用意した場合，自分たちが担当したケース以外についてまでは意識が向きにくいため，全体としての学習のねらいが十分に伝わらないことが多い。
　今回は，〈ワークシート1「育児の悩みを解消しよう」〉に，全ケースの家庭の状況と各ケースのはじめのセリフを提示した。全体発表後の振り返りで生徒一人ひとりがどこに問題点を見いだし，どのような解決策を考えたのか記入できるようにしたことで，自分たちが担当するケース以外の内容についても把握し，考えることができるようにした。

(3) ロールプレイを方言で活発に

　ロールプレイの際，地方では標準語でのやりとりはぎこちなさや遠慮が入り，感情移入がしづらいという声が生徒から聞かれる。今回はセリフの文意を変えない範囲で方言に直すことで，より活発なロールプレイができるようにした。以下に挙げたシナリオでは，～～部分が方言である。生徒がつくったこのシナリオには，「相談先のセンターの人」までが登場し，自然な会話を展開させることができている。

(4) 2度のロールプレイで解決策に目を向ける

　〈資料「地域の子育て支援サービスについての資料」〉の参照前（ロールプレイ1）と参照後（ロールプレイ2）で，ロールプレイの内容は「夫婦喧嘩」から「前向きな話し合い」へと変化していた。どの班もそれぞれに育児支援策を利用した解決の可能性について目を向け，取り入れていた。
　資料については，自分たちの地域で実際に活動している育児サークルの紹介が特に印象的だったようで，解決策としても取り上げている班が多かった。

```
ロールプレイング1の例
```
妻：この子一日中泣いとんよ。何がいけんのかねぇ，私このこをきちんと育てていけるんか不安。私無理じゃあ。
夫：はっ？！　どしたん！！　まぁたちまち泣くなって！
妻：（泣きながら）一日中泣いとって，泣きやむ方法が見つからんのよ。
夫：そんな気にせんでも，泣くのが普通なんじゃけぇ。泣かん方がいけんくらいよ。
妻：私が明るく接したら，ケンタもそのうち泣きやむかねぇ。
夫：泣きやむ！！　泣きやむ！　明るくいこうやぁ。

妻：そんな，あんたは何でそんなに簡単にいうんよ。もう！

ロールプレイング2の例
妻：この子一日中泣いとんよ。何がいけんのんかねぇ，私この子をきちんと育てていけるんか不安。私無理じゃあ。
夫：そんな事言わずに，地域福祉センターってゆうのがあるらしいけぇ一緒に行ってみようやぁ。
妻：そこってドンナとこなん？
夫：そこでは，育児不安についての相談とか地域の子育て家庭に対する育児支援をしとるらしいよ！　あと，ファミリーサポートセンターってゆうのがあって仕事と育児を両立し，安心して働ける環境づくりや地域の子育て支援をしてくれるらしいよ。仕事の忙しいときに，そこに相談したら，預かってくれるし，病気のときにも安心して預けられるらしい。
妻：じゃあ明日行ってみようやぁ！　ついてきてくれる？
夫：いいよ。
～次の日～
センターの人：ここでは親子で一緒に楽しめるサークルをめざして，民生委員やサークルOBの方々のアドバイスを受けながら，楽しく活動しています。サークル参加がお母さんの負担にならないよう無理のない内容になっています。お母さんもお茶を飲みながら，子どもの成長や悩み，小学校や幼稚園の話など子育てに関するいろいろな情報交換をしています。就園前に同年齢の子どもさんと遊ばせたいと思っているお母さん，子どもさんと何をして遊んだらいいのか悩んでいるお母さんがいっぱいいるので，ぜひ参加してください。
妻：ありがとうございます。今度から利用します。リョウ，ありがとう。
夫：どういたしまして。

⑸ シナリオ作成を通して意見を出し合う

　本来のロールプレイは「そのときに感じたそのままを言う」ことを通して「役柄の立場を理解する」ものであるが，生徒たちは年齢的にも照れがあるため，会話が単調になったり，短文になって続かない場合も多い。そのため今回は，グループ内で何度かロールプレイを繰り返し，よりシナリオをふくらませてロールプレイするというプロセスを取り入れた。1つのセリフにも試行錯誤し，自分の配役に関係なく意見を出し合う姿が見られた。

⑹ 解決可能な課題として印象づけたうえで理論的学習につなげる

　ロールプレイの前に育児不安の定義や原因・背景を学習することもできるが，「育児不安→乳幼児虐待」の図式やそれらに関する報道が後を絶たない今日では，「暗い，重い課題」という印象ばかりが先行するきらいがある。そこで，ロールプレイで「だれにも起き得る，しかし解決可能な，支援策も多様化してきている，前向きに取り組むべき課題」としてのイメージをもったうえで理論的・統計的な内容を学習する，という配列にした。実際にロールプレイ後の感想は，すべて「難しい問題」としながらも「解決可能である」ことを前提としていた。

　展望のある問題解決的ロールプレイの後に理論的な学習を行うことは，その生活課題を前向きに取り扱う方法としては有効であると感じている。しかし，問題の深刻さをより明確化したい場合や，生徒の特性によっては，これらの配列については配慮が必要だとも思われ，参加型アクション志向学習を取り入れる際の課題の1つであると改めて感じた。

⑺ 「子育ての当事者になったら」で終わらせない

　ロールプレイは当事者としての立場に立って考えることが目的といえるが，ここでは，「いつか子育ての当事者になったら」を考えることで終わらず，今の自分が具体的にもつべき意識やとるべき行動は何なのかまで考えさせたい。そこで，ワークシート2では，「今」の自分に何ができるの

かを考えさせるようにした。「今の自分は」に続くことばで多かったものは，「育児に関する知識を増やす，学習をする」が42％。それに続いて「子どもとかかわる機会をもつ，経験を増やす」が23％だった。「親から自分の子育てのときのことを聞く」「相談できる相手を増やしておく」というものもあった。

5　参加型アクション志向学習導入の効果
⑴参加型アクション志向学習そのものに対する生徒自身の評価
　ロールプレイ後の生徒の感想に「ロールプレイをすることで～」や「シナリオを作ることで～」，「ほかの班の発表を聞くことで～」という，参加型アクション志向学習による効果やその意義に言及した内容が約半数見られた。
　内容は大まかに２つに分けられる。１つは「同じケースでも班によって解決策が違っている」「問題のとらえ方が違っている」ことへの気づき，つまり「考え方や解決策が多様であることを理解するのに役立った」とするものであった。もう１つは「はじめは問題のもつ意味がわからなかったが，ストーリーの中で考えることで自分ならどうするか真剣に考えることができた」「よりリアルな問題に感じることができた」「ほかの班の会話が的確で感心した」という「問題をよりしっかりと把握するのに役立った」とするものであった。

⑵２度のロールプレイをすることの効果
　ロールプレイの後の振り返り（自由記述）から解決策に関するキーワードを抜粋し，その数を分析したところ「夫婦間の会話，コミュニケーションの必要性」に関するものと「育児支援策など社会資源の活用の必要性」に関するものとがほぼ同数であった。解決策がどちらに偏ることもなく取り上げられていることは，会話，コミュニケーションの大切さを実感できるロールプレイの手法に加え，解決策への一助となりうる子育て支援サービスについての客観的資料を手にしての，再度の「問題解決的ロールプレイ」にその意味があったと思われる。
　なお今回の授業をつくり上げるにあたり苦慮したのは，ロールプレイのケースの設定である。特にケースの数，そのケースが抱える問題点の数，などは試行錯誤を繰り返した。ケースの数については「全体発表でのほかの班との比較」に意味があることを考えると，１つのケースに３班程度が取り組める数が適当かと思われる。
　また，当初は，より焦点化しやすいように１つのケースが抱える問題点が１点となるようなケースの設定を試みた。しかし，問題の原因は多様であり，解決の糸口も違ってくるものである。無理な焦点化はケースのリアリティを欠くおそれがあるため，最終的に，１つのケースが抱える問題点が複数になるのはそのままにし，そのうえで，各ケースを特徴付ける問題は１つずつ明確に，焦点化を心がけた。

6 授業実践の資料

(資料p.171参照)

〈ワークシート1「育児の悩みを解消しよう」〉

次の子育て家庭についてロールプレイをしてみよう。

ケース	家庭の状況	問題・課題と解決の手だて
A	夫　アキラ28歳 　（仕事が忙しく、帰宅は毎晩9時近く。） 妻　ミノリ27歳 　（結婚を機にそれまで勤めていた銀行を退職、出産。結婚を機に転居し近隣に知人も少ない。） 子　レン1歳5ヶ月 　夜泣きするレン。あやすミノリに向けて、「俺は明日も早いんだ、寝かせてくれよ、君は仕事も辞めてるんだから昼間寝られるだろう？」というアキラ。ミノリ「好きで仕事を辞めた訳じゃないわ、レンは二人の子供なのに何で私一人で子育てしなくてはいけないの？」	团 2人が協力し合えばイイ。(1班) 团 夫に手伝ってもらう。保育園利用。(4班) ｲ･团･团「子供会」などで友達を増やす。(7班) 团 子育てをするためのサークルに行き、友達の交流を増やし、ストレスを留めないようにする。(10班)
B	夫マサシ21歳 　（日頃から家事、育児にも協力的。） ユウコ20歳 　（結婚後、ほどなく出産。友人の多くは未婚もしくは既婚者でも子どもがいない。兄弟もいないため小さい子供と接する機会はなかった） 子　モエカ8ヶ月 　帰宅したマサシに、ユウコ「今日もあんまり食べなかったわ、こんなに一生懸命作ってるのに何がいけないのかしら。本にはこの時期大さじ2杯は食べるって書いてあるのよ、歯の本数も少ないから食べないのかしら、本の通りじゃないわ、こんなに食が細くてどうしたらいいのかしら」	ｱ「ドレミサークル」に入れる。(2班) ｱ･ｴ 子育てサークルの利用。(5班) ｱ･ｴ 母親同士の交流。「電話相談」の利用(フレーフレーテレフォン)。(8班)
C	夫リョウ23歳 　（平日は仕事で忙しいが、休日は家事、育児に積極的。） 妻シノブ25歳 　（結婚後も共働きで現在産後休暇中。産後9週目から職場復帰の予定だが産前の仕事との両立に疲労を感じていた） 子　ケンタ生後1ヶ月 　リョウが帰宅すると、暗い部屋の隅で子供を抱きシノブとケンタが泣いている。シノブ「この子一日中泣いているのよ。何がいけないのかしら・・・私この子をきちんと育てていけるのかしら、不安だわ。私無理だわ・・・」	ｲ「悩み相談窓口」の利用。ベビーシッターの利用。(6班) 团･ｴ「認可保育所」の利用。(9班)

[高齢者]

8 いきいき高齢者像構築に向けて

1 はじめに

　核家族化が進み、高齢者と交流する機会の少ない高校生にとって、「高齢者」のイメージは、老化や病弱、不便といったマイナスイメージに偏りがちである。しかし実際は、生きがいをもって人生の円熟期をいきいきと送っている高齢者は多い。シルバー人材センターにおける職業活動や地域活動・ボランティア活動にみられる高齢者のあり方は、マンパワーとしての有用性と高齢者自身の生きがいの二側面から重要であると厚生労働白書(平成15年度)でも指摘されている。いっそう進む高齢社会において健康余命をいかに伸ばしていくかは大きな課題であり、高校生たちが自身の「将来ありたい姿」を描くうえでも「いきいき高齢者像」を構築しておくことは重要である。

2 本授業開発のねらい

　本授業では、〈資料「高齢者の活動をとらえた10枚の写真」〉(省略)について、まず何の説明も聞かずに「活動者の年代や活動内容等を推理し」、その後「写真の解説を聞いて正解を知る」という「フォトランゲージ＋推理ゲーム」を取り入れた。視聴覚教材として単純に写真を提示されながら説明を聞くというのではなく、自分たちの推理と正解とのギャップを感じることを通して、「自身の高齢者観」を見つめ直し、より鮮烈に「いきいき高齢者」の姿をとらえることができるのではないかと考える。

3 授業計画

解決すべき生活問題 (本題材のねらい)	高齢者、高齢期について肯定的な印象を高める 高齢期を自分たちの将来としてとらえ、前向きな展望をもつ 現在の自分たち若い世代が果たす役割について考える
個人・家族・地域社会 シチュエーション	地域の高齢者
導入した参加型アクション志向学習法	フォトランゲージ、推理ゲーム、フィルムフォーラム(VTR)
授業の展開	1　高齢者ということばから連想するイメージを出し合う 2　フォトランゲージで高齢者像を広げる 〈資料「高齢者の活動をとらえた10枚の写真A～J」〉(省略)を用意し、各班に、1枚ずつ配布する。各グループに配付された1枚の写真について、「何歳ぐらいの人か、何をしているところか、何をしている状況か」を推理、発表をし、その後で各写真についての解説を聞き、各自で振り返りを行う。 (1)グループワークについて説明・話し合い 　4～5人の班…話し合い10分、〈ワークシート1「推理発表メモ」〉に記入し、発表の分担を決める。 (2)発表と解説

授業の展開	A～Jの写真ごとに担当した班が結果を発表する。〈ワークシート2「フォトランゲージの結果」〉に，各班の発表および，その後の教員による写真の解説をまとめる。 (3)振り返り 　高齢者の活動の様子と，はじめに自分たちが連想したイメージとを比較し，考える。 【1時間】 3　高齢者に求められる役割と生きがいについて考える ボランティア活動やシルバー人材センター等での職業活動において，知識・知恵や技術・労働力を「提供する側の高齢者」に焦点をあて，高齢期の過ごし方について考えを深める。 (1)下記の関連資料のグラフを提示し，そこから高齢者の現状を読み取り，〈ワークシート3「高齢者の現状から考える高齢期の過ごし方」〉(省略)にまとめる。 　①平均寿命(余命)と健康寿命 　②高齢者自身の健康意識 　③高齢者の社会参加の状況と今後の参加希望 　④ボランティア会員の年齢構成比 　⑤ボランティア活動等を行う条件 　⑥働きたいと思う高齢者の割合の推移 　⑦働きたい理由 (2)高齢者が行っているボランティアの活動の様子の〈VTR：平成13年度ビデオ厚生労働白書「ブンさんとナオミの『輝け！人生の主役達』」の一部〉(定年後，高齢者の家庭に手すりを取り付けるNPOを立ち上げボランティア活動を行っている方々の活動の様子とコメント)を視聴し，感想を書く。 　VTRとフォトランゲージで用いた写真，D・E・Fの活動内容から，高齢者のボランティア活動の場の多さ・多様さを理解する。 (3)シルバー人材センターのシステムについて知る。 　フォトランゲージで用いた写真G・Hの活動内容を振り返り，シルバー人材センターのシステムを知る。労働力の提供に加え，研修・講習など高齢者自身の生涯学習的要素も含んでいることを理解する。 (4)高齢者に求められる役割と生きがいについて考える。 　フォトランゲージで用いた写真Hおよび子育て支援サービスのための養成講習を受けた高齢者が書いた感想文(資料1)から，若い世代を支える頼もしく大きなマンパワーとして，また高齢者自身の生きがいとしての両側面からの高齢者活動の意義を理解する。 4　まとめ 1～3を振り返って，いきいき高齢者像をイメージし，将来の自分の問題としてとらえ，今からできることを考える。 【2時間】 【総時間：3時間】
評価	・高齢者のイメージについて，自身のイメージの幅の狭さや偏りに気づけたか。 ・高齢者・高齢期について，肯定的なイメージを広げることができたか。 ・異世代間の交流の大切さに気づくことができたか。 ・高齢期を将来の自分の問題としてとらえ，考えることができたか。 ・高齢者を支える一員としての自分達の存在を意識できたか。

【授業者：久保田まゆみ】

○参考資料
- 東京都福祉局『高齢者の生活実態　東京都社会福祉基礎調査』(平成12年度)，2001
- 社会福祉法人全国社会福祉協議会「全国ボランティア活動者実態調査」，1996

4 授業の実践

⑴ 個々のひらめきを生かしたグループワークにするために

　グループワークの場合，全員が活発に意見を出していなくても，一部の積極的な生徒の意見で進行してしまうことがある。このグループワークの欠点を補い，またより話し合いを活発化させるために，個々の意見を先に明確化させておくことは有効である。そこで自分の意見を話し合いに反映しやすいように，話し合いを始める前に自分のひらめきを書き出させた。また，話し合った内容は，各自の〈ワークシート１「推理発表メモ」〉として記入したものがそのまま発表原稿にできるようにワークシートを構成した。記入は空欄を埋めることで，推理の柱が明確となり話し合いの焦点をしぼりやすいようにした。発表は，一人一文ずつ読み上げるよう分担し，協力して行うようにした。

⑵ 達成感をもたせるため，推理と正解間のギャップが大き過ぎないようにした

　生徒たちの推理と写真の解説の正解との間に，大幅な差が生じないような難易度の写真を選定した。「推理よりも高齢だった(写真Ａ・Ｂ・Ｃ)」，「趣味ではなく仕事だったのか(写真Ｇ)」，「若い人が習っていたのではなく，おばあさんの方が学習者だったのか(写真Ｈ)」，「習い事ではなくデイサービスだったのか(写真Ｊ)」というように，「まったく見当もつかない」「理解できない」ほどの写真ではなく，「おしい！」と感じながら，ある程度の達成感をもてるようにすることで，シルバー人材センターやボランティアといった，活動の内容そのものに目が向けられるようにした。正解発表を聞いて「自分たちの推理の満足度」は「おおむね満足」とするものがほとんどであり，正解とのギャップを「意外な内容」と印象深くとらえているものが多かった。

⑶ 「多様な高齢者の活動」に学ぶ

　図１に示したように，写真が与える「印象深さ」については，女優の森光子さんやプロスキーヤーの故三浦敬三さん，ねんりんピックのサッカー選手というふうに自分たちの想像をはるかに超えた「若々しい活動」が上位であった。一方で，「将来自分がしてみたい活動」となると，シニア海外ボランティアや生きがいデイサービスでの茶道の練習などの「生きがい・やりがいのある活動」への興味関心が高くなっていた。写真の選定にあたっては，活動内容により多様性をもたせ，生徒が将来像により広がりをもてるよう工夫する必要性があると改めて感じた。

⑷ 活動者の「生の声」に触れる

　今回は，フォトランゲージで使用した写真Ｈ：松山市シルバー人材センターの「ばあばママサービス(子育て支援サービス)養成講座」の写真に写っている，ある受講者の感想文を「生の声」として紹介した(資料１)。シルバー人材センターのシステムの理解だけでなく，登録者たちの「社会参加意欲」，「生涯学習意欲」に気づかせるとともに，若い世代を支えるマンパワーとしてもとらえてもらいたいと考えた。

資料１　子育て支援サービスのための養成講習を受けた高齢者が書いた感想文

　「現役ママの子育てって？」を聴いての感想。今と昔とでは考え方，育て方がずいぶん違うなと思いました。私は○○さんの班でしたが，彼女はデイケアサービスのお仕事をなさっていてお忙しい毎日，これも近くにご両親がいるからできるのであって，核家族で頼るところもなかったらお手上げだと言っていました。そんな方々のために私たちが役に立てたらなと思いました。まず，おむつについても昔は布！今は紙おむつ！　布は水道代，洗剤，それに干す手間を考えると紙の方が安上がりとのこと。(中略)今の子育てのお母さんや子どものことがよくわかりました。短時間でしたがお話できてとても勉強になりました。現役ママさん，今は大変だと思いますが頑張ってください！　子どもさんは親の背中をみてますよ，きっと立派ないい子に育ちますよ。頑張ってください！！

図1　写真への興味・関心

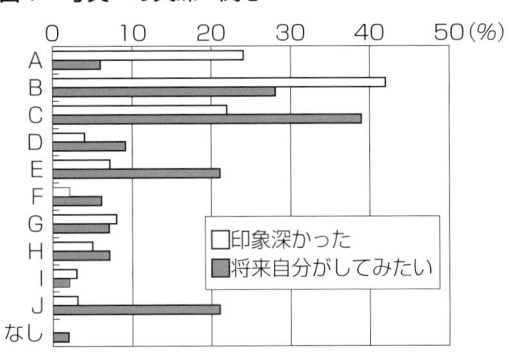

▲〈資料：高齢者をとらえた写真〉について推理する様子

◆生徒の感想（114名）
● 授業導入時
　全キーワード（121語）のうち，「老眼」「しわしわ」「不自由」「痴呆」などの否定的イメージ：43％
● フォトランゲージ後の高齢者のイメージ
　「やろうと思えばいろいろなことができる」：22名，「元気がいい」：21名，「外に出て活動的，活発である」：17名，「社会貢献していてすばらしい」：6名，「生きがいをもつことができる」：5名
● いきいき高齢者とはどういう人か
　「生きがいをもっている人」：26名，「人のために何かできる人」：15名，「楽しんでいる人」：8名，「やりたいこと好きなことをしている人」：7名，「がんばっている人」：4名，「元気な人」：4名，「技術・経験をいかしている人」：3名，「意欲的，活動的な人」：4名，「満足している人」：3名
● 高齢期に向けて今からできることはどんなことか
　「趣味を見つける」：11名，「健康管理につとめる」：8名，「経験をつむ」：7名，「ボランティアに参加する」：7名，「高齢期の過ごし方についていろいろ調べる」：7名，「高齢者とふれあい学ぶ」：6名，「知識・技術を身につける」：5名，「貯金」：5名，「運動」：4名

5　参加型アクション志向学習導入の効果

(1) 高齢期（高齢者）のイメージの変化

　授業導入時の「高齢期のイメージ」では，否定的イメージが約半数みられたが，フォトランゲージ後の高齢者のイメージを自由記述したものでは，「意外と～」や「想像と違って～」「～でびっくりした」など，自分がもっていたイメージとのギャップを感じたことを記した者が，全体の85％もいた。いかに従前のイメージが，元気の無い，受身的な存在としてとらえられていたか，そして今回，いかにそのイメージを払拭し，肯定的なイメージを高めることができたかをみてとることができる。

　フォトランゲージは価値観の転換に有効とされ，国際理解教育などでもよく用いられている。今回の授業でも高齢者像が否定的なものから肯定的なものへと変化しており，この学習方法の有効性を強く実感した。写真の選定は，学習のねらいを明確にし，それに照らして行う必要があるが，一方であまり意図的になり過ぎると偏りのあるものになってしまう恐れがあることを留意する必要があると思われる。

(2)「いきいき高齢者像」の構築—将来の展望—

　授業最後の「いきいき高齢者とはどういう人か」について自由記述させたものをみると，自分の楽しみに加えて，社会参加・貢献への意欲に目を向けていることがわかる。また，いかに「自分たちの将来としての高齢期」としてとらえることができているかをみるため「高齢期に向けて今から

できることはどんなことか」について自由記述させたものをみると，それぞれが抱く高齢者像に向けての自己研鑽の色が濃く，高齢期を現在と切り離されたものではなく，今からの生活が反映されていくものとして，より現実的・具体的にとらえ，生活の見直しにもつながっているといえる。

(3) 自分たちの役割

高齢者に対し，今の自分たちに何ができるかを自由記述させたものを分類したところ，7割以上の生徒が「～と話をしたい」「～とふれあいたい」「～と一緒に活動したい」と，「高齢者との交流」を挙げた。2割強の生徒は「～を手助けしたい」「～を支えたい」といった「高齢者の支援」を挙げ，また，少数ではあるが「楽しく過ごせる環境づくりをしたい」「高齢者の活躍する場を広げたい」など環境整備に目を向ける者もおり，自らの役割やかかわり方について考えることができた。

6　授業実践の資料

〈ワークシート1「推理発表メモ」〉

高齢期をどう過ごすか

1　「高齢者」「高齢期」という言葉から連想する言葉を書き出してみよう！

2　グループワーク　写真に写っている人物について推理しよう。

「何をしているのか（どのような状況か）？何歳ぐらいの人か？」
下のワークシートの様式をもとにグループごとに推理し、発表しよう。
推理のコツ：自分の推理を生かすため、話し合いを始める前に、まず写真を見てひらめいたことを下の点線部にとにかく少しでも沢山書き出しておこう。

推理発表メモ

話し合いながら（　　　）を埋めていこう。

私たちは、写真（　　　）を推理しました。

では、私たちの推理についてお話ししましょう！

ズバリこの写真は（　　　　　）が

（　　　　　　　　　　　　）をしている場面に間違いありません。

推理の決め手はこの写真の（　　　　　）に写っている（　　　　　　）です。

これは（　　　　　　　　　　　　　　　　　　　）です。

この写真の（男性・女性）は（10・20・30・40・50・60・70・80・90）代であろうと思われます。

以上で私たちの推理についての発表を終わります。

発表準備・・・一人一文必ず発表！自分が読むところに朱線をひいておくこと。

〈ワークシート2「フォトランゲージの結果」〉

	生徒の推理した内容	教師による写真の解説
A	森光子さんが劇中ででんぐりがえりをしている 歌舞伎役者がでんぐりがえりをしている 森光子さんがコントで前転している	女優森光子さん(当時83歳)の舞台「放浪記」でのでんぐりがえり
B	おにいさんがスキーをしている おじいさんがスキーをしている おじさんがスキーをしている	プロスキーヤーであり冒険家でもある故三浦敬三さん(当時99歳)のスキー滑走(インストラクターとして指導中)の様子
C	おじいさんがサッカーの試合をしている おじいさんがねんりんピックでサッカーの試合をしている， 高齢者が大会でサッカーの試合をしている	ねんりんピック(1988年〜毎年開催)のトーチとサッカー競技でプレイする高齢者の様子
D	おじいさんが博物館で説明している おじいさんが資料館で質問している おじいさんがカメラを意識してウインクしている	観光ボランティア (小学校の教員が退職後観光ボランティアの講習を受け，週に数回名所旧跡で歴史観光案内)
E	日本からきたボランティアの女性が施設で子どもと遊んでいる，日本人女性が遊びを通して教育している ケニアの子どもがおもちゃをうらやましそうにみている	シニア海外ボランティア (作業療法士の有資格者が退職後海外の障害児にリハビリ指導を行っている)
F	高齢者が子どもたちにお飾りの作り方を教えている おじいさんが地域の子どもと交流を深める会でわらで何か作っている，わらぞうりを作っている	しめ縄づくりの子どもへの指導ボランティア (子どもたちに伝統あそび・行事を伝承するボランティア活動の一環で年末に実施している)
G	裕福な人が自分の庭の手入れをしている おじいさんが趣味で庭木を切っている おじさんが庭木の形を整えている	シルバー人材センターの仕事 (センターに登録，半年間の研修を積み派遣先で植木—五葉松—の剪定を行っている)
H	おばさんが赤ちゃんのお風呂の入れ方を教えている 生徒が沐浴実習しているのをみている おばさんが赤ちゃんの洗い方を教えている	シルバー人材センターでの講習会 (子育て支援サービスの援助者として登録希望する高齢者が沐浴実習を行っている)
I	車椅子の女性と子どもがダンスしている 車椅子の人が地域の子どもと交流のためにダンスしている おばさんとこどもが交流会でダンスしている	車いすダンスの練習 (高齢者，障害者と小学生がペアを組み，競技会に向け車椅子ダンスの練習を行っている)
J	老人ホームの入所者がお茶のお稽古をしている おばあちゃんが茶道教室でならっている おばあちゃんが公民館の親睦会でお点前の発表をしている	生きがいデイサービスでのお茶会 (介護保険に該当しない高齢者が春のお茶会でお手前を披露している)

写真D

写真H

[高齢者]

9 高齢者と生きる

1 はじめに

　2050年には3人に1人が高齢者といわれている。核家族化が進み，生徒が高齢者とふれあう機会は少ない。急速に進む高齢社会への理解を深め，自分のあり方を考えることは，これから日本を担っていく生徒にとって重要なことである。

　人口ピラミッド等数字の上から高齢社会を考えること，高齢者福祉の施策・支援から高齢社会を知ること，新聞・テレビ等により高齢者の実情を認識することなどすべて生徒にとっては大切な事項である。しかし何よりも家庭科で学んでほしいのは実験・実習を通して体験したことから，自分の視点で高齢社会をとらえ考えていくことである。

2 本授業開発のねらい

　机上の学習だけではなく，自分が高齢者疑似体験をすることにより高齢者の心身の変化を実感することができる。学習指導要領には「高齢者の心身の特徴と生活，高齢者の福祉などについて理解させる…(後略)」とある。体験を通して得た視点は，けっして教科書の文字面を追うだけでは出てこない視点である。体験したからこそ理解できる，もしくは興味をもって考えられる授業をめざす。

　本人が高齢者の心身の特徴を実感するだけではなく，高齢者になった友人に付き添い介護することで介護する難しさや技術が必要なことも学習させ，その後の学習内容につなげていく。

3 授業計画

解決すべき生活問題 （本題材のねらい）	高齢者の心身の特徴，加齢による心身の変化の体験をする 車いすの扱いと介護の要点を知る 体験・介護を通しての高齢者の理解をはかる
個人・家族・地域社会 シチュエーション	高齢者のいる家族 地域の高齢者
導入した参加型アクション志向学習法	フィルムフォーラム（VTR視聴），高齢者疑似体験，NIE（新聞記事をもとにしての新聞作成）
授業の展開	1　高齢社会を生きる，高齢者の福祉 (1)高齢社会の到来（講義形式） 　生徒がイメージする高齢者像を聞き出しながら，高齢者・高齢社会の定義，現在の平均寿命，人口ピラミッド等から日本の高齢化の現状を知る。 【1時間】 (2)ビデオ視聴 　高齢者を支えるサービスの種類と現状を理解した後，「こんにちは老人ホームです」（東京シネビデオ）のビデオを視聴する。具体的にデイケアでどんなことがなされているか視覚的に理解できる。同時に将来介護士になろうと思っている生徒にとっては仕事の内容の一部が把握できる。車いすの老人を介護する場面も出てくるので次時の学習へのつなぎとなる。 【1時間】

<table>
<tr><td rowspan="2">授業の展開</td><td>

2 からだとこころの変化

(1) 高齢者疑似体験

　4人1班になり，1人が疑似体験セットを装着し高齢者役になる。あとの3人はその家族または介護者として付き添い役となる。体験プログラムは，教室から廊下へ歩いて出て，近くの階段を昇降した後，車いすでの移動(校舎外へ出る段差を経験)をして教室に戻る。教室内では友人が指定した新聞のページをめくり記事を読み上げる，針に糸を通してみる等の体験をする。体験が終了したら次の高齢者役に代わる。1時間に班で2人経験できるので(車いす3台使用の場合。疑似セットは10台必要)，2時間で1クラスの体験が終了する。〈ワークシート1「高齢者疑似体験プログラム」〉

【2時間】

(2) 高齢者の心身の特徴と加齢による変化のまとめ

　前時の体験をふまえて，プリントに高齢者の心身の特徴と加齢による変化をまとめさせる。そのとき介護者の視点も入るとよい。ノーマライゼーション，自立支援，自己決定の尊重等福祉の理念についても理解させる。

　以上のことをふまえて，高齢者がよりよく生活するためにあったらよい道具(ウェルビーイング・グッズ)について考え，発表する。〈ワークシート2「高齢期を楽しく生きよう」〉

【2時間】

3 高齢社会の今

(1) 現代の高齢者問題

　新聞から老人福祉や生活に関する記事を切り抜き分類して，班ごとに高齢者問題もしくは高齢者に関しての新聞を作成し発表する。班は前時体験をしたときの班とし，4〜5人で構成する。自宅で新聞を取ってない場合や記事が見つからないときは雑誌や広告から関連したものを切り抜かせる。パソコンがあればインターネットからダウンロードしてくるよう指示する。学校でも事務室から新聞を数ヶ月分もらい，作業ができるようにする。記事は直接模造紙に貼らせ，テーマをつけさせる。

【2時間】

(2) 班別発表

　前時まで作成していた新聞を発表させる。テーマ，新聞のでき，発表内容・態度について参加者が評価票で評価する。

　発表時間は1班5分程度とし，入れ替えの時間，評価する時間を考慮し1時間に5班の発表とする。

【2時間】
【総時間：10時間】

</td></tr>
</table>

<table>
<tr><td>評価</td><td>

- 関心・意欲・態度：高齢者の加齢に伴う心身の変化と特徴，高齢者の生活に関心をもち，高齢者を肯定的にとらえ，自分がどのようにかかわっていけばよいか考えようとしている。積極的に疑似体験に参加している。
- 思考・判断：高齢者の心身の特徴の具体的な変化に気づき，高齢者の生活の現状と課題について具体的に考えを深めている。
- 技術・表現：介護者として適切に車いすを扱うことができる。高齢者の心身の特徴や生活の現状についてまとめたり，発表したりすることができる。
- 知識・理解：加齢に伴う心身の変化と特徴や高齢者の生活実態を理解している。

</td></tr>
</table>

【授業者：真田知恵子】

○参考文献・参考資料
- 『マイライフ家庭科資料　改訂版』大修館書店
- 『基礎介護』一橋出版

4　授業の実践

(1) フィルムフォーラム

VTR視聴後，感想を記入させた。時間があったので指名し，何人かの感想を発表させた。他人の感想を聞くことにより気づきや共感が得られ，フィードバックの効果が得られた。

◆生徒の感想例
- これからの社会，高齢者が増えるのはわかっていることだから，若い私たちが頑張って支えていかなければならないと思う。
- 私の祖父母は今のところ元気だけれど，いつか要介護になったら助けなきゃと思った。
- これから高齢者が増えていく中で，介護者の助けとなるケア・ワーカーの存在は大きなものだと思います。私たちも将来高齢者になるので今回の授業を通して将来についてなどいろいろ考えてみようと思います。

(2)高齢者疑似体験

インスタントシニアパックにより高齢者疑似体験をし，高齢者の加齢による心身の変化を具体的に知り，〈ワークシート1「高齢者疑似体験プログラム」〉にまとめさせた。

◆「高齢者疑似体験」についての生徒の感想
- 高齢者がこんな大変な思いをしてるとは思わなかった。
- これからはもっと老人をいたわろうと思った。
- 私は介護士になりたいので，今日の経験はとても貴重なものでした。将来の役に立つ授業でした。
- 歳はとりたくない。
- 目が見えなくて恐かった。祖父母がこんな思いをしていたとは知らなかった。これからはもっと祖父母に優しくしようと思った。

▲4人1組で介護体験をする

▲段差があるので後ろ向きに気をつけて車いすを降ろす

(3)ウェルビーイング・グッズの考案

▲ウェルビーイング・グッズの話し合い

▲ウェルビーイング・グッズの発表会

⑷新聞発表

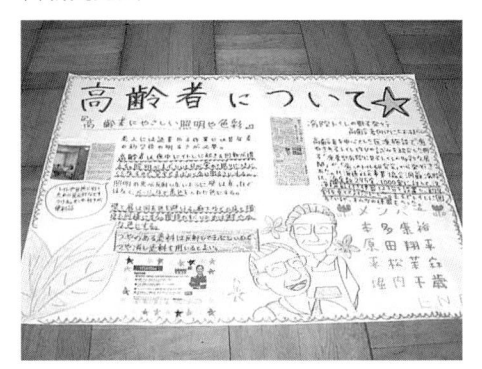

▲新聞記事を用いて作成した新聞　　　　　　　　▲発表会後廊下に掲示

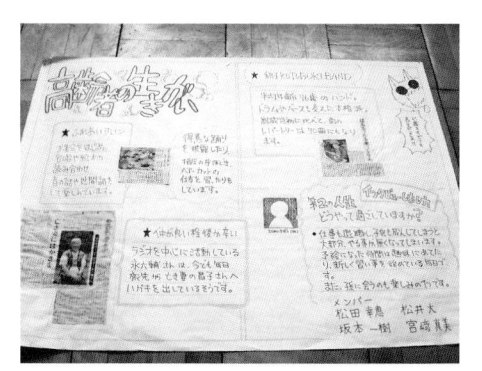

5　参加型アクション志向学習導入の効果

　生徒の感想からも読み取れるように，高齢者とのふれあいが少ない生徒が疑似体験をすることにより，体で高齢者の大変さを理解できる。この大変さが高齢者をいたわる気持ちを育成したり，今まで興味のなかった高齢者という存在に対して興味を抱かせたりする原動力となる。

　資料や文章の読み取りが苦手な生徒であっても体験から高齢者を理解していくことは可能である。座学だけであれば寝てしまうような生徒が，いきいきと実習して自分の意見を述べることができる。参加型アクション志向学習を導入した成果であるといえよう。

　疑似体験した生徒だけでなく，介護役にまわった生徒についても車いすを押した，階段で手を添えた等貴重な体験をしている。生徒にとっては中学校時代に施設等にボランティアに行った生徒を除けば，初めて高齢者の介護をしたことになる。この体験から介護という分野に興味をもち，進路の方向を定めていく生徒も実際にいる。参加型アクション志向学習は，この体験をきっかけにして進路選択という副次的な効果まで生み出しているといっても過言ではない。

　一部の生徒ではあるが，感想欄に「老人は大変だ。年をとりたくない。」と記入する生徒がいる。高齢者は人生経験豊富で，確かに身体能力は劣ってはくるが加齢するほど知識と経験，人間関係は増え人生が豊かに楽しくなる。このことは疑似体験をしただけでは確かにわからないところである。体験したことがマイナスのイメージや否定につながるとしたら，高齢者について正しい理解を深めていくうえで支障を生じる。この部分は高齢者のいきいきとしている生活をみせたり，話を聞かせたりすること（ビデオ等）で解決していきたい。もしくは疑似体験させる前に身体の衰えと精神的豊かさは比例しないことを理解させてから体験に入ることが必要であろう。

　インスタントシニアパックは，教材メーカーによって多少の差はあるが高額である。本校で10台もインスタントシニアパックがそろっているのは，折に触れ予算を請求し，5年がかりで揃えたからである。車いすが3台あるのも自前で1台調達したからである。最近は教育用に貸し出しを行っている福祉センターのような場所もあるので利用できるのであれば利用されたい。効果のある実習は高額であっては普及しない。フルセットで体験させるためには費用がかかり過ぎるというのが問題点である。関係者の協力を得てローコストで実習できるようになることが今後の課題である。部分的というのであればどこの学校でも，薄手手袋とテープ，耳栓を活用して，皮膚感覚の衰えと指先の麻痺，難聴の体験はできる。

6 授業実践の資料

〈ワークシート１「高齢者疑似体験プログラム」〉

【高齢者疑似体験プログラム】

１ 器具の装着

　　ア、視　覚‥‥白内障用ゴーグル　視野狭窄
　　イ、聴　覚‥‥耳栓　音が遠くなる聞こえにくい
　　ウ、触　覚‥‥ゴム手袋を二重にし、その上から　手先の不自由
　　　　　　　　　両手指を２本づつ紙テープで縛る　皮膚感覚の鈍さ
　　エ、平衡感覚‥‥左右の足首に違う重さの重りを
　　　　　　　　　つける。
　　オ、運　動‥‥両腕と利き足の関節にサポーター
　　　　　　　　　をつける。　関節の曲がりにくさ
　　カ、その他‥‥杖、ゼッケン

２ 体験プログラム

　① 教科書・新聞をめくる
　② 容器の蓋の開け閉め
　③ お金を財布から出してみよう
　④ 制服やワイシャツのボタンをはずしたり、掛けてみよう。
　⑤ 渡りを歩く　　⑥ 階段の昇り降り　　⑦ 針に糸を通す
　⑧
　⑨

《感想》

　実際に体験して、高齢者の気持ちがわかりました。いつもは、簡単にできることや運動したりすることも この体験では、できなかったり 歩きづらかったりしました。介護する側も いろいろな面で 大変なんだなぁと改めて思いました。この体験は とても良い経験になりました。

〈ワークシート2「高齢期を楽しく生きよう」〉

高齢期を楽しく生きよう！！

高齢者疑似体験で感じた不便な所はどんなことだった？
- 関節が曲がりにくい
- 体の自由が奪われる
- 歩きづらい
- 体が重い
- 目が見えにくい
- 目の開けえにくい（耳が聞こえにくい）

不便な所をカバーするためにあると便利なグッズはどんなものだろう？
まずは言葉で説明してみよう。
- 不便な所は？（目？耳？足？手？） 体全体（主に足＆目）
- どうやって使うの？（使用方法）
  危険なものや階段などの段差が障害になるのが近づくと、音声、振動して知らせてくれる

では具体的に図や絵で示してみましょう。

（杖の絵）

★ 一見、普通の杖ではあるが、歩くことにおいて大変危険（火の気、水気）なものが近くにあったり、振動して知らせてくれる機能が中にある。
また、遠くのものを目から出来るように手元リモコンだけで変形させられる。
（お湯など手を使わず、すぐに変形させられるよう、すこしだけにぎりしめての温度を加える）

お知らせグッズ

夏用　冬用

（帽子・ニット帽・手袋・リストバンドの絵）
センサー、スピーカー、時計、キャップ

商品の特徴
- 帽子の耳の部分に危険をおしらせセンサー＆スピーカー付き
- 手袋やリストバンドには大切な時間をおしらせデザイン
- 高齢者を愛するみんなからのプレゼント

どんな人に使ってほしいか？
- 忘れがちな高齢者
- 耳の聞こえにくい人

値段
セットで 2500円（税込）

9 高齢者と生きる

[障害者]

10　障害者福祉について考えてみよう

1　はじめに

　今日，家庭科の学習指導要領には福祉が大きく取り上げられており，家庭生活と福祉，地域社会における福祉意識の育成は今後の大きな課題といえる。特に国の方針として，これまでの障害者を入所支援から地域で暮らすための地域支援強化に転換していくことを決めており，これからの社会を担う高校生が障害者福祉に関心をもつことが求められている。そこで，共生を考えるうえで障害者に対する理解と社会福祉の認識を正しく理解し，福祉のまちづくりを実践していく態度を養うことが重要である。

2　本授業開発のねらい

　わが国は健常者を基本にした社会体制で，生徒の多くは障害者とふれあう機会が少なく，障害者に対する理解が乏しく，福祉についても自分とは関係ないととらえやすい。そこで，障害と社会福祉の関係を話し合い，正しい認識をもたせるとともに，自分が障害者になって生きていくことを想定し，地域福祉について考えることとした。さらに，実際に知的障害者の福祉施設を訪問して障害者とふれあい，作業を体験することにより，障害者理解と福祉施設の意義，福祉のまちづくりについて考えさせ，共生への実践的態度を養いたい。

3　授業計画

解決すべき生活問題 （本題材のねらい）	障害者理解と社会福祉の理念を理解する 知的障害者授産施設を訪問して，障害者が仕事をしている様子を見学し，作業を体験して，障害者と福祉施設について考える。
個人・家族・地域社会 シチュエーション	障害者のいる家族 地域の障害者
導入した参加型アクション志向学習法	ブレーンストーミング，ラベルトーク，KJ法，地域実践
授業の展開	《ラベル作成》授業の過程で，1〜4のテーマでラベルに自分の意見を記入していく。 〈ラベル1〉テーマ：障害者に対する気持ち 1　「障害」とは何なのか，ブレーンストーミングする ・「障害」についての思いを自由に述べる。そして，どこからが「障害」で，どこまでが「障害」でないのか，考えさせる。 ・「障害」はその人のものではなく，その人が生きにくい世の中「障害」にあることに気づかせ，社会福祉の理念について理解する。 〈ラベル2〉テーマ：自分が障害者になったら 2　障害者のいる家族を想定し，地域で生活していくうえで大切なことを考える ・自分が交通事故で障害者になったことを想定して，大切なことを挙げていき，障害者福祉が隔離

授業の展開	政策ではなく，地域で生活していくことの意義に気づかせる。 ・福祉のまちづくりの構造とボランティア活動について考える。 〈ラベル3〉地域福祉とボランティア活動について 【2時間】 3　知的障害者の福祉施設を訪問して，障害者とふれあう（地域実践：福祉体験学習） 1クラスを2班に分けて，各班1時間を使って福祉施設を訪問し，障害者が仕事をしている様子を見学し，実際に作業を体験して，障害者と福祉施設について考える。 〈ラベル4〉福祉施設体験学習を通して 【2時間】 4　課題「障害者福祉とはこういうことではないだろうか」 ラベルトーク，KJ法の技法を使って障害者と福祉施設，地域福祉との関係を整理する中で，障害者福祉の本質を追求する。 　①ラベルづくり：・授業の過程で記入した自分の4枚のラベルをテーマごとに貼って，自らの変容をプロセスチャートとしてたどる。 　　　　　　　　　・友だちの意見をテーマごとに1つ選び，ラベルに記入して貼る。〈課題1「自分の意見と友だちの意見」〉 　②表札づくり：4つのテーマごとに，自分のラベルと友達のラベルから表札を考える。 　③図解化：4つのテーマの関係性を図解化し，それぞれの関係にコメントを記入する。 　④文章化：図解化に基づいて，「障害者福祉とはこういうことではないだろうか」を具体的に文章にする。〈課題2「自分としての障害者福祉についての定義」〉 5　まとめ 課題「障害者福祉とはこういうことではないだろうか」を作成後，授業全体を通して学んだことと，これからの福祉について自分の意見をまとめる。 【2時間】 【総時間：6時間】
評価	・障害と社会福祉の関係が理解できたか。 ・障害者が地域で生活していく上で，福祉のまちづくりが大切であることが認識できたか。 ・福祉施設での体験学習を通して，障害者と交流することの大切さを理解できたか。 ・福祉施設の意義とこれからの福祉のあり方について考えることができたか。

【授業者：野中美津枝】

○参考文献
- 新潟県立小千谷高等学校，池山純子『「これであなたもひとり立ち」を使った授業プラン，消費者に切りこむ授業の工夫－KJ法を使って－』金融に関する消費者教育セミナー，2004
- 廣瀬隆人，澤田実，林義樹，小野三津子著『生涯学習のための参加型学習のすすめ方～「参加」から「参画」へ～』ぎょうせい，2000

4　授業の実践

(1)ラベル作成のタイミング

　ラベルの記入にあたっては，授業の過程でラベルを配り，裏に記名し，シールになった表のラベルに自分の意見を2～3行で書き，そのつど回収した。

> 〈ラベル1〉テーマ：障害者に対する気持ち
> 　授業の導入として，社会福祉について学習する事前の正直な「障害者に対する気持ち」をラベル1に記入する。
> 〈ラベル2〉テーマ：自分が障害者になったら
> 　障害と社会福祉の理念を学習後に，これまで人事だととらえていたものを自分のこととして考える

ため,ラベル2に「自分が障害者になったら」どうやって生きていくのか記入する。
〈ラベル3〉テーマ:地域福祉とボランティア活動について
　　ラベル2を記入して,障害者が生きていくためには福祉のまちづくりが必要であることを学習する。社会福祉の講義のまとめとして,ラベル3「地域福祉とボランティア活動について」を記入する。
〈ラベル4〉テーマ:福祉施設体験学習を通して
　　知的障害者授産施設を訪問後,「福祉施設体験学習を通して」の感想をラベル4に記入する。

(2)地域実践の方法

　学校から徒歩5分のところに知的障害者通所授産施設があり,1年生全員が訪問して福祉施設体験学習を実施している。1クラスを2班に分け,1日1時間1班が訪問し,残った1班は,福祉に関するビデオを視聴して感想を記入する。事前に施設と日程調整をして,1日に1班の体験学習を受け入れてもらい,約3ヶ月かけて全クラスの生徒が福祉施設体験学習を完了する。

	1時間の内容	1時間の内容(別の日)
A班	福祉施設体験学習 ● 施設職員からの施設説明 ● 施設内見学 ● 箱折り等の作業の体験	福祉のビデオ視聴 「のぞみ　5歳」(NHK) (全盲の両親の育児ドキュメント) 感想記入
B班	福祉のビデオ視聴 「のぞみ　5歳」(NHK) (全盲の両親の育児ドキュメント) 感想記入	福祉施設体験学習 ● 施設職員からの施設説明 ● 施設内見学 ● 箱折り作業の体験

(3)課題「障害者福祉とはこういうことではないだろうか」

　課題授業の事前準備として,授業経過で記入した4枚のラベルを一人ずつ封筒に入れておく。
　さらに,事前準備として,生徒から回収したラベルを読み,4つのテーマごとに多かった意見や参考となる意見を文例としてまとめ,「友達の意見」として資料を作成しておく(ラベルトーク)。
　授業の始めに,自分の記入したラベル4枚と空ラベル4枚を配布し,空ラベルには,「友達の意見」の文例資料から4つのテーマごとに1つ選び記入する。〈課題1「自分の意見と友だちの意見」〉のプリントに,テーマごとの枠の中に,上部に自分のラベルを貼り,下部に友達の意見を貼る。
　①ラベルづくりが終わったら,②表札づくり,③図解化,④文章化の手順で進み,〈課題2「自分としての障害者福祉についての定義」〉についてまとめる。

5　参加型アクション志向学習導入の効果

　障害者理解と社会福祉については,講義のみの授業では,知識として通り一遍に理解できたとしても障害者福祉の本質をとらえ意識の中に根づかせ,実践的態度にまで結びつけることは,非常に困難である。
　しかし,ラベルトークで授業経過のテーマごとに文章で自分の意見を記入することは,自分の意識を確認しながら授業を展開できる。さらに,授業後に課題でプロセスチャートを作成することによって,自分の意識の変容を確認することができる。そのうえで,友だちの意見を読み,友だちのラベルを作成する作業によって,いろいろな考え方を共有でき,発想を深めることができる。
　本授業での最大の効果は,何といっても地域実践である。実際に知的障害者の福祉施設を訪問し

て障害者とふれあい，作業を体験することによって，障害者を理解し，福祉施設の意義を身をもって体験することが可能となるのである。

そして，KJ法を使って，障害者と福祉施設，自分が障害者として生きていくうえでの地域福祉との関係などを図解化していくことによって，断片的な理解を線で結び，頭の中を整理していくことができる。さらに，それを文章化することによって，一人ひとりの考える「障害者福祉」の本質を追求して課題を完成させることが可能となった。

これらのアクション志向学習を組み合わせた授業は，とらえにくい障害者福祉について真剣に考え，教師側の予想を上回る効果があった。

なお，本授業は，以前から実施を続けてきており，毎年，改善を加えてきている。以前に実施した授業についての分析は，「野中美津枝，中間美砂子『知的障害者との交流体験学習導入による福祉意識の形成—高校家庭科における男子生徒を対象とした実践を通して—』日本家庭科教育学会誌第42巻第1号，1999」に掲載されている。

6　授業実践の資料

〈ラベルトークのまとめ〉

◆ラベル1　障害者に対する気持ち
- 普通の人たちと一緒に生活できないから，ちょっとかわいそうだと思う。
- 障害者とは，自分だけでは何もできず，他の人々に頼って生きていかなくてはいけない人達。
- 障害者を見ると，かわいそうと言うより頑張って生きているなあと思う。手助けしたいと思う。
- 障害者の人は，自分が悪くないのに発達障害になったり素直にかわいそうだと思う。
- あまり障害者と交流する機会がないからよくわからない。知的障害者とかちょっとこわいときがある。
- かわいそうだなと思う。他人からは避けられたり，障害者だというだけで差別を受けたりしているから。それに白い目で見られている気がするから。
- "障害者だから"という考え自体が差別だと思う。変に親切にし過ぎてもよけいなおせっかいに感じるかもしれないし，それこそ差別だと思う。平等に接することが大切だと思う。
- 中学生になる前ぐらいは，見るだけでイライラしていた。しかし，段々と年齢が上がるにつれて，障害者自信が頑張って生きているんだと思うようになった。
- 障害者に対する気持ちは，何か近寄りがたい感じで自分と何か違って少し軽蔑してしまうかもしれない。
- あまり障害者とは接した事がなかったから，少し苦手かもしれない。
- 見ていておかしいなあって思うけど，もし自分が同じ立場なら，困った時に助けてもらいたいと思う。
- はっきり言って迷惑だと思う。何かやってしまうのはわかるけどもう少し抑えてほしい。
- 障害者は，結構迷惑がかかるけど，本人は何も悪くないし，生まれつきなので仕方がない。差別してはいけないと思う。
- 自分達とは少し違う人々だと感じている。自分ができることがなぜ障害者はできないのかと思ったこともある。同情の目で見てしまう。

◆ラベル2　自分が障害者になったら
- 障害の程度にもよると思われるが，ショックを受けたり，自暴自棄になったりすると思われる。また，家族に大変迷惑になると思われる。
- 多分，誰かに助けを求めなければ生きていけないと思う。助けてはもらいたいが全て助けてもらうのではなく，自分でできることは自分でやりたいと思う。
- この世の中じゃすごく不便だと思う。家族がいる時はいいかど，いなくなったら生きていけない。
- 今の体から障害者になったらたぶん生きていけないと思う。死ぬのはこわいからひきこもりになると思う。
- もし自分が障害者になったら，生活の不便さとかではなく，周りの目が変わったり，同情されるのが怖く感じます。
- とても暮らしにくい社会なのではないかと思う。差別や偏見がとても多いので，障害があるというだけで身内しか相手をしてくれないような社会なのではないかと思うので，世話をしてもらうだけでも一苦労だと思う。
- 一言でいったらつらいと思う。まず自分の気持ちに整理をつけてから，自分のできる事，助けてもらわないとできない事をはじないようになれたらいいと思う。
- もし障害者になってしまったら，前がなにも見えなくなりそうで怖いです。今と同じように過ごしたい。
- 自分が障害者になったら，今の社会だとすごく苦労すると思う。人の助けが必要だと思う。
- 他人に迷惑がかかるし，仕事もできなくなり，生きていく自信がなくなると思う。そうなったら自殺したくなるかもしれない。
- 正直な意見は「嫌だ」と思う。自分が障害者だということを認めたくないと思う。
- もし自分が障害者になったらショックだし，とても悲しくなると思う。しかし，自分のまわりには色々な友達がいるので頑張っていけると思う。
- 自分が障害者になったら，たぶんすごく悲しくなると思う。自分がしたいことができなくて，他の人々から偏見の目で見られるのはとっても悲しい・・・。いろいろなことで苦しむと思う。

◆ラベル3　地域福祉とボランティア活動について
- 地域全体で福祉のことを考える必要があると思うし，そのためにはボランティアがどうしても必要になるのだと思う。施設も必要だけど，施設だけに任せるのはよくないと思う。
- 地域福祉とボランティアがそれぞれ別なものではなくて，一緒にささえるような社会にしたい。
- ボランティアはいいことだと思うけど，ボランティアだけでは生活していけない。だから，金と時間がやるものだと思う。
- 最初は自分には関係ないと思っていたが，自分がなったことを考えたらと思うと，障害者のためにボランティアなどをしてあげたいと思いました。
- 障害者一人に対しても，個人や家族では補助しきれない事もあると思うので，必要だと思う。また，日常の場にボランティアに参加している人がいれば，障害者の行動の幅が広がると思う。
- みんなが連携してお互いを助け合ったりできていい事だと思う。よい社会ができると思う。
- 私が地域福祉とボランティアについて考えることは，もっと全員が理解を深めて改善をどんどんしていくべきだと思う。
- 両方とも大切だと分かっていても，みんななかなか積極的には取り組めないのが現状だと思う。
- 今まで私は，いろいろなボランティアに参加してきて，やっぱり学ぶことは多かったので，これからも積極的に参加したいと思う。
- 地域福祉とボランティアについて，ボランティアをするとお互いにいろいろ学び合えるから，もっともっと広まれば社会の援助になると思う。
- ボランティア活動などをする場をもう少し増やしていった方がいいと思う。
- 障害者は一人じゃ生活できない人もいるから周りの人がたくさん協力していかないといけないと思う。自分が障害者になったときのことを考えてみるといいと思う。
- 地域で支え合い，みんながよりよい社会をつくれば，みんなが自由に生活できると思う。

◆ラベル4　福祉施設体験学習を通して
- 障害者はかわいそうだとか思っていたが，実際自分の考えで行動するし，作業もできるので，まったくそんな考えがなくなった。けっこう大変な作業をしていたので驚いた。
- 障害者の人でもちゃんと仕事を覚えて，社会のために働いているのはすごいと思った。
- 初めて障害者の福祉施設に行った。障害者が働いていることに驚いた。障害者が自立のために頑張っていることに感動した。
- 福祉施設に通っている人は，自分が悪い事をしたわけでもないのに知的障害者になって普通の人と接することがあまりないように隔離されていて，あまりおもしろくないと思う。
- 福祉施設に行ってみて，ハンデがあっても自分達で仕事をして頑張っている人達を見て，福祉についてもっとよく関心を持とうと思った。
- あれだけ細かい作業をして働いているのに月に3000円程度しか貰えないのは少しおかしいと思う。それでも一生懸命頑張っているのでえらいと思った。
- どんなに障害があって一生懸命仕事をしていて素直に尊敬した。私ができない事もこなしていて本当にすごいと思った。自分が障害者になってもできることがあって希望が見えた。
- こんなに間近で知的障害者と話す事がなかったので，すごく驚いた。仕事に真面目に取り組む姿を見て感動した。
- 障害者になっても，内職のようなことをして，頑張っている人達を見て，彼らもこの社会に生きていると思いました。
- 障害者なのにあんなに頑張っていて，自分達は障害者じゃないのに頑張っていないなんていけないと思った。
- 福祉施設に行って，知的障害を持っている人も立派に仕事をしていてすごいと思った。少しでもそういった人達の暮らしやすい環境になればよいと思う。
- みんな頑張って仕事などをしていて，みんながいきいきしているのが印象的だった。福祉施設に行ったことがなかったのでよくわかった。

〈課題1「自分の意見と友だちの意見」〉

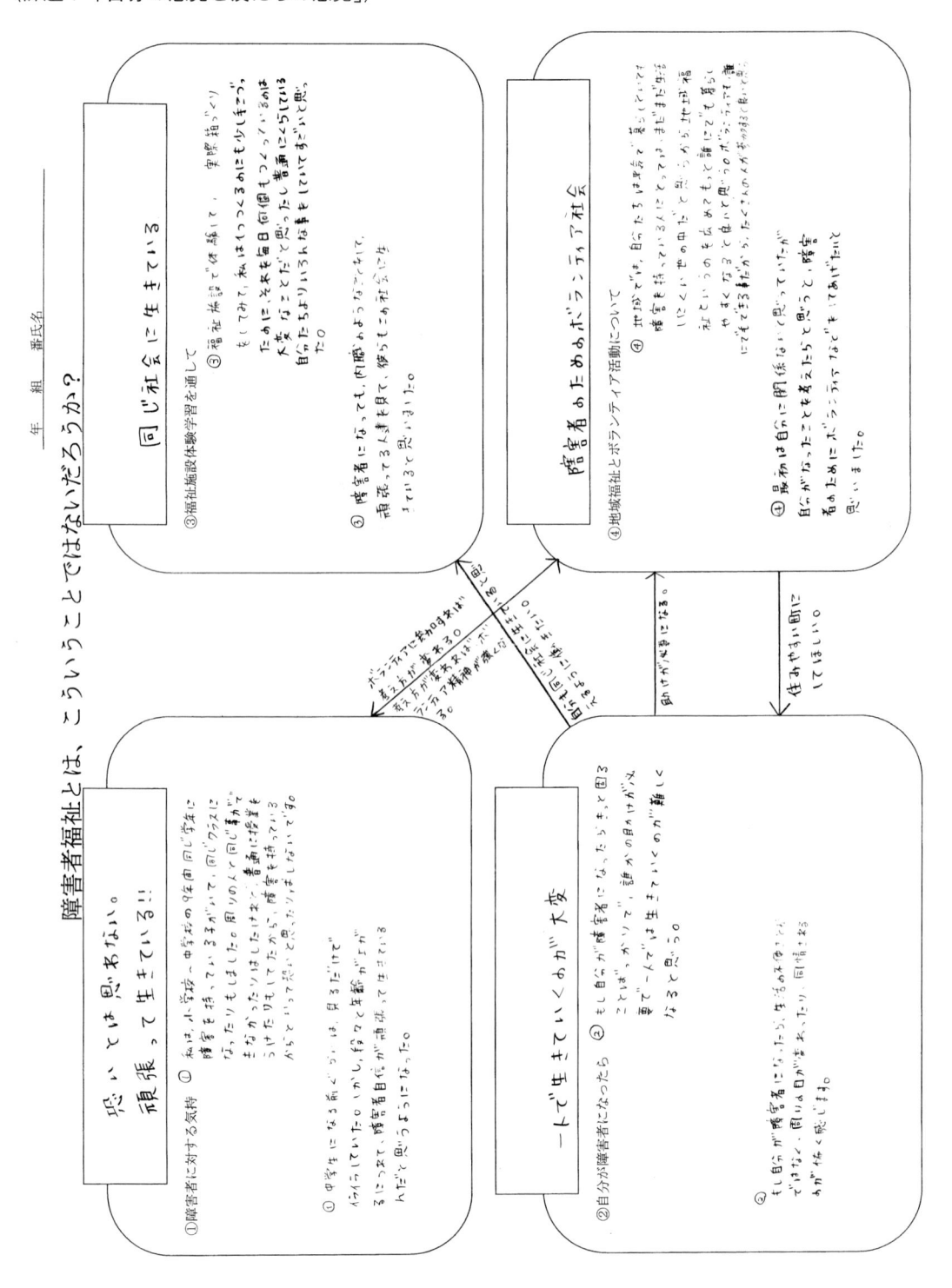

年　組　番氏名＿＿＿＿＿

障害者福祉とは、こういうことではないだろうか？

恐いとは思わない。頑張って生きている

① 障害者に対する気持ち
私は、小学校の中学年のときに同じ学年になった障害を持っている子がいる子に、同じクラスになったりもしました。周りの目のみかたにはちがったりはしたけど、障害を持っているからといって恐いとは思いませんでした。

① 中学生になる前くらいには、見るだけでもイライラしていた。しかし、授業などを受けていくうちに、障害者自身がん頑張って生きているんだと思うようになった。

――で生きていくのが大変

② 自分が障害者になったら
もし自分が障害者になったらと思うと困ることは、いっぱいあって、誰かの助けがないと一人で生きていくのが難しくなると思う。

② もし自分が障害者になったら、生活をするのではなく、周りは目がまったりなど同情になるのが怖く感じします。

同じ社会に生きている

③ 福祉施設体験学習を通して
福祉施設での体験は、実際に行ってみて、私は毎日作ってくるのにも少ない大変なことだと思ったし、普通に比べていろいろちがうような事を(こ)にすることに思った。

⑤ 障害者になっても、内面はみなみんなと同じで、暮らしていく社会なのではないかと考えるようになった。

障害者のためのボランティア社会

④ 地域福祉とボランティア活動について
地域では、自分たちもたぶんがたっていて障害を持っている人とかくくらいの中で認められる地域で福祉になっていろいろなことと思って、たくさんのボランティア活動(ボランティアで)にも参加していこうと思いました。

① 目標は自に関係ないと思っていたが、自分たちにとでもることをあげらっているんに、障害者のためにボランティアなどをしてあげたいと思いました。

住みよい町にしてほしい。

90　Ⅱ　家族・保育・福祉領域への参加型アクション志向学習の導入

〈課題２「自分としての障害者福祉についての定義」〉

年　　組　　番氏名

「障害者福祉とは、こういうことではないだろうか」　文章化

私は小学校〜中学校で同じ学年に障害を持った子がいた。確かに私たちと同じ事ができなかったりしたけど、ふつうに授業を受けてたり会話をしたりして私は恐いというイメージはなかったです。他の人の意見にも昔はイライラしたりしてたけど、学年が上がるにつれて考え方が変わり頑張って生きていると思うようになったというのがあった。私はその通りだと思った。でも自分が障害者になったらと考えると一人で生きていくのが大変でいくら頑張るといっても誰かの助けが必要になって、生きていく気力もなくなってしまうと思った。他の人の意見も同じだった。しかし、福祉施設へ体験に行った事で考えが変わった。そこにいる人達は、一人一人が色々な仕事をしてて私が少し手こづった箱づくりも毎日多くの数を作ってて素直にすごいと思った。他の人の感想では、同じ社会に生きているんだというのがあり、自分が障害を持っても希望があると思わせてくれた。でも、今現在の社会は障害者にとってまだまだ住みにくい国だと思った。だから障害者のための町づくりもし、ボランティアへも積極的に参加するのも大切な事だと思った。

　障害者の幸せは、私たちと同じ社会に生きているという実感を感じ、また仕事などを通し、障害を持っていても生きがいを持っていることである。

《図解化》

①障害者に対する気持ち
恐いとは思わない。
頑張って生きている。

②自分が障害者になったら
一人で生きていくのが
大変。

③福祉施設体験学習
同じ社会に
生きている。

④地域福祉とボランティア
障害者のための
ボランティア社会。

《感想》

今回の授業を通して、体験やこういったレポートを書くことによって今までよりもボランティアについて考えるようになったと思う。あと、ろう学校の人と撮影したのも授業とは別だって思い経験でした。

[障害者]

11 車椅子で街に出てみよう

1 はじめに

　最近よく聞かれるようになった「バリアフリーデザイン」とか「ユニバーサルデザイン」は、高齢者も若い人も、障害のある人もない人も、共に生きやすい社会をつくるためのキーワードである。人の一生を考えたとき、人は必ずハンディキャプトになる。さまざまな立場の人一人ひとりが尊重される社会にするためには、ノーマライゼーションの視点をもつことが必要である。しかし、加齢や障害によってもたらされる不便さは、その立場になってみないとなかなか理解できにくい。その立場をシミュレーションして、地域に出かけてみることでだれもが生きやすい社会とはどのような社会か、ハード面（環境）とソフト面（人間）の視点からとらえられるようになることを期待する。

2 本授業開発のねらい

　車椅子で、学校およびその周辺の街に出かけ、ハンディキャプトとそれにかかわるものの視点で自分たちの生活周辺を視るという体験学習を設定した。車椅子に乗る側と押す側になって、スーパーマーケットでの買い物や校内のバリアフリー度チェック体験を通して、バリアフリーの実態と環境づくり、ハンディをもつ人への理解やボランティア活動について考えさせたい。

3 授業計画

解決すべき生活問題 （本題材のねらい）	ハンディキャプトを通してノーマライゼーション，ボランタリーの視点を養う
個人・家族・地域社会 シチュエーション	地域の障害者
導入した参加型アクション志向学習法	フィールドワーク，シミュレーション（車椅子体験），観察

授業の展開	1　車椅子体験の実施目的と車椅子の扱い方・注意事項 ・講師（「車椅子とともに歩く会」より車椅子の扱い方（冊子を配付）と街に出たときの諸注意を受ける。 【25分】 2　車椅子で街に出る ・2グループ（車椅子各8台ずつ）に分けてコースを右回りと左回りにして、出発。 　A班（校門を右折コース） 　　①二人1組になり、学校を出発。横断歩道をわたる。 　　②スーパーマーケットで買い物（飲み物）をする 　　③近くの公園の広場にて、段差、スロープ、ステージを利用して、階段の上り下り（介助者4名）を体験。ここで車椅子に乗っている側，押す側交替。 　　④学校に戻る 　B班（校門を左折コース）　①→③→②→④ 【1時間】 3　校内のバリアフリー度をチェック 　①車椅子で教室やトイレ（車椅子用）に入ってみる。

授業の展開	②正面入口，中央口の段差をスケールで測る。 〈ワークシート１「校内のバリアフリー度調査用紙」〉(資料p.172)に記入 　　　　　　　　　　　　　　　　　　　　　　　　　　　　　【45分】 ４　意見交換および講師のまとめ (1)〈ワークシート２「感想カード」〉(資料p.172)に記入 (2)感想発表 (3)講師の話　ボランティア活動とボランティアの心 　　　　　　　　　　　　　　　　　　　　　　　　　　　　　【20分】 ５　まとめ 　　体験学習の感想をレポートにまとめる 　　　　　　　　　　　　　　　　　　　　　　　　　　　　　【宿題】 　　　　　　　　　　　　　　　　　　　　　【総時間：３時間＋宿題】
評価	・車椅子に乗る側と押す側それぞれの立場に立って考えることができたか。 ・ハンディキャプトの視点で街や学校を見ることができたか。

【授業者：小谷教子】

〇参考文献・参考資料
● 車いすとともに歩く会編『車いすとともに歩く　おでかけガイド』2002

4　授業の実践

(1)夏休み体験学習

　この車椅子体験授業は，家庭科夏休み体験学習17テーマ(平成16年度)の１つであり，夏休み期間中の半日を使って実施した。

　課外授業としての夏休み体験学習は，「生活者の視点にたって，生活に根ざしたものや他者へのかかわりなど身近なところから学んで欲しい」と平成９年にスタートした。

　テーマは家族・福祉・保育・環境・食・消費者問題等多岐にわたったものを設定し，その中から興味のあるもの，やりたいものを選択して行う。テーマは毎年少しずつ変わる。１テーマへの参加は多くても40名程度にとどめている。複数選択する生徒も増えている。活動内容は，講演・体験・ボランティア活動の３つに分けられ，期間は１週間のボランティアから半日単位の講演まで，テーマによって異なる。実施そのものは夏休みであるが，４月から準備に入る。

(2)体験学習の流れ

　体験学習の説明と今年度のテーマ提示(４月最初の時間)→テーマ決めの読書(読書リストより１冊，４月～６月)→テーマ決め(最低１つ選択し申込書提出，人数調整，６月)→各家庭へ手紙(理解及び保護者への参加呼びかけ，７月)→テーマ課題の実施(夏休み)→レポート提出(９月)

◆体験学習17のテーマ(平成16年度の場合)
①ベル(特別養護老人ホーム)のボランティア
②西麻布作業所(知的障害者通所授産施設)のボランティア
③シャロームの家(障害者地域作業所)のボランティア
④愛育病院(母子保健科)のボランティア
⑤シニアシミュレーション(東京ガス新宿ショールーム)とわが街のバリアフリーの実態調査
⑥車椅子体験(みなとボランティアセンターによる指導および車椅子の借用)

⑦講演「病気にかかわる遺伝子とたんぱく質の研究の最先端」(北里大学　大石正道先生)
⑧講演「地球環境保全のカギを握る注目のエネルギー風力発電」(足利工業大学　牛山泉先生)
⑨川の自然探索と検査分析：ボランティア団体「鶴見川水系ネットワーク」への活動参加
⑩相原農場(有機農業)見学ともぎとり体験
⑪オルタナティブな民衆交易講座(ネグロスキャンペーン委員会)
⑫法律講座「消費者被害の実態と基礎的な法知識」(東京弁護士会)
⑬消費者教育講座「自分と自分の大切な人を守るために」(神奈川県司法書士会)
⑭エコ・クッキング実践教室(東京ガス指導)
⑮高齢者との交流の企画・実演(港区麻布福祉会館利用の高齢者と保育園児に楽しんでもらうイベント企画)
⑯スーパー・コンビニの環境対策についての調査研究
⑰人生の先輩に学ぶ「仕事人へのインタビュー―職業選択と生き方」(2組のキャリア・共働き夫婦へのインタビュー)

(3)車椅子体験講座実施

◆事前の打ち合わせ
5月：夏休み実施に向けて，みなとボランティアセンターに協力の依頼と車椅子借用の申し込みをする講師は，地域のボランティア団体「車椅子とともに歩く会」にお願いする
6月：センターに参加人数を知らせる。福祉タクシー(車椅子運搬)の手配
7月：センターに具体的な内容について，FAXと電話で数回打ち合わせ
　　　車椅子での買い物についてスーパーマーケットに事前連絡・協力をお願いする
8月：コースの下見，コースの決定

◆実施日の注意と指示
● 校外に出るために，事故がおきないように細心の注意が必要である。今回は16台と車椅子の台数が多かったため，移動中の安全面とスーパーマーケットに車椅子が集中することへの迷惑を考慮し，8台ずつの2グループに分け，コースを違えた。
● 付き添いには，ボランティアセンターから3名，教師3名計6名が各グループに3名ずつついた。校外に出るにはこのくらいが最低限必要である。
● お店での買い物には1人200円以内で買える飲み物を選ぶように指示をした。これは暑い夏の日中の外を歩くため，休憩と水分補給を兼ねる。

◆用意したもの
バインダー(調査表記入用)，傾度計(坂道が多いので傾斜を測る)，スケール(校内の段差を測る)，調査用紙(校内のバリアフリー度チェック)

■車椅子体験

▲横断歩道を渡る

▲スーパーマーケットで買い物

▲公園のゆったりした階段を昇る

▲公園の階段を降りる

▲狭い階段は3人で担いで昇る

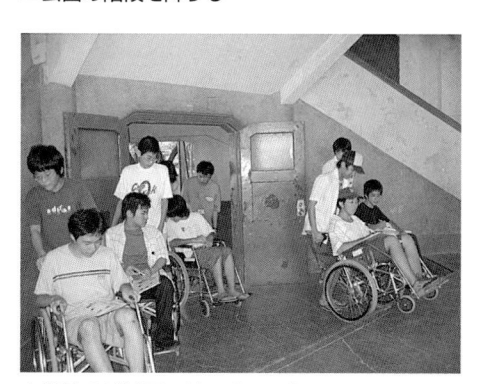

▲学校のバリアフリーチェック

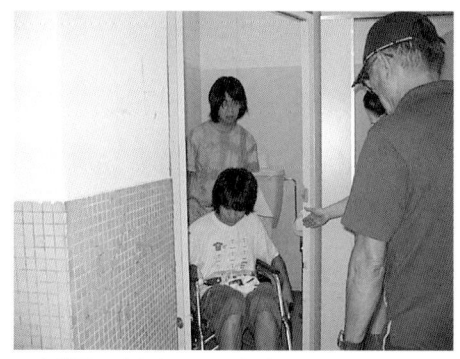

▲車椅子の人をトイレで介助

▲車椅子体験の感想発表

■提出されたレポート

車椅子で「外に出たくても出られない」…
　　　　　　　　　　　　　　　　　　　　　　　　　　　　1年3組　　○○●●

　僕が課題選択の際にこの車椅子体験を選んだのは単に日程的な問題で他に選べるものが少なかったから，というものであったが，今思えばこの選択は良かったと思う。この貴重な体験はそれまでの車椅子に対する考え方の甘さを気づかせてくれた。それについては，後で述べようと思うので，まず当日の体験について書く。

　当日は相模湖記念室に集合後，今回の目的やコースのなどの説明を聞き，その後事務所前で車椅子の扱い方に関して簡単な注意・説明を受けた後，2グループに分かれてペアを組んで，初めて車椅子に乗った（最初は僕が押した）。そして学校を出て右折してサンクスの方に向かったのだが，ここで最初につまずいた。歩道が排水のため車道側に少し傾いているために車椅子が車道の方に流れていってしまうのである。歩道側のブレーキをかけることで真っ直ぐ進むことが出来る事を教えてもらったので，良かったが，何も知らずに押していたら危ないところであった。これも普段歩いているときには全く気にならない，というか気づかないことである。早くも普段の生活と車椅子と違いを感じた。

　その後交番前の横断歩道を渡り，有栖川公園前の坂を下って行ったのだが歩道の道幅が狭くて一台通るのでもたまに塀や電柱にぶつかりそうになった。（まあ，まだ慣れていないというのもあったが）。ましてや前から一般の人が来た時などは大変だった。また，車椅子を初めて動かして少し浮かれていたこともあり，少し下り坂でスピードを出して遊んでしまったのだが，今考えると軽はずみな行動であった。理由はあとに述べる。

　　　　　　　　　　　　　　　　　　（　中略　）

　今回の車椅子体験を終えて家族などと話していると「いろいろバリアフリーとかいって工事をしているけど，そこまで需要があるほど車椅子を使っている人はいるのか」という意見があった。確かに車椅子を使っている人をそこまで見ないし，僕も多少そのように考えていた。しかし，この体験を通してひとつの考えが生まれた。それは「僕らは車椅子を使っている人を見ないのは，使っている人がいないのではなく，外に出たくても出られないのではないか」というものである。今回の体験は僕はとにかく車椅子にのって外に出ることの難しさを感じた。体験ではそれほど人の通らないコースを通ったにも関わらず，多くの点で苦労した。坂など本当に一人だったら上ることなど無理だったろうし，すごくたくさんの階段があったわけではないが，段差がたくさんあると感じた。買い物も一人であればゆっくり見ることなど不可能だっただろう。最後にみた麻布学園だって「麻布に車椅子を使っている人はいませんが…」という話もでたがそれも「麻布に車椅子を使っている人がいないのではなく，使っている人は入りたくても入れない（麻布のバリアフリー環境の悪さから）」のではないだろうか。

　麻布学園の例のように，「外に出たくても出られない」環境は「社会に参加したくても参加できない」ということにつながる。そのような社会の中で車椅子を使わなければならない人は人間の権利を剥奪されているのと同じであろう。

　では，我々はどうすれば「外に出られる」環境を作ることができるだろうか。確かにスロープなどの設備も環境として重要である。しかし，それよりも人々の心構えが大切なのではないだろうか。困っている人を見たら助ける，たったそれだけのことである。そんなちょっとしたやさしさが，車椅子に乗った人がたくさんいる（もちろんいい意味で）社会を作り出せば良いと思う。

■感想カードのまとめ（抜粋）

◆乗る側の立場になってみて
- 視点が低く案外恐怖心が出るものだということに気づき，押す側は最大限の気配りが必要であると感じた。
- 普段気にならない程度の段差や坂が想像以上に苦になる。
- 押す人に全てをまかせ，自分では何もできないのが不安。
- 車椅子ではあまりスピードが出せなかったので，歩行者や自転車の邪魔になったし，横断歩道を渡

るのが大変だった。
- 自分の意思どおりに動けないのがもどかしかった。

◆押す側の立場になってみて
- 少しの傾きでもかなり力を使い，思ったより力の要る作業だった。
- 速度の加減が難しい。左右に動くのが大変。
- ちょっとした段差でもつっかえたり，振られたりしてハンドルをとられやすい。
- 坂は地獄だった。段差にひっかかると腹が立った。
- 疲れる。階段に出くわすと大変だ。幅の狭い段差はさらに大変だった。

◆スーパーマーケットで買い物をしてみて
- 車椅子に乗っていると商品は取りづらいし，かごも持ちにくいし，たくさんのものも買いにくい。
- 狭い。周りの人が迷惑していた。
- 段差はゼロで，スペースも車椅子の幅は確保されていて，意外と買い物しやすかった。
- レジのところに手すりがあってよかった。
- 広そうにみえる通路も車椅子同士あるいはカートとすれ違うとギリギリの幅だった。
- 品物も高いところにおいてあるものは届かない。
- 視点が低くて商品が見難かった。
- お金のやりとりが難しい。

◆高齢者や障害者にとって学校周辺の街づくりは？
- 学校周辺は坂が多いのでかなりつらい。坂道をもっと配慮したつくりにできたらと思う。
- ぎりぎり生きて帰れる程度だった。
- 有栖川公園はスロープがあり，バリアフリー度が高かった。
- 小さな段差が多い。
- マンホールのふた等も段差となることがあるとわかった。
- 道がせまい，段差が多い，路面の凸凹がひどい。
- 広尾駅などはエレベーターもないし，車椅子では利用できないだろう。

◆学校のバリアフリーチェックをしてみて
- 古いせいもあると思うが，障害者にはきびしいつくりだった。
- 車椅子に乗った状態で一人で移動できる場所はわずか。
- ほとんどの階段や入口がダメ。車椅子の生徒や教職員がいないのを前提とされているようだ。
- スロープやエレベーターなどの整備が望まれる。
- 段差が多い。もし車椅子だったら学校を変える。
- エレベーターなどもないので，2階以上にはいけない。1階の教室も入る前に段差があるので，車椅子の人は大変。バリアだらけ。
- トイレも手すりがついているだけで，うまく用が足せないのでは。

◆その他
- 身近なところのほとんどはバリアフリー化が進んでいないことに気づき，障害者の人々の「つらさ」を感じた。この「つらさ」は周りがつくるものだと思う。
- 初めて障害者のようになって実習してみた。普段健全である僕にはあまり感じたことがないこともたくさんあった。車椅子の方の目線になったことで初めて彼らの気持ちが理解できたよう気がする。
- 普段地面を気にして歩いたことがなかったので，乗る側，押す側ともに地面に目がいき，新鮮な体験だった。
- 障害者の不自由さや不安な気持ちが少しは理解できたと思う。
- 車椅子の人の生活は大変だと思う。持ち上げるとき，本当に重かった。
- 2人がかりで行動してもこんなに疲れるのに，一人で買い物するのは命がけだと思った。
- 移動するのはかなり大変で，周りの人がそれなりに気を使ってくれていることに心を動かされた。
- 将来車椅子に乗ることもありうる。だからこういった経験は貴重だし，生かしたいと思う。障害者とそれを支えるヘルパーの立場になったら，というなかなかできない体験ができてよかった。

5　参加型アクション志向学習導入の効果

　実際に街に車椅子で出かける体験からは，体験を通してでこそ得られるたくさんの気づきや発見があったことが生徒の感想カードからうかがえる。新たな目を通して，今までとは違う街や学校が見えてきたことこそ，ハンディをもつ者へのかかわり方やだれもが暮しやすい社会を考えるきっかけになったと思われる。

　なお，この車椅子講座を含む家庭科夏休み体験学習は，麻布高校において平成9年度より，家庭科講師矢野郁子先生との連携で，内容を充実・変更させながら，行っているものである。

6　授業実践の資料　　　　　　　　　　　　　　　　　　　　　　　　　　　　（資料p.172参照）

〈ワークシート1「校内のバリアフリー度調査用紙」〉(資料p.172)
〈ワークシート2「感想カード」〉(資料p.172)

III

衣・食・住生活領域
への参加型アクション志向学習の導入

[衣生活]	12. 被服材料の性能を考えた被服選び
	13. 自分らしい着装について考える
[食生活]	14. 食事と運動のバランスを考える
	15. 栄養を考えた昼食ショッピング
	16. 食品の安全を考える
[住生活]	17. 家族の住まい選びについて考える
	18. 安全な住まいについて考える

[衣生活]

12 被服材料の性能を考えた被服選び

1 はじめに

　衣生活についての関心はだれにでもある。特に高校生にとって、衣食住の中で最も関心の高いことは、自分で食べる物について知ることより、自分で服を選び、身につける物について考えることの方だと思う。しかし、繊維の種類や、被服材料のもつ性質などについての系統だった知識の定着は、高校生にとって大変困難であると実感している。それゆえ、高校生の被服選びは、個性の表現や流行を取り入れることが優先してしまうのであろう。質の高い衣生活を送るためには、被服材料の性能を学習し、その性質に適した購入や被服管理を行うことが重要なことだと考える。

2 本授業開発のねらい

　高校生にとって、被服は個性の表現、流行を追いかけるなど、関心の高いことであるが、被服の材料の性能についての知識の定着が十分ではない。それゆえ、被服を選んで購入するときは被服の色や形や価格が、重要な決定理由になっている。しかし、被服材料の性能を理解することで、よりよい衣生活が送れると思うので、広告や通信販売のカタログやパンフレットなどの収集を取り入れての学習を試みた。広告やカタログ、表示などは、繊維に関することや、被服の性能、被服の管理法などについて多くの情報が書かれている。関心の高い被服の身近にある広告やカタログの情報を読み取ることを通して、被服材料の性能などの学習の大切さを理解させたいと考える。

3 授業計画

解決すべき生活問題 （本題材のねらい）	被服材料の性能を考えた被服選び
個人・家族・地域社会 シチュエーション	高校生
導入した参加型アクション志向学習法	情報収集・分類(新聞広告，カタログ)，実習(計測)，実験(洗剤性能，漂白剤性能)，レポート・討論(洗剤と環境)，ランキング法(被服購入のチック事項)
授業の展開	1　既製服サイズの表示の仕方を知ろう スーツなどの既製服購入に必要なJISサイズを調べる。 自分のサイズを計測し、スーツなどの既製服を購入する場合の自分のサイズ、〈ワークシート1「既製服のサイズ表示」〉に書いてみる。 Tシャツ、肌着などについてもサイズ表示を調べ、自分のサイズを書いてみる。 【1時間】 2　被服材料の種類と性能について知ろう (1)繊維の種類と特徴 　収集した新聞や雑誌の広告や通販カタログや被服のタグなどを繊維の種類により分類し、〈ワークシート2「何でできているのかな」〉(省略)の所定の場所に貼る課題を通して、繊維の名前や使用目的などに関心をもたせる。 【1時間】

授業の展開	(2)被服材料の性能 ・繊維の特徴を理解し，燃焼実験で繊維名をあてさせる。〈ワークシート3「燃焼実験」〉(省略) ・吸水実験により，織物と編み物の違いを実感する。〈ワークシート4「吸水実験」〉(資料p.173) 【2時間】 3 性能改善された繊維製品にはどんなものがあるだろう ・繊維の性能改善の例や，品質保証マークなどの例を広告やカタログ，パッケージなどで収集し，〈ワークシート5「性能を改善された繊維製品」〉に分類して貼り，性能改善の例がたくさんあることに気づく。 ・改善加工されている被服を上手に活用するためには，購入する際，商品に関する情報を整理する必要があることを確認する。 【2時間】 4 衣服購入の際のチェックポイント 衣服を新しく購入する際に，何を考えるかについて，比較する項目をグループ内で決め，〈ワークシート6「衣服購入の際のチェックポイント」〉(省略)に書く。次に，それらの項目について判断するときの優先順位をランキング法(p.20参照)により決め，その理由を考え，グループ内で比較する。 〈予想されるキーワード〉 流行，(色，デザイン)，価格，品質，素材，ブランド，目的，サイズ，取り扱いやすさ，バーゲン，CM，着やすさ，似合うか，気晴らし 【1時間】 5 衣服の手入れはどうすればよいのだろうか (1)洗剤の働き ・洗剤の品質表示を集め，洗剤の成分について知る。 ・洗剤に含まれる界面活性剤の働き(乳化性，浸透性，分散性，再汚染防止作用)を実験により確かめ，結果を〈ワークシート7「界面活性剤の働き」〉(省略)に記入する。 (2)洗剤と環境 洗剤についての環境や安全性の問題について考え，レポートにまとめ，グループ内で発表し，自分の意見と比較する。 【2時間】 (3)漂白剤について 漂白剤と被服材料(繊維の種類や色柄)との関連を実験を通して検証し，実験結果を，〈ワークシート8「漂白剤と繊維との関係」〉に貼る。 【1時間】 【総時間：10時間】
評価	・繊維の種類が理解できたか。 ・被服材料の性能に関する知識を実生活の中で応用できるか。 ・衣生活全般にめざましい発展があることを認識できたか。 ・広告等を通して商品に関する情報を正しく読み取れることができるようになったか。 ・被服の購入や被服の管理をするための力がついたか。

【授業者：坂本理恵子】

4 授業の実践

(1)既製服のサイズの表示の仕方を知る

　スーツなどのタグを見て，サイズ表示を調べさせ，スーツなどのようなフィット性が要求される既製品のサイズ表示には，S，M，Lのほか，体型区分表示が併記されていることに気づかせた。

　ついで，自分の胸囲，胴囲，身長を測定し，既製服のサイズ表示の仕方に準じて，自分のサイズ表示を〈ワークシート1「既製服のサイズ表示」〉に記入させ，既製品を選ぶ際のサイズを見る力を

つけさせる。特に通信販売で購入するときは、サイズ表示に気をつけなければならないことに気づかせることができた。

さらに、Tシャツ、セーターの場合の表示はどのようになされているかを調べ、購入する場合の自分のサイズについて確認させた。

(2) 被服材料の種類と性能について知る

① 衣類、寝具、バッグ等の繊維製品に関する新聞や雑誌の広告を集め、〈ワークシート2「何でできているのかな」〉（省略）の繊維分類表の用途欄に貼らせることで、繊維の種類と使用目的との関係を実感させることができた。

② 〈ワークシート4「燃焼実験」〉（省略）を使いながら、繊維の特徴を学習し、燃焼実験を行い、繊維名をあてさせることで、繊維の特徴について実感することができた。

③ 吸水実験(バイレックス法)結果を〈ワークシート4「吸水実験」〉（資料p.173)に記入させ、繊維の種類だけでなく、組織によっても吸水量が違うことに気づかせた。

④ 性能改善された繊維製品の広告、パッケージ等を集め、〈ワークシート5「性能を改善された繊維製品」〉に貼り、その特徴をまとめ、いかに性能改善された繊維製品が多いかを知ることで、購入する際、情報を知る必要があることに気づかせた。

(3) 被服の購入条件について考える

被服購入の際の条件を〈ワークシート6「衣服購入の際のチェックポイント」〉（省略）に挙げ、ランキング法で順位をつけ、グループ内で比較させた。

(4) 衣服の手入れの仕方を知る

① 自分がいつも用いている洗剤の表示を調べるとともに、浸透作用、乳化作用、分散作用、再汚染防止作用などの界面活性剤の働きを確かめ、その結果を〈ワークシート7「界面活性剤の働き」〉（省略）に記入させ、今後洗剤を選ぶ場合について考えさせた。

② 酸化型漂白剤の酸素系漂白剤と塩素系漂白剤について、綿と毛・絹に対する漂白効果について実験し、実験終了後の試験布を〈ワークシート8「漂白剤を調べてみよう」〉に貼らせ、繊維に適した漂白剤と適さない漂白剤があることに気づかせることができた。

5　参加型アクション志向学習導入の効果

被服材料に関する学習は理解が困難な点が多いと考えていたが、広告を使ったり、家庭にある洗剤を用いての実験や身近な素材の実験やランキング法を取り入れたので、生活に密着した学習ができ、学習の必要性を感じさせることができた。

6 授業実践の資料

(資料p.173参照)

〈ワークシート1「既製服のサイズ表示」〉

(1) スーツなどのサイズ表示　**既製服のサイズ表示の例**（寸法の単位はcm）〔JIS L4004, 4005より〕

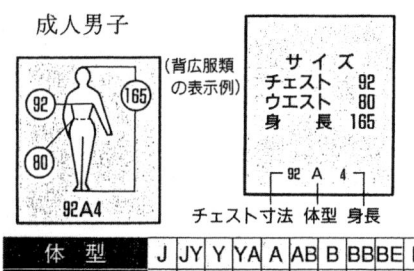

成人男子（背広服類の表示例）

```
サイズ
チェスト  92
ウエスト  80
身　長  165
     92 A 4
```
チェスト寸法　体型　身長

体　型	J	JY	Y	YA	A	AB	B	BBE	E
チェストとウエストの寸法差(cm)	20	18	16	14	12	10	8	6	4

身長	番号	2	3	4	5	6	7	8	9
	寸法(cm)	155	160	165	170	175	180	185	190

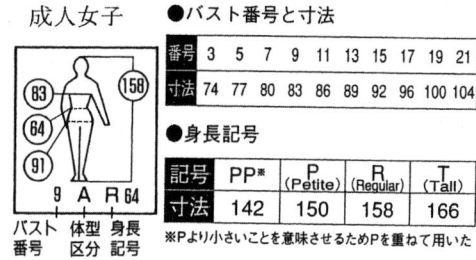

成人女子（スーツ類の表示例）

```
9 A R 64
```
バスト番号　体型区分　身長記号

●バスト番号と寸法

番号	3	5	7	9	11	13	15	17	19	21
寸法	74	77	80	83	86	89	92	96	100	104

●身長記号

記号	PP*	P (Petite)	R (Regular)	T (Tall)
寸法	142	150	158	166

※PよりPより小さいことを意味させるためPを重ねて用いた

●体型区分

A	普通の体型
Y	A体よりヒップが4cm小さい人
AB	A体よりヒップが4cm大きい人
B	A体よりヒップが8cm大きい人

次のA～Cの例をサイズ表示で書いてみよう

男子の表示	男子A	男子B	自分
胸囲（チェスト）	97	88	97
胴囲（ウエスト）	85	70	87
身　長	178	170	170
サイズ表示	97A7	88JY5	97AB5

女子表示	女子C	自分
バスト	80	
ヒップ	89	
身　長	152	
サイズ表示		

(2) ワイシャツのサイズに必要な寸法を測ってみよう

必要な寸法箇所	自分の寸法
A	
B	

(3) Tシャツやセーターの自分のサイズ

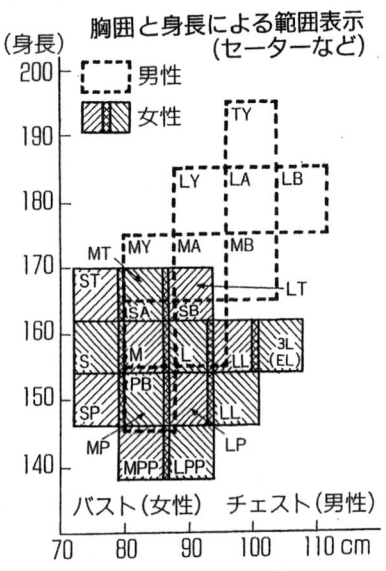

```
MA
```

胸囲と身長による範囲表示（セーターなど）

〈ワークシート5「性能を改善された繊維製品」〉

広告等の添付欄＊	改善された性能は何ですか 例、保温性、抗菌・防臭性、吸汗性	キャッチコピー 素肌にさらっと快適 家庭で洗える爽やか羊毛
遠赤外線効果肌着 　表地：アクリル、レーヨン 　裏地：綿、レーヨン（備長炭練りこみ繊維）	保温性、抗菌・防臭性 吸汗性	備長炭の優れたパワーを満載。 遠赤効果で冷えを徹底ガード。
多機能ソックス 　シルク、アンゴラ、羊毛、遠赤外線素材	保温性、吸汗・放湿性 肌すべすべ効果。	かかとのカサカサ、冷えを予防。 贅沢素材のあったか美容ソックス。
肩当 　表：綿 　裏：綿 　中綿：ポリエステル綿、ポリアクリレート	吸湿性、発熱性、消臭性	冷えやすい首筋や肩をしっかり保温!!

＊表示画像は特定商品の宣伝となるため省略

感想

今まで、気にして見てなかったから、沢山の繊維の組み合わせから、いろいろな機能の服ができることに驚きました。混織・混紡すると、それぞれ良い面・悪い面を補い合えて、いろんな事が改善されててスゴイです!! 1着でいくつも機能を持ちそろえていて便利だなと思いました。これからは、それぞれ繊維の性質を知って、服を買う時など、気にして見てみたいです。

〈ワークシート8「漂白剤を調べてみよう」〉

漂白剤を調べてみよう （よごれを化学的に分解）

漂白 洗濯でとれない黄ばみや黒ずみ・しみの着色成分は、漂白剤で(① 酸化)または(② 還元)してもとの白さにもどす。
漂白剤の種類によっては、繊維をいためたり、色物を脱色することがある。濃度や使用上の注意などの表示に従って正しく使い、すすぎは十分におこなう。

❶──塩素系漂白剤は、酸性の洗浄剤と一緒に使うと有害な塩素ガスを発生するので、混合したり一緒に使ってはいけない。

③ 蛍光増白剤との違い
(よごれはそのままで白くみせる染料)
(蛍光剤は有害)

■漂白剤の種類と特徴

種類		主成分		液性	形状	特徴
酸化型	酸素系	ア 過酸化水素		弱酸性	液体	白物・色柄物など、すべての繊維に使用できる。原液をそのまま塗布できる。
		イ 過炭酸ナトリウム		弱アルカリ性	粉末	毛・絹、その混紡品には使用できない。白物・色柄物に使用できる。
	塩素系	ウ 次亜塩素酸ナトリウム		アルカリ性	液体	毛・絹・ナイロンなどを黄変させ、ポリウレタンやアセテートを弱くするので、使用できない。色・柄物を脱色することが多い。除臭・除菌効果がある。(綿の白いものなどOK)
還元型		二酸化チオ尿素 (ハイドロサルファイト)		弱アルカリ性	粉末	白物（すべての繊維）に使用できる。鉄分による黄変や、塩素系漂白剤による樹脂加工品の黄変を回復させる。

【実験】
1. 試験布を3等分して、シャーレに入れる。1枚は元の状態として保管。
2. 2種の漂白剤をそれぞれのシャーレにスポイドで10ml位入れる。
3. 10分位経過してから、布を取り出し、水洗いして様子を観察する。
4. シャーレの残った液体の色も観察する。
(5 時間があれば実験結果の布・元の布を貼る。)

〈 実験のまとめ 〉

	種類		綿 色・柄	毛・絹 色・柄	ポリウレタン入り製品
酸化型	酸素系	過酸化水素	A	B	／
		商品名 ブライト			
	塩素系	次亜塩素酸ナトリウム	C	D	色が落ちてしまう。伸縮性がなくなってしまう。
		商品名 ハイター ブリーチ			
まぜるな危険 意味			酸性のやつと混ぜて使うと、塩素ガスを発生するから。		
感想	けっこう色が落ちてしまうんだと分かりました。洗濯する時は十分注意して洗おうと思いました。				年 組 番 名前

[衣生活]
13 自分らしい着装について考える

1 はじめに
　現在，ファッションに関する情報は夥しい数があり，マスメディアを通じて世界中の流行がアップデートに国内に取り入れられるようになっている。その一方で，高校生をはじめとする若い世代が流行を発信することもあり，海外から注目されているケースもある。世の中の情報に敏感であることはよいが，それに振り回されることのないよう，自分に必要な情報を選択する力をつけさせたい。そして，着装を自己表現の手段の1つとしてとらえることができるようにさせたい。

2 本授業開発のねらい
　ファッションに関する情報は膨大にあると同時に，個人の好みがはっきり分かれる分野であるため，今回は「色」にテーマをしぼって取り扱うこととした。もちろん，これにも好みはあるが，「色」のもつイメージや組み合わせにはある程度共通したルールがあるため，どう組み合わせたら自分をうまく表現できるか，また，流行やTPOについても，しっかり考えさせたい。

3 授業計画

解決すべき生活問題 （本題材のねらい）	自分らしい着装とは何か，考えるきっかけとするトップスとボトムス，小物の組み合わせに必要な色に関する知識を習得する
個人・家族・地域社会 シチュエーション	高校生
導入した参加型アクション志向学習法	フォトランゲージ，コラージュ，イラスト作成（カラーコーディネート）
授業の展開	1　フォトランゲージ ・色をテーマに，ファッション誌や広告の切り抜きを教員がいくつか用意し，モデルがどのようなキャラクターだと思うか考えて〈ワークシート1「フォトランゲージ」〉に記入する。すべて記入したら全体の気づきを記入する。 　その後，グループでお互いの意見を見せ合って記入する。 ・できれば同じモデルが違う色の服を着ている写真をいくつか見せる。異なるモデルを使用する場合，顔によるイメージの違いもあるので，服のみが対象となるようにする。 ・性別により生徒の興味も異なるので，男性・女性それぞれの写真を準備する。 〈準備する写真〉 　明るい，元気そうである，大人っぽい，優しそう，強そう，おとなしそう，地味…など色によって印象が異なることに気づかせるような写真を準備する（生徒全員がすべて同じイメージを抱くわけではないので，色によって雰囲気が変わることが伝わればよい）。　　【1時間】 2　自分のイメージカラー ・各グループでお互いのイメージカラーとそう思う理由を〈ワークシート2「自分のイメージカラー」〉に記入し，本人に渡す。 ・班員から渡された記入内容をワークシートに書き写し，最後に自分の好きな色，似合うと思う色を記入する（互いに意見が影響し合うのを防ぐよう工夫する）。

<table>
<tr><td rowspan="2">授業の展開</td><td colspan="2">

3　色の性質について説明

(1) 色の感情効果(「高校生のための生活学」大修館書店より)
- 赤：情熱・活力的，青：落ち着き・静寂など，色それぞれのもつ感情効果や，暖色系，寒色系，また強さ(弱さ)や重さ(軽さ)を感じさせる色のグループがあることを理解させる。
- 自分をどう見せたいのか，先述のイメージカラーなどを参考に考える。
(以下，色に関する説明文は主に「自分色表現事典」祥伝社より抜粋)　　　　　　【1時間】

(2) 色の三属性
- 色相…赤から紫へ徐々に変わる色味のこと。白や黒などの無彩色に色相はない。
- 明度…色の明るさの度合い。最も明度が高く明るい色は白，逆にもっとも明度が低く暗い色は黒である。
- 彩度…色の強弱の度合いを表しているもの。

(3) 色のトーン
ビビッドトーン(冴えた)，ブライトトーン(明るい)，ペールトーン(薄い)，グレイッシュトーン(灰みの)などトーンによるイメージの違いを説明する。
- ビビッドトーン：鮮やか・派手，　ペールトーン：やさしい・弱い　など。
色は見本がないと説明しにくいため，カラーコーディネートカードを用いる。　　　【1時間】

(4) 配色
- 2色以上の色を並べて，新しく色の効果を生み出すこと。色相を基本にした「色相配色」と，明度と彩度からなる，色の調子を基本にした「トーン(色調)配色」がある。
生徒が日頃読んでいる雑誌から，配色例を抜き出し，例として提示する。

4　カラーコーディネートⅠ
- 教員がいくつかのテーマを与え，カラーコーディネートシールを用いて配色させる。色を塗ってもよいし，色紙などを貼らせてもよい。トップスやボトムスの色を指定し，それに合う色を考えさせたり，「カジュアル」「ゴージャス」「ロマンティック」などのイメージを与えてコーディネートさせたり，自分の好きな配色をさせる。　　　　　　　　　　　　　　　　　　　　【1時間】
- 流行とTPOについて説明　流行色はつくられている(インターカラー，JAFCA)ことなどを説明する。
- ファッション誌等から，今年の流行色を紹介し，それがどのように市場に出回っているか考えさせる。
- TPOに合わせた色づかい(フォーマル，オフィスでのマナー)などを説明する。

5　カラーコーディネートⅡ
- 男性・女性のスーツの着回し方を考えて，〈ワークシート3「スーツのコーディネートを考えてみよう」〉(資料p.174)に着色する。
スーツの色を固定し，シャツや小物の色を変えることでイメージチェンジする。どのようなイメージをねらったのかを明確にさせる。流行色や，TPOを意識させる。

6　カラーコーディネートⅢ
- 〈ワークシート4「自分の着装を考えてみよう」〉を用いて，自分の手持ちの服装のカラーコーディネートをする。服を1つ固定し，着回しを考えさせる。
- どのようなイメージをねらったのかを明確にさせる。流行色やTPOを意識させる。

7　まとめ
- 今後，被服を購入したり，コーディネートをする際，どのように今回学んだ「色」の知識を取り入れたいか〈ワークシート4「自分の着装を考えてみよう」〉にまとめる。　【1時間】

【総時間：5時間】
</td></tr></table>

評価	・自分らしい着装について，色，流行，TPOなどから幅広く考えることができたか。

【授業者：踏江和子】

○参考文献・参考資料
- 『高校生のための生活学』大修館書店
- 『自分色表現事典』祥伝社
- 「カラーコーディネートカード」「カラーコーディネートシール」教育図書

4　授業の実践

(1) フォトランゲージ

　男女それぞれ4枚の写真を用いて，どんな人だと思うかを記入させた。黒，白，パステルカラー，ビビッドカラーなど，極端に異なるものを選んだ。顔・表情ではなく，服の色で判断するのは初めてで難しいと最初は話していたものの，なぜか見せていくうちに慣れていったようである。写真の選び方次第で，さまざまな展開ができるので，今後も試していきたい。

(2) 自分のイメージカラー

　生徒たちは，これまで好きな色を聞かれたことはあっても，他人のイメージカラーを考えた経験はない状態であった。しかし，3学期に授業を行ったせいもあり，日頃慣れ親しんでいるクラスメートに対して，普段の持ち物の色や，性格などから自分なりに相手のイメージカラーを考えたようである。また，自分に対する他人からのイメージは，非常に関心が強く，喜んだり多少ショックを受けたりとさまざまな表情が見られた。これをきっかけに，色のもつ効果に興味をもってくれたら，と期待する。

(3) 色について詳しくなろう

　中学の美術などで，色について詳しく学んだ生徒もいたが，服装ということに焦点をしぼり，色の三属性や配色について説明をした。年齢に見合う服装の色や，スポーツチームのカラフルなユニフォームの色がもつ効果など，興味をもったようである。

　短時間の説明ではわかりづらいため，カラーコーディネートシールという教材を用いて，学んだことをシールを選んで貼るという作業により確認させた。これはTシャツと短パンの形をした色付きのシールを貼るものであるが，こういう人に見られたい，というための配色というテーマはこちらが与えた。難しかったが日頃にいかせるという感想が多く見られた。

(4) 自分の着装を考えてみよう

　シールの作業では，ある中から選ぶということになるので，〈ワークシート3「スーツのコーディネートを考えてみよう」〉（資料p.174）では色塗りをすることで少し選択の幅を広げた。できれば，色鉛筆の種類をもっと増やして生徒が納得できる色使いをさせたかった。特に今回テーマとしたスーツは地味な色が多いため，ダークカラーの色鉛筆を多く取り入れる，もしくは服装のテーマそのものに今後工夫が必要である。

　〈ワークシート4「自分の着装を考えてみよう」〉では，服を1つ固定し，他のアイテムそのものを変え，また色も考えながらの着回しについて記入させた。ファッション誌でも1ヶ月着回し特集など，手持ちの服をどういかして新しいものと組み合わせ，イメージを変えるかということに関心が寄せられている。自分自身がモデルとなる作業は難しいものの，すぐに役に立つということもあって真剣に取り組んでいた。

(5) まとめ

　ファッション以外でも，色についての興味関心はそれなりにあるようである。センスのよしあしで片づけられがちな分野であるが，今回のようにある程度のルールを学ぶことで，自信につながればよいと思う。人から見られるということを非常に意識する世代にとって，色で自分を表現したり，またある種演じるというのも，日常役立つと考える。

　授業後に，街を歩いていて人の服の色が気になり始めた…などの意見も寄せられた。TPOや流行，自分らしさのバランスをうまくとりながら，楽しんでコーディネートしてほしい。

5 参加型アクション志向学習導入の効果

　色は，文字だけの説明では限界があり，教科書や資料集の色見本でもなかなか取り扱いが難しい。この授業を実施するにあたり，カラーコーディネート講座に通ったが，講師の服装そのものも教材であると感じた。やはり実物の説得力は大きい。授業で扱う教材としてたくさんの服を準備するわけにはいかないが，日頃雑誌等からも情報収集しておくことは必要不可欠であり，今後も続けていこうと思う。

　最初色についてあまり詳しくなかった生徒たちが，最後に手持ちの服のコーディネートを色を意識しながら記入する作業は見ていて達成感があった。次回はどんなテーマにしようか楽しみである。

6 授業実践の資料 　　　　　　　　　　　　　　　　　　　　　　（資料p.174参照）

〈ワークシート1「フォトランゲージ」〉

★写真を見て、この人がどんな人だと思うか自由に記入しよう。
　後から、班の人の考えと比較してみよう。　上：女性　下：男性

写真No.	自分の考え	班の人の考え（自分が書いていなかったことだけ記入）
①	女 クールに見えた	裏がありそう
	クールに見えた	お兄さんな感じ
②	女 適度にキャピキャピ	清潔感
	よわそう…	やさしそう
③	女 キャピキャピしてそう 女の子の中の女の子って感じ	
	無愛想っぽい。	若い
④	女 明るくて社交的に見えた 誰とでも友達になれそう	
	チャラチャラしてそう	若い

★表をよく見て、気づいたことをまとめてみよう。

やっぱりピンクを着ている人は、女の子っぽく見えて、キャピキャピしてそうに見えるなと思いました。黒はクール・冷たく見えました。

(服の)色によってすごくその人の性格の見え方がちがうと思いました。

〈ワークシート2「自分のイメージカラー」〉

★自分のイメージカラーは何色だろうか。またその理由は何だろうか。
　班のみんなに書いてもらおう。
　先入観をもたれないよう、自分の意見は最後に書こう。

1.（　　　　　　）の意見	2.（　　　　　　　　）の意見
色　　黄色	色　　原色が好きそう
理由　明るそう	理由　元気でパワーがあるから
3.（　　　　　　　）の意見	4.（自分）の意見（必ず最後に記入）
色　　オレンジ	色　　青
理由　元気だから♪ 　　　おもしろい & 明るい☆	理由　似合いそうな気がする…好きだから♡

★自分の意見とみんなの意見は同じでしたか、異なりましたか。
　また、自分のイメージについてどう思いますか。
　このままでよい、または〇〇な風に見られたい…など自由に書いてみましょう。

※でも、最近 緑が好きかもです！

明るくて社交的に見られたいなぁと思いました。

親の影響で小さいころから赤・ピンクとかより青・水色のほうが好きでした。

★〇〇に見られたい…そんな自分に近づくためのヒント
　（〇〇には、明るい、さわやかなどが入ります。）
　色の持つ感情効果を利用しよう。

種別	色の例	感情の性質
（暖）色	赤	激情、怒り、歓喜、活力的、興奮、情熱
	黄	快活、明るい、ゆかい、活動力、元気、陽気
（中間）色	緑	安らぎ、くつろぎ、平静、若々しさ、うるおい
	紫	厳粛、優雅、神秘、不安、やさしさ
（寒）色	青	落ち着き、淋しさ、悲哀、静寂
	青紫	神秘、崇高、孤独、気品

〈ワークシート4「自分の着装を考えてみよう」〉

自分の着装を考えてみよう。

年　　組　　番　名前

1 男性用・女性用スーツに合わせて、シャツ（ブラウス）、小物のカラーコーディネートをしてどんな着回し方があるか考えよう。
★スーツは、好きな色を一つ決め、シャツ（ブラウス）や小物の色を変えることでイメージを変える。
★男性用スーツと女性用スーツの色は異なっても構わない。

＜男性用スーツ＞

（左）グレー／紺／黒／黒
＜工夫したところ＞ネクタイをきいろに！

（右）赤・ストライプ／紺／茶／茶／グレー
＜工夫したところ＞シャツはストライプ！！！

＜女性用スーツ＞

（左）ピンク／水色／うす紫／紺
＜工夫したところ＞女の子らしくしました。

（右）クリーム／水色／黄緑／緑
＜工夫したところ＞きいろ、ミドリをテーマに

2 自分の服（トップスでもボトムでもよい）を一つ固定し、合わせる服を変えて3つ、コーディネートしてみよう。
みんなからイメージされた色や、みんなにイメージしてほしい色など、これまでの授業で学習したことをフル活用して配色してみよう。

イメージ	元気	クール	いやし系
イラスト	緑	緑	緑／クリーム／黒
工夫したところ	迷彩ガラでハイカットで動ける服で元気よく！！！	パンプスでパンツの色はムラサキ系の青。	スカートをはいてスパッツをはいて女の子らしくした

3 これらの作業を通して分かったこと、難しかったことなどを記入しよう。

色をあわせるのが大変だった！普段から悩んでいるけど、あらためて組み合わせを考えるといろんなイメージになることがわかりました。

4 これまでの作業と、別紙の資料（「流行色」「TPOに合わせた色使い」）から、自分が今後被服を購入したり、日々、コーディネートをする際、「色」をどのように取り入れていきたいと思いますか。

あえて色をハズしたり、流行色をとり入れたり、全体的に暗いなら小物は明るく、逆に明るいなら暗くしたり、全体のバランスをよく見て色をとり入れようと思いました。色々勉強してみます！！！

[食生活]
14 食事と運動のバランスを考える

1 はじめに

　栄養・食品についての学習は，生涯健康に生活していくうえで非常に重要であるが，知識偏重の学習では机上の理論として関心をもちにくく，実践的態度に結びつきにくい。そこで，食生活分野の導入として，まず自分の食生活診断を実施して問題点を発見することにより，栄養・食品についての学習が自分のこととして主体的にとらえられるようになると考えた。

2 本授業開発のねらい

　食生活診断では，簡易の食事診断を導入として取り上げることもあるが，食事診断だけでなく，生活時間調査をして，食事と運動のバランスをみることが肥満防止のうえからも非常に重要である。さらに，実際に1日分の食事調査と生活時間調査をすることは，自分の食生活を認識することにも効果があると考えた。しかしながら，栄養価計算，消費エネルギーの計算とも手計算でするにはあまりにも時間がかかる。そこで，コンピュータを活用して生徒の興味・関心を高めながら，自分の食生活診断をして問題点と解決方法を考えさせることとした。

3 授業計画

解決すべき生活問題 （本題材のねらい）	自分の食生活の実態を知り，問題点と解決方法を考える
個人・家族・地域社会 シチュエーション	高校生
導入した参加型アクション志向学習法	コンピュータ・シミュレーション
授業の展開	1　食事調査と生活時間調査をしよう ・平日の1日を取り上げて，食事調査の記録表に1日に食べたものをすべて書いてくる。 ・同じ日の生活時間を24時間記入して，生活活動の種類ごとに計算してくる。 〈ワークシート1「食事調査と生活時間調査」〉（資料p.175）　　　　　　　　　　　　　【事前宿題】 2　〈コンピュータソフト1「栄養診断」〉を用いて，自分の身長，体重から体型判定と自分の栄養所要量を確認しよう ・個人情報として，自分の年齢，性別，身長，体重を入力して，BMI判定による体型判定を確認する。 ・さらに，生活活動強度を入力して，自分の栄養所要量を確認する。 3　食事調査から，栄養価計算をしてみよう ・食事調査から栄養価計算をして，1日分の各栄養素の摂取量と自分の栄養所要量を比較して，過不足を確認する。 ・食品群別摂取量も計算して，食品群別摂取のめやすと比較して，不足している食品群を確認し，〈アウトプットシート1「栄養診断」〉をプリントアウトする。

|授業の展開|4 生活時間調査から，〈コンピュータソフト2「生活診断」〉を用いて，消費エネルギーを計算してみよう
- 生活時間調査から，生活活動の種類ごとの時間を入力して，1日の消費エネルギーを計算する。
- 3で求めた食事からの摂取エネルギーと生活時間調査から求めた消費エネルギーを比較して，エネルギー出納を確認する。
- エネルギー出納から食事量と運動量のバランスを考える。
〈アウトプットシート2「消費エネルギー」〉をプリントアウトする。

〈パソコン実習〉【2時間】

5 まとめ
- 1～4のコンピュータ・シミュレーションの結果について，データをワークシートに記入しながら，自分の食生活の問題点を確認する。
- 栄養価計算の結果による栄養素の過不足と食品群別摂取量の関係を理解する。
- PFCバランス，欠食，間食，献立内容など問題点を考える。
- 体型判定について正しい認識をもつ。
- 自分の基礎代謝量を計算して，生活活動強度とエネルギー所要量との関係を理解する。
- 摂取エネルギーと消費エネルギーのエネルギー出納と体重維持について考える。
- 自分の食生活の問題点から，健康のため，今後，気をつけたいことを〈ワークシート2「生活診断」〉にまとめる。

〈講義〉【2時間】
【総時間＝事前宿題＋4時間】|

|評価|
- 自分の食生活の問題点を発見できたか。
- 栄養素の過不足と食品群別摂取量の関係が理解できたか。
- PFCバランスが理解できたか。
- 基礎代謝量とエネルギー所要量が計算できたか。
- エネルギー出納と体重維持の関係が理解できたか。
- 自分の食生活診断の問題点について解決方法を考えることができたか。|

【授業者：野中美津枝】

○参考資料
- ソフトについては，栄養価計算と生活活動による消費エネルギーを計算して栄養診断と生活診断ができるように，筆者が開発にあたった大修館書店「バランスチェッカー」を使用した。

4 授業の実践

(1)食事調査と生活時間調査

　食生活分野の授業の導入として食生活診断を取り上げ，自分の食生活の実態を知り，問題点を確認して興味関心を高める。コンピュータ実習の事前授業として，食事調査と生活時間調査の記入の仕方を説明する。

(2)食事調査から栄養価計算

　食事調査の結果を朝食→昼食→夕食→間食の順に入力して，栄養診断を印刷する。

(3)生活時間調査から消費エネルギーの計算

　生活時間調査から，生活活動の種類ごとに時間を入力して，生活診断を印刷する。

(4)ワークシートの記入

　ワークシートは，コンピュータ実習の流れにそって，アウトプットシートが出るたびに記入させる。栄養診断，生活診断ともに生徒全員が入力して印刷を完了するのに時間の差がかなり生じるので，ワークシートを記入しながら，自分の実態を確認するようにさせて，進度をそろえていく。

5　参加型アクション志向学習導入の効果

　食生活分野の導入として,「食事と運動のバランスを考える」をテーマに自分の食生活診断を実施して,自分の食生活における問題点を認識させることは,理論的で難しい栄養学習を自分のこととしてとらえ,興味関心を高めるうえで非常に効果があった。

　特に高校生は,体型や運動との関係に関心があり,食生活と具体的に関連づけることによって,より広い視点で食生活に興味をもつことができた。

　また,本ソフトは,授業向きに開発されているので,栄養診断と生活診断が簡単に印刷され,スムーズに2時間授業で無駄なく展開できる。そして,診断結果をもとに,ワークシートを記入していくことによって,自分の食生活の実態と問題点が確認できるように工夫している。また,印刷ごとにワークシートを記入する時間をもつことにより,生徒の入力・印刷に時間差が生じて授業展開がばらばらになることを防ぎ,全員の進度をそろえることができる。

　ただ,食生活分野の授業の導入として本授業を実践しているので,当然生徒は知識が乏しく診断結果を見ても理解できない部分も多い。そこで,パソコン実習の次の授業で,ワークシートを使って,診断結果の意味について説明しながら,問題点と解決方法を確認していく作業を取り入れている。それにより,栄養素と食品群別摂取量の関係やPFCバランス,基礎代謝とエネルギー出納(食事と運動のバランス)を自分のこととして理解することができ,さらに解決方法を深めるために栄養・食品の学習について興味をもって展開できた。

　本授業の原案とその授業効果の分析結果は,「野中美津枝,中間美砂子『食生活課題解決への主体性意識の育成—生活活動と食事バランス診断を導入した献立学習を通して—』日本家庭科教育学会誌第45巻第4号,2003」に掲載されている。

6　授業実践の資料

(資料p.175参照)

〈アウトプットシート1「栄養診断」〉

名前		年齢	17	性別	男	記録名	10月11日（火）

栄養診断

■現在のプロフィール

身長	175.9cm
体重	67kg
BMI	21.7
体型判定	標準
生活活動強度（めやす）	Ⅳ（高い）1.9
基礎代謝量	1809kcal
エネルギー所要量	3437kcal

■標準体重のときのプロフィール

身長	175.9cm
体重	68.1kg
BMI	22
体型判定	標準
生活活動強度（めやす）	Ⅳ（高い）1.9
基礎代謝量	1839kcal
エネルギー所要量	3494kcal

＊基礎代謝量は生きていくために必要な最小のエネルギーです。
＊BMIが22になるときが，もっとも病気になりにくい体の状態です。そのときの体重を「標準体重」といいます。
＊BMIの体型判定が「肥満」の人は，標準体重に近づける必要があります。生活活動強度Ⅰ，Ⅱ，ⅢでBMIが25以上の人は，運動量，基礎代謝量といった消費エネルギー量が少ない一方で，食事量が多いことが予想されるので，現実の体重を標準体重に近づけるために，基礎代謝量と栄養所要量については，標準体重のときの数値で指標と比較しています。

■あなたの1日の栄養所要量と摂取量の比較

成分名（単位）	所要量	摂取量	過不足	充足率(%) 50　100　150　200
エネルギー(kcal)	3437	4268	+831	
たんぱく質(g)	80.0	138.9	+58.9	
脂質(g)	95.5	135.7	+40.2	
炭水化物(g)	564.4	584.6	+20.2	
カルシウム(mg)	800	854	+54	
鉄(mg)	12	11.5	-0.5	
ビタミンA(μg)	600	1572	+972	
ビタミンD(μg)	2.5	0	-3	
ビタミンB1(mg)	1.2	1.49	+0.29	
ビタミンB2(mg)	1.6	1.75	+0.15	
ビタミンC(mg)	90	109	+19	
食物繊維総量(g)	34.4	21.0	-13.4	

成分名（単位）	上限量	摂取量			
コレステロール(mg)	300	505	+205	★★★★★★★★★★ とりすぎ 168%	1日300mgまで
食塩相当量(g)	10.0	17.4	+7.4	★★★★★★★★★★ とりすぎ 174%	1日10gまで

■栄養バランス

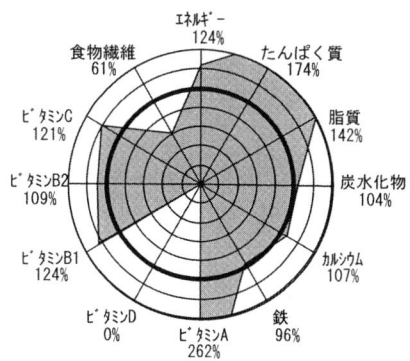

- エネルギー 124%
- たんぱく質 174%
- 脂質 142%
- 炭水化物 104%
- カルシウム 107%
- 鉄 96%
- ビタミンA 262%
- ビタミンD 0%
- ビタミンB1 124%
- ビタミンB2 109%
- ビタミンC 121%
- 食物繊維 61%

■4つの食品群別摂取量との比較（単位：g）

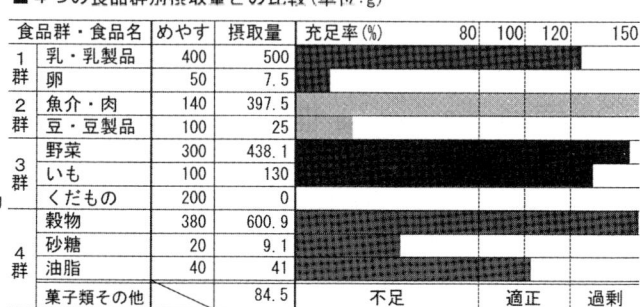

	食品群・食品名	めやす	摂取量	充足率(%) 80　100　120　150
1群	乳・乳製品	400	500	
	卵	50	7.5	
2群	魚介・肉	140	397.5	
	豆・豆製品	100	25	
3群	野菜	300	438.1	
	いも	100	130	
	くだもの	200	0	
4群	穀物	380	600.9	
	砂糖	20	9.1	
	油脂	40	41	
	菓子類その他		84.5	不足　適正　過剰

＊「菓子類その他」は摂取量のめやすは設定されていませんが，砂糖，油脂を多く含むものです。摂取量が多くならないように注意が必要です。

■脂肪酸摂取比率　飽和：一価：多価
○あなたの摂取比率　3.4 : 4.2 : 2.4 
○理想の摂取比率　3 : 4 : 3

●脂肪酸とそれを多く含む食品
飽和脂肪酸‥‥‥‥肉類など
一価不飽和脂肪酸‥‥植物油，バターなど
多価不飽和脂肪酸‥‥魚介類，植物油など

■PFCバランス

P（13%）
F（29%）
C（58%）

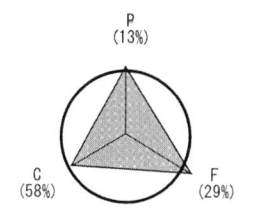

PFCバランスの適正比率はP:F:C=13%:25%:62%と設定

■アドバイス

□エネルギーの摂り過ぎは肥満の原因です。摂取量を減らしたり，運動で消費するようにしましょう。
□ビタミンDはカルシウムの吸収促進に必要な要素です。不足しないようにしましょう。食物繊維には排便の促進，コレステロールの低下などの働きがあります。少しでも多く摂るように心がけましょう。食事中のナトリウムには血圧を上げる作用があり，摂りすぎると高血圧や動脈硬化の原因となるので注意が必要です。
□くだものはビタミンCや食物繊維を多く含みます。卵は栄養価の高い食品です。（豆・豆製品）は，良質なたんぱく質減としても重要です。
　とり過ぎだった食品は過剰にならないように気をつけ，不足していた食品は意識して補うようにし，バランスのとれた食事をこころがけましょう。
□これからも健康的な食生活を心がけ，健康に磨きをかけましょう。

＊この診断では，「日本人の栄養所要量」とBMIを基準にしているので，体重コントロールの必要なスポーツをしている人や病気療養など特別な栄養を必要とする人については適正な診断結果にならない場合があります。

〈アウトプットシート2「消費エネルギー」〉

名前		年齢	17	性別	男	記録名	10月11日（火）

生活診断

■生活時間調査の結果

●あなたの生活活動と消費エネルギー

生活活動	時間（分）	消費エネルギー（kcal）
野球（練習：野手）	240	1,122.79
その他趣味や娯楽	30	56.53
電車やバスなどで立つ	60	150.75
座ってテレビなどを見る	60	75.38
ゆったり座る	30	41.15
掃除	5	28.27
机上事務（記帳，計算等）	440	884.40
自転車を普通の速さでこぐ	40	180.90
入浴	10	34.12
身じたく（洗面，便所等）	15	28.27
食事	120	211.05
睡眠	390	489.94
残り時間分（「休息」で計算）	0	0.00
計	1,440	3,303.55

●この日のエネルギー収支

○食事によるエネルギー摂取量　　　　4,268.00kcal
○消費エネルギー量　　　　　　　　　3,303.55kcal
　（基礎代謝量　　　　　　　　　　　1,809.00kcal）
　（生活活動による消費エネルギー　　1,494.55kcal）
○1日のエネルギーの過不足　　　　　　964.45kcal

＊基礎代謝量とは，身体的，精神的に安静な状態で代謝されるエネルギーのこと。生きていくために必要な最低限のエネルギーを示します。
　そのときに必要なエネルギーです。
＊生活活動強度がⅠ，Ⅱ，Ⅲの人で，BMIの体型判定が「肥満」の人は，運動量，基礎代謝量がともに少なく，食事の量が多いことが予想されます。そのため，現実の体重を標準体重に近づけるために，基礎代謝量と栄養所要量については，標準体重のときの数値で計算しています。

●この日のエネルギー所要量，エネルギー摂取量，消費エネルギーの関係

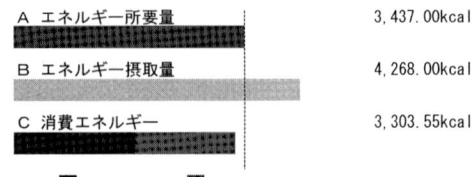

A　エネルギー所要量　　　　　　　　3,437.00kcal
B　エネルギー摂取量　　　　　　　　4,268.00kcal
C　消費エネルギー　　　　　　　　　3,303.55kcal

　■基礎代謝量　　■生活活動による消費エネルギー

■生活診断

●このようなスポーツはどうですか？

スポーツ名	時間（分）	消費エネルギー（kcal）
ランニング（約130m/分）	20	204.02
軽く泳ぐ（平泳ぎ50m）	20	218.09
サイクリング（時速10km）	20	89.58

●生活活動強度について

あなたは生活活動強度（Ⅳ）を選択しましたが，実際の生活も同様の強度でした。生活活動の中に適度な運動がうまく取り入れられていて，じゅうぶんなエネルギーの消費ができているようです。これからも，このような生活を続けていきましょう。

■生活健康度チェックの結果

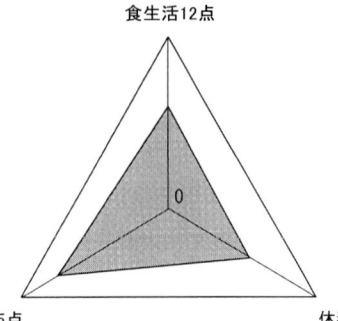

食生活12点
運動15点　　　　休養11点

○食行動診断のみかた

内側にできた三角形の形，大きさが外側の正三角形に近づくほど，生活健康度が高いといえます。三角形が小さい，きれいな正三角形にならない人は，生活活動強度をアップさせる方法を考えてみましょう。

■総合アドバイス

「生活活動にあった分だけ栄養をとる」。これが健康な食生活の秘訣です。エネルギーの過剰摂取は肥満の原因になり，その状態を続けていると，高脂血症や糖尿病にかかる危険が高くなります。適正な食事と適度な運動を心がけましょう。　また，健康には，睡眠などの休養や運動も大切な要素です。適度な運動をおこない，あなたの生活にあった栄養をとるように心がけましょう。

＊この診断では，「日本人の栄養所要量」とBMIを基準にしているので，体重コントロールの必要なスポーツをしている人や病気療養中など特別な栄養を必要とする人については適正な診断結果にならない場合があります。

〈ワークシート2「生活診断」〉

生活診断ワークシート 《実施日：10月 11日》

プロフィール
年齢	性別	番氏名
17才	Man	
身長	体重	
178.9cm	67.0kg	
生活活動強度		
Ⅳ		

1. 栄養診断

(1) 実際に食べた摂取量と、自分の栄養所要量を比較してみよう
　栄養診断の結果を見ながら記入する。

	エネルギー(kcal)	たんぱく質	脂質	炭水化物	カルシウム(mg)	鉄(mg)	ビタミンA(μgRE)	ビタミンB1(mg)	ビタミンB2(mg)	ビタミンC(mg)
所要量	3437	80.0	95.5	564.8	800	12	600	1.2	1.6	90
摂取量	4268	138.9	35.7	58.6	854	11.5	1572	1.49	1.75	109

摂取量と所要量を比較して、不足していた栄養素は？
[鉄・Fe　ビタミンD・食物繊維]

(2) 食品群の摂取量とめやすを比較してみよう
　栄養診断の結果を見ながら記入する。

食品群	1群 乳･乳製品	卵	2群 魚介･肉	豆･豆製品	野菜	3群 いも類	くだもの	砂糖	4群 穀類	油脂
めやす(g)	400	50	140	100	300	100	200	20	380	40
摂取量(g)	500	7.5	385	25	438.1	130	0	600.9	9.1	41

摂取量とめやすを比較し、不足していた栄養素は？
[卵・豆・豆製品・くだもの・砂糖]

(3) エネルギー摂取のバランスを示すPFCバランスは？
P:(たんぱく質) F:(脂質) C:(炭水化物)
	P	F	C (食物繊維)
理想	13%	25%	62%
摂取	13%	29%	58%

(4) 食事内容のデータから、食生活を振り返ってみよう！！
① 欠食状況：あり (朝食、昼食、夕食)・(なし)
② 間食の回数：0回、1回、(2回)、3回、4回、5回、6回、7回以上
③ 甘味飲料（茶・牛乳以外）の摂取量：(2)本
④ 好き嫌い：たくさんある、(少しある)、ほとんどない
⑤ インスタント食品、ファーストフードの使用頻度：
　　よく食べる、(少し気をつけている)、考えたことがない

2. 生活診断

(1) BMI判定による自分の体型判定は？
BMI判定 [21.7] →
BMI判定	(平均22.5)
18.5未満	やせ
18.5〜25	標準
25以上	肥満

(2) 自分の1日の基礎代謝量は？
基礎代謝量：生命維持に必要な最低限のエネルギー量 [1809] Kcal/日

(3) 自分の1日のエネルギー所要量は？ [3437] Kcal/日
1日の基礎代謝量 × 生活活動強度

(4) 生活活動時間から1日の消費エネルギーを計算した結果は？ [3303] Kcal/日
1日の消費エネルギー

(5) 1日の摂取エネルギーと消費エネルギーのバランスをみてみよう！！

食事診断によるエネルギー摂取量	4268 kcal
消費エネルギー内訳（基礎代謝による消費エネルギー＋生活活動による消費エネルギー）	3303 Kcal　1809 kcal
1日のエネルギー消費量	96% kcal

エネルギーの過不足

3. 食事診断・生活診断の結果から、わかったことを個条書きしなさい。

自分はエネルギーを摂取した分だけ消費していない
ことがわかった。今日部活によってこの体形を維持している
のだと思う。

4. 健康のため、今後、気をつけたいと思うことを具体的に書きなさい。

まずは食事から改善したいと思う。もっと食物繊維
を取らなくてはいけないなと思った。
野球をやめた午後のことも考えて、毎日運動すること
を続けたいです。

[食生活]
15 栄養を考えた昼食ショッピング

1 はじめに

　高校生は，生涯にわたる心身の健康づくりのための素地を培う大切な時期である。しかし，健康よりも美容を重視しがちであったり，体力があるのに任せて，不摂生な生活に陥るなど，無理な減食や欠食などが習慣となっている生徒も少なくない。

　筆者が，「家庭科で学習してよかったと思うこと」についての調査(高校3年生80名，1998年6月実施)を行ったところ，食生活領域は，「学習してよかった」と回答している生徒が他領域に比べて最も多かった。しかし調理実習以外の食生活領域の学習内容では，他領域の学習内容と比較して，回答数が多いとはいえない状況であった(調理実習92.5％，献立作成20％，食品の安全性36.3％，栄養素の働きと食品の特性31.3％)。授業を通して，自己の健康管理や生活の質の向上のために食生活が重要であることに気づかせたい。また「学習してよかった」と考えることのできる授業を展開したいと考えている。

2 本授業開発のねらい

　女子高校生は，やせ願望が強く，適正体重以下であるのにもかかわらず，太っていると感じている生徒が多い。食べたいものを我慢しているため，食生活についての満足度が低い。また，男子の一部には，もっと体重を増やしたいと望んでいる生徒も多くいる。

　本題材では，自分の適正体重を知り，今までに学習した栄養素の理解をもとにして，何をどのくらい食べたらよいのかを具体的に把握させたい。カードゲーム，「昼食ショッピング」では，外食・中食を利用する機会が増えていることから，コンビニなどで利用することの多い40品目の栄養成分を理解させ，その健康的な選択の仕方を身につけさせたい。また，身近な食材を実際に手に取ってみて，その重量を当てる「手ばかり」ゲームを通して，食事計画を立てるときに必要な食品の重量を実感としてとらえさせ，調理実習につなげたい。

3 授業計画

解決すべき生活問題 (本題材のねらい)	自分の適正体重を知り，健康的な食生活の重要性がわかる ●栄養のバランスを考えた昼食の選び方がわかる ●1日に何をどれだけ食べればよいかがわかる ●目的に合った昼食の調理実習ができる
個人・家族・地域社会 シチュエーション	高校生
導入した参加型アクション志向学習法	計測実習，カードゲーム，シミュレーション(昼食ショッピング)，クイズ，調理実習
授業の展開	1 自分の適正体重は何kgぐらいかを知る (1)自分のBMI(Body Mass Index法)の値を求める 　BMI：25以上は肥満，18.5未満はやせ，22が標準とされ，最も病気になる率が低い。ただし

スポーツなどで体を鍛えて筋肉量が非常に多い場合には，計算上肥満と同様の値が出てしまうこともあるが，肥満とはみなされないことを説明する。
(2)ウエスト／ヒップ（W／H比）の値を求める。
　メジャーでウエストとヒップの周径を計測する。
　ウエスト／ヒップが成人男性1，成人女性0.8以上はりんご型肥満と考えられる。洋ナシ型肥満は0.7以下であるのがめやすとなる。りんご型肥満は生活習慣病を引き起こしやすい（ただし高校生は，成長の途中であるので必ずしもあてはまらないことを伝える）。
(3)体脂肪計を使って，各自の体脂肪率を計測する
　体脂肪計で各自体脂肪率を測定する。プリントへの記入については，自由とする。回収の際は，他の生徒に見られないようにする。
　〈ワークシート1「適正体重を知ろう」〉（省略）に記入する。

【1時間】

授業の展開

2　栄養所要量や栄養素について理解する

【3時間】

3　〈ワークシート2「カードゲーム・食品と栄養素合わせ」〉（省略）に示されたルールにしたがって，〈資料「栄養を考えた昼食ショッピング　食品カード」〉（資料p.176）を用いてゲームを行う
このゲームを通して，身近な40品目の一品料理および果物，飲み物に含まれているエネルギーと栄養成分を知り，健康的な食品選択の仕方を考える。カードは，ご飯類，麺類，パン類，惣菜・果物，飲み物のジャンルごとに色分けをしておく。
(1)グループでカードゲームをしてどの食品にどんな栄養素が含まれているか理解する。
　①写真カードとエネルギーと栄養成分のグラフのカードを並べる。
　②写真カードに合う栄養グラフのカードを選ぶ。
　③カードの裏に記号が書かれている。両方の記号が合えば正解でカードを2枚もらえる。たくさんカードを取った人が勝ち。

【1時間】

(2)〈ワークシート3「昼食ショッピング」〉を用いて，昼食ショッピングをする。
　①カードゲームで扱ったものと同じ40品目の一品料理と，果物，飲み物について，表面は写真。裏面はエネルギーと栄養成分のグラフの〈資料「栄養を考えた昼食ショッピング　食品カード」〉（資料p.176）から「私の好みの昼食」を選び，選んだ品目の栄養グラフを書く。
　②同じカードから，「栄養バランスのよい昼食」を選び，栄養グラフを書く。
　③①と②の比較をし，グループ内で話し合う。

【1時間】

4　1日にどんな食品をどれだけ食べればよいか理解する
(1)食品の重さ当てクイズ「手ばかりゲーム」をする。
　①卵を持って，全員が重さを予想する。
　②正解を聞き，正解との差を得点とするルール（差が少ない方が勝ち）を確認する。
　③日常よく使われる20種類の食材の中から3種類を選んでグループに分かれて食品の重量当てクイズに挑戦する。
　④グループ内で競争する（個人戦）。
　⑤別の8種類の食品でグループ対抗戦をする。グループのメンバーが相談して重さを当てる。得点を計算し，クラスでグループ順位をつける。
(2)4つの食品群別摂取量のめやすを知る。
　食品群別摂取量のめやすを有効に利用すると，1日に何をどれだけ食べたらよいのかがわかりやすいことがわかる。「食品の重さ当てクイズ」で利用した食品を並べて1日に摂取することが望ましい食品の量のめやすを実際の食品で知る。〈ワークシート4「食品の重さ当てクイズ」〉（省略）

【2時間】

5　1時間でできる健康的な昼食をつくってみよう
(1)グループで献立を決めて実習の計画を立てる。
　予算は1食あたり250円として材料準備の計画も立てさせる。

授業の展開	(2)昼食の調理実習 　計画に従ってグループごとに調理実習をする。	【1時間】 【2時間】 【総時間：11時間】
評価	・自分の適正体重がわかったか。 ・日本人の栄養所要量がわかったか。 ・コンビニなどで売られている食品の栄養的特徴がわかったか。 ・手ばかりで食品のおよその重量を測ることができたか。 ・性別・生活活動別の食品群別摂取量のめやすがわかったか。 ・目的に合った昼食の計画が立案できたか。 ・計画に従って昼食の調理実習ができたか。	

【授業者：新山みつ枝】

○参考文献
- 東正樹『ゲームでGo Go !』大蔵省印刷局，1999
- 香川芳子監修『毎日の食事のカロリーブック』女子栄養大学出版部，1995

4　授業の実践

(1)計測実習

　生徒は，メジャーや体脂肪計を使用して計測実習をし，自分の適正体重を計算した。自分の体型に非常に興味のある年頃であり，ほとんどの生徒が興味深く計測に取り組んだ。〈ワークシート1「適正体重を知ろう」〉（省略）への記入は，自由としたが，男子のほぼ全員が記入し，女子も約80％以上が記入した。他の生徒から見えないように裏返しをして回収を行った。

◆「肥満度チェックをしてわかったこと・考えたこと」の感想
- 自分は今まで，自分のことを肥満だと思っていたけど，今日BMIをみて普通だったのがわかりました。あと少しかた太り気味だったのが女の子なのでショックでした。今までは，体重ばかりみていたので，もっと運動してやせなくちゃいけないなぁと思っていたけれど，これからは，体重だけじゃなく，体脂肪やBMI値などを自分でみて体に気をつけていきたいと思いました。この計算の仕方を家族にも教えてあげたいなと思いました。（女子）
- 今回の授業をうけてこんな簡単な計算で理想体重などがわかるとは軽く驚いた。（男子）
- すべてのチェックで「やせている」と出ていたので，もっと運動や筋トレやウエイトトレーニングなどをして筋肉や体重を増やしたいと思った。スポーツなどをしてBMIが高くても肥満にならないと初めて知ったので，気にしないでウエイトトレーニングができると思った。外見だけでなく体の中に脂肪が付く隠れ肥満というのがあることを知った。（男子）
- 自分が肥満かどうかわかる授業なんていやだと思ったけど，自分の身長でいろいろ計算したり，メジャーで測ったりして楽しかった。結果はどうであれ，いろいろな計算方法がわかってよかった。これからもたまにやってみたい。（女子）
- 肥満度をチェックしてみて，全然標準体重に足りていませんでした。でも高校生ぐらいのときは，標準体重より下の人の方が多いみたいなので少し安心しました。将来大人になったときに太りやすいみたいなので気をつけたいと思いました。（男子）
- 自分はチェックしてみてちょうどベストの体重だということがわかった。まぁ，予想どおりだった。それから自分は，洋なし型でもりんご型でもなかった。自分的にはヒップがでているので洋なし型だと思ったけど，そうではなかった。今の体型がベストということでこれを維持するためにもこれからも食生活に気をつけたいと思う。そしてもっと筋肉をつけたい。（男子）
- とりあえずBMI値が全然普通範囲で良かったです。でも，健康が大切なのはよく分かるけど，やっ

ぱり細いほうが女の子的には良いんじゃないかといまだに思ってしまうから難しいな……。(最近の女の子って本当に細いよね)ちゃんと食べて,そのぶんちゃんと運動をして健康的に細めの体が作れたらよいと思いました。(女子)

　体脂肪計の数が限られているので,休み時間に計測を行う生徒が出てしまった。インターネットで身長・体重を入力するだけで肥満の判定するHPもあるので,今後はその利用を促したい。
　自分の健康状態を把握するため全員に計量をさせたかったが,どうしても測りたくない女子生徒もわずかではあるがいた。非常に自分の体型が気になる年頃であるため,教師の気づかいが必要である。
　一方健康な高校生にとって「健康」ということばは,成人世代のように食生活の行動変容を起こさせるほどのキーワードとはなりにくい。したがって,やせたい生徒には,授業の中でどんなにやせたくても目標体重－10％までにすることを美容体重として抑える必要があると痛感した。

▲メジャーでウエストとヒップの周径を計測する　　▲5～6人のグループでカードゲームをする

(2) カードゲーム

　カードゲームの方法は,まず,5～6人のグループをつくる。それぞれジャンル別に異なった色の紙に印刷した5種(ご飯類,パン類,一品料理など)・40品目の写真カードと栄養グラフカード(栄養計算ソフトを利用して栄養計算をしてグラフを作成したもの)を並べ,ジャンルごとに対戦し,記録していく。栄養グラフカードには,エネルギーと栄養素の棒グラフが印刷されている。15～17歳男女・生活活動強度Ⅲにおける1日の栄養所要量の3分の1(1食分)を100とした場合の充足率を示してある(資料p.176)。じゃんけんで順番を決めて写真カードに合う栄養グラフカードを選ぶ。カードの裏に記号が書かれている。両方の記号が合えば正解でカードを2枚もらえる。カードの裏は,自分だけで見る。当たっても1回ごとに順番を回し,多くカードを取得した人を勝ちとする。
　栄養について普段から気にしている生徒とまったく考えない生徒との差が予想以上にゲームの結果に出ていた。ゲームにしたことで普段栄養について興味をもたない生徒も食品に含まれるエネルギーや栄養素などを真剣に考え,楽しみながら学べたようである。

◆**ゲームについての生徒の感想**
- 食品のことについて楽しく勉強することができてよかったです。初めて知ったことや改めて確信することができたものがあって,頭に入りました。またこのやり方でできたら楽しく授業が受けられると思います。
- やる前は,絶対当てられないと思ったけど,よく考えてやると自分でも当てることがでたから楽しかった。特にバナナが当てられてよかった。またこれからも食品について学びたいと思った。

- 意外と楽しかった！！　簡単そうに思ったけど似ているカードが多くて分かりにくかった。当てられたときはうれしかった。こういうゲームで覚えられたら楽しいと思った。
- ご飯類と飲み物が難しかった。お弁当は色々なものが入っているから特に難しい。
- 本当におもしろかった。それにそれぞれの食べ物の違いがあることにびっくりした。またこういうゲーム的な授業をやっていただけたらうれしく思います。
- 食べ物の栄養を考えてやって楽しかった。コンビニなどで食べ物を買うときは，今日みたいに栄養のバランスやカロリーなどをしっかり考えて買っていきたいと思った。
- 予想していた栄養バランスと違うものが多かったのでなかなかカードが集められなかった。私たちが普段良く食べるものがたくさん出てきたので，もっと栄養を気にしながらの食事をしようと思った。

　今後の改善点としては，特徴が出にくいパン類は，判別が難しかったので，もう少し特徴的な食品に変更していく必要がある。カードは，裏が透けて見えない厚めの紙が適当である。また，食品をカラー印刷にするとよい，などが挙げられる。

(3) 昼食ショッピング

　カードプレイで扱ったものと同じ40品目の表には写真，裏には栄養成分グラフを印刷したカードを用いる。そのカードの中から，「私の好みの昼食」を各自で選び，その栄養グラフを記入させた。次に，同じカードを使って「栄養バランスのよい昼食」を選んでグラフを書かせ〈ワークシート3「昼食ショッピング」〉，両者を比較し，グループ内で話し合わせた。

◆生徒の感想「昼食ショッピングをやってみて分かったことや今後の生活に生かしていきたいこと」
- 空腹をなくすために何も考えず，その時何が食べたいかで買っていたけど，スゴイ偏っていた事がわかった。食品の栄養素は，今ほとんどの食品に表示してあるので今後は良く見てバランスを考えながら買おうと思う。値段もあまり変わらないし，健康的に生きていきます。
- こうやって学習してみると今までの食事は，カルシウムとビタミンが足りなかったので牛乳やくだもので栄養をとっていきたいです。栄養の偏りをなくしてバランスのとれた食事ができるようにしたいです。
- 自分の好みの昼食だと，栄養のバランスが悪く，塩分の取りすぎなことがわかりました。カルシウムや鉄分が不足な私には，惣菜を付け加えると少しはバランスが良くなると思います。安いものでも栄養がたくさん入っているものがあるんだなーと思いました。
- ちょっと考えるだけで健康に気をつかっていけると思った。今までカロリーは少しみてきたけど栄養素については見てなかった。これからは両方見ていきたい。
- 鉄分，カルシウムはなかなか取りづらいんだなぁと思いました。栄養バランスは難しいです。
- ふだん栄養のことをあまり考えずに自分の食べたいものを買っていたけど，こうやってグラフに書いてみると足りないものだとか多いものが分かりやすくてとても参考になった。これからはなるべくバランスよく3食とっていきたい。

　今後の改善点としては，1食分だけなので，すべての栄養素の100％充足をめざさなくてもよい旨を伝えたが，栄養を合わせるのは「難しい」と感じた生徒が少なからずいた。選ぶ品目をもう少し増やすとバランスが取りやすくなると思う。パン類のデニッシュペストリーは，最近なじみがないらしく，何人かの生徒にどんなものかという質問を受けた。菓子パンに限らず，外食・中食は流行の移り変わりが速いので，取り上げる食品を変更していく必要があると思う。

(4) 手ばかり

　はかり8台，食材25種類＋8種類を用意する。4〜5人のグループになり，まず練習として，各

自卵を手に持って重さを予想させた。次に、はかりで卵の重さを測って実際の重さと予想の重さの差を計算させた。差の数値が少ない人が勝ち。教室の後ろに用意されたよく使われる25種類の食材（にんじん、じゃがいも、ピーマン、しいたけ、ほうれん草、たまねぎ、パン、さけ、ハム、肉など）の中からグループで好きな食材3点を選んで「個人戦」をした。グループの中で優勝、準優勝を決めた。

　個人戦終了後「グループ対抗戦」に備えて、グループで選んだ3点以外の食材を用いてそれぞれ手ばかりの感覚を鍛えた。同時にチームワークも養っておく。筆箱や教科書の重さをはかり、それを一方の手で持って基準として利用する方法を生徒たちは考え出した。

　「グループ対抗戦」では、個人戦で使用しなかった別の8種類の食材でグループ毎に重さを予想させた。8つの食材は、グループに回し、予想結果を黒板に書かせた。黒板に正解を記入してグループ順位をつけた。

ついで、手ばかりで使用した食品を用いて1日に必要な食品群別摂取量のめやすの量（16歳男女別・生活活動強度Ⅲ）を机に並べた。

◆「手ばかりについて」の生徒の感想
- 手で測るのは予想より重かったです。でもどの食品がどれくらいの重さかだいたいわかりました。
- 手ばかりは、基本になるものがあると結構当たるけど、なかったら当てられる自信がないから、表示されている重さを目で確認するだけでなく、持って実際に体感し、基本になるものがなくても当てられるようになりたいです。
- 今日1日では手ばかりは覚えられないと感じた。何事も何年も経験を重ねていくことがマスターへの近道だと考えました。
- 自分が思っていたより食品の重さは違っていたのに驚いた。1日何g摂るかわからなかったら、食べ物を食べ過ぎたり、全然食べない食品群が出てきてしまうと思った。これから食べ物の量に気をつけていかないといけないと思った。
- 楽しかった。思ったより難しかった。ぴったりになるとすごくうれしかった。家にあるいろいろなものでやってみたいと思った。
- 最近自分で料理をするけれど、重さを知りたいときにはかりを出してはかるのはすごく面倒なので自分の感覚でわかるようになりたいです。
- 手ばかりが想像以上に難しかったけど、なかなか授業としては楽しかった。

◆めやすの量を実際の食品としてみての感想
- 1日の目安の量は、自分で想像していたよりもすごく少なくて驚きました。
- 母とは乳製品のめやすの量がずいぶん違うことにびっくり。
- 1日の食品群別摂取量のめやすの量が家族でここまで違うとは思わなかったのですごく驚いた。とりあえず自分で摂取するものぐらい自分で理解しようと思った。
- 1日に食べる量は豆と野菜があまり取れていないように思いました。
- 食品を並べてみて、お肉や魚介類をたくさんとり過ぎているのがわかった。
- 1日に摂る砂糖の量は多いと思っていたから20gは清涼飲料水1本で取れてしまうと聞いて、毎日とりすぎているなと思った。

　「手ばかり」はゲームとしたので楽しめた様子であるが、白熱したおもしろさは、残念ながらカードゲームほどではなかったようだ。得点をg単位とせずにポイント制にするとゲームとしてもっと楽しめたと思う。実際の食材を何人もの生徒が持つので、食べられなくなってしまうものもあったが、実物に勝るものはなく、最後に食品を並べてみることで1日の摂取量がより具体的に把握されたと思う。

⑸まとめ

以上の学習をもとに，まとめとして自由献立による昼食の調理実習を行った。

5 参加型アクション志向学習導入の効果

この題材では「計測実習」「カードゲーム」「昼食ショッピング」「クイズ」の４つの参加型アクション志向学習を導入した。

「計測実習」では，自分の身体を実際に計測させた。これは，数値の操作だけおこなうよりも自己の体型などについてのインパクトがより強かったと思う。

「カードゲーム」は，ゲーム形式なので，楽しみながら身近な食品に含まれる栄養素についての知識を身につけることができるという利点がある。また，ゲームを通して何を学ぶのかの視点が大切であるが，生徒はそれをよく理解してくれていたと思う。

カードゲームをした後，「昼食ショッピング」を行った。昼食を選ぶときにどのように選択したらよいかカードゲームで使用したカード（表側は写真，裏側は栄養グラフ）を使って各自，栄養バランスのグラフを作成した。栄養計算もコンピュータで簡単にできてしまう時代であるが，ここでは，棒グラフを積み重ねさせていくという地道な作業を通して栄養バランスを考えさせた。コンビニ食品を取り上げ，多くの生徒が普段の生活で身近に経験している設定であったこともあり，大変熱心に取り組んだ。

食品を実際に持って手ばかりで重さを当てる「クイズ」は，１日に摂取する食品の量を把握するために行った。食品の重さについて，クイズとすることで興味がもてた様子であった。

参加型アクション志向学習の導入により，生徒は，講義ではあまり興味を示さない内容に対しても大変興味を示した。栄養教育の目的である食生活行動の変容は，生徒自らが興味をもって取り組むことがとても大切であると思うので，今後も改善を重ねながら参加型アクション志向学習を導入していきたい。

6 授業実践の資料

(資料p.176参照)

〈ワークシート3「昼食ショッピング」〉

昼食ショッピング　　＿年＿組＿番氏名＿＿＿

1. 次の順序で「私の好みの昼食」を選んでみましょう。

① ごはん類・めん類・パン類の中から自分の好きな昼食を1品決めます。(場合によっては2品)

　私の選んだ食品は　サンドイッチ

② 次に、飲み物・そうざい物などから自分の好きな1〜2品選んでみましょう。

　私の選んだ食品は　マカロニサラダ・みかん・ウーロン茶

③ ①で選んだ食品のグラフを下に写してみましょう。②で選んだ食品を①の上に積み上げて①と②の合計の棒グラフを書いてみましょう。食品によってグラフの色や線の方を変えてみましょう。

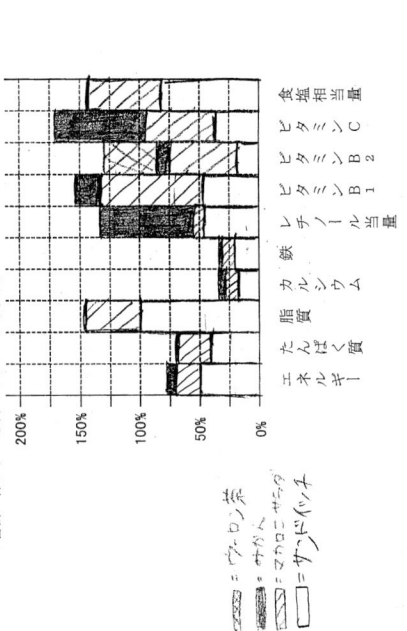

(グラフ：エネルギー、たんぱく質、脂質、カルシウム、鉄、ビタミンA、ビタミンB1、ビタミンB2、ビタミンC、食塩相当量)

凡例：ウーロン茶／みかん／マカロニサラダ／サンドイッチ

④ 次の点をチェックしてみましょう。あてはまる□に○をつけなさい。
* カロリーの過不足：[ ]カロリーオーバー　[ ]ちょうどよい　[○]カロリー不足
* 栄養素の過不足：[○]栄養素過多が多い　[ ]ちょうどよい　[ ]不足している栄養素が多

⑤ いくらかかりましたか。230+180+98+147＝[655]円

⑥「私の好みの昼食」を選んでみてわかったこと・気づいたことをまとめてみましょう。

カルシウムと鉄分が全然ないので、牛乳などでビタミン実を摂取してほしい(はずないのにたくさん出しビタミン実が摂取できて良い)と思う。脂質は全体的にとりすぎのものが多い。

2.「栄養のバランスのよい昼食」を1と同様に2〜3食品を選んでみよう。

「左」の「私の好みの昼食」で選んだ食品の中のひとつを換える。または、あらたに加えるなどの変更でも良いです。

① 私の選んだ「栄養バランスの取れた」昼食は

サンドイッチ・マカロニサラダ・みかん・牛乳

② ①で選んだ昼食の合計を棒グラフにしてみよう。

(グラフ：エネルギー、たんぱく質、脂質、カルシウム、鉄、ビタミンA、ビタミンB1、ビタミンB2、ビタミンC、食塩相当量)

③ いくらかかりましたか。(613)円

3. 昼食ショッピングをやってみてわかったことや今後の生活に生かしていきたいことをまとめてみよう。

脂質が多めかなと思ってたけど、毎日の生活をしているので、ちゃんと食事(のうちこでしまたは(実)や(はり)牛乳(はすごく栄養が入っているんだと思った。全体的に起きてるものがあるけれど(ビタミンが良くすぎりだから)塩分ととりすぎるようにいろいろなことが分かったので、これから栄養を考えてとっていきたいと思います。

125

[食生活]

16 食品の安全を考える

1 はじめに

　食品の安全を考えるとき常に2つの立場がある。それは食品を供給する生産者の立場と購入する消費者の立場である。立場によりものの見方が180度違う場合がある。たとえば食品添加物，輸入食品，遺伝子操作食品等である。

　日本の食料自給率の低さから考えれば輸入農産物に頼らなければならない現状があり，豊かな食生活は輸入食品抜きではすでに語ることができない。しかし，一部市民団体がその安全性に疑問を投げかけ不買運動や警告ビデオを出しているのも事実である。それは，食品添加物でも，遺伝子操作食品でも同じことである。

　我々が食物領域でこの分野を扱うとき，十分注意しなければならないのは教育の場での「中立の立場」ということである。授業は指導者の組み立てによって生産者サイドにも消費者サイドにも立てる。生徒は教員の働きかけによりどちらの考えでも強くもてるようになる。我々が生徒に与えるのは科学的な背景に裏づけられた知識と現在ある情報である。客観的に知識と事実を与えた後は生徒本人が考え食生活に還元していかなければならない。その点を考慮して教材を精選していくことが必要と考える。

2 本授業開発のねらい

　実験を通して「果物」という素材が無くても，1つの食品「清涼飲料」ができることを知り，着色料・酸味料・香料といった食品添加物に対する認識を深める。使用した砂糖の量を量らせることにより清涼飲料からとる糖分について考えさせる。また，キャッチコピーやラベル作りを通して，普段飲んでいる清涼飲料水の選択に広告などが大きく影響していることに気づかせる。これらの実験・実習結果から，普段自分たちがいかに清涼飲料水に頼り，糖分や食品添加物を摂取しているか知ったうえでよりよい食品の購入ができるようにする。

3 授業計画

解決すべき生活問題 （本題材のねらい）	身近な食品に使用されている食品添加物の種類と働きを知る 清涼飲料水に含まれる糖分と摂取量を知る よりよい食品選択の視点をもつ
個人・家族・地域社会 シチュエーション	成長期の子どものいる家族
導入した参加型アクション志向学習法	調査（商品の表示から食品添加物を探し，添加の目的を調べる），実験（清涼飲料水作り），実習（キャッチコピー，ラベル作り）
授業の展開	1　食料の輸入とその問題 (1)日本の食料自給率と輸入食品　　　　　　　　　　　　　　　　【1時間】 (2)遺伝子組換え食品　　　　　　　　　　　　　　　　　　　　　【1時間】

授業の展開	2　食品の保存と食中毒 【1時間】 3　食品添加物 (1)食品添加物の種類と目的 ①食品添加物の定義と現在の食品流通における食品添加物の必要性および指摘される問題点等を講義形式で伝える。 ②次に，班別学習にする。板目紙に購買で購入できる菓子パンの空き袋や菓子の空箱，弁当に利用されそうな冷凍食品の空き袋を貼りつけた食品シート（3枚位ずつ）を各班に配布。班は6〜7人を1班とした。原材料名からどれが食品添加物か抜き出させ，別に与えた食品添加物の種類と目的の資料から，その食品添加物がどのような目的で使用されているのか，班で相談してプリントに書き出させる。後で解答をし，普段食べているものに食品添加物が多用されていることに気づかせる。 【1時間】 (2)清涼飲料水作り ①普段どのくらいの清涼飲料水を摂取しているのか，好きな飲料水の種類と理由を〈ワークシート1「好きな飲料水の種類と理由」〉（省略）に記入させる。 ②清涼飲料水作りで知る食品添加物の働き 　前時に学習した食品添加物を実際に用いて〈ワークシート2「あっという間にオレンジジュース？」〉に基づき，オレンジ風味飲料を作る。 ③甘味料として使用した砂糖の量を記録させ，500mlペットボトル1本ではどの位の量になるか計算させる。使用した砂糖の量の多さに気づかせる。 ④市販の果実100％飲料水と見た目，香り，風味，甘さ，栄養価，値段等の比較をする。 (3)清涼飲料水のキャッチコピー・広告ラベル作り ①普段商品を選択するとき，何を基準にしているかを考え，CM等のイメージも商品に付加価値を与え，選択に大きく関係していることを知る。 ②自分たちが作ったオレンジ風味飲料に付加価値をつけるためにはどのようなキャッチコピーやイメージラベルが有効か考えさせ，作らせる〈ワークシート3「キャッチコピーと広告ラベル」〉。 ③よりよい食品選択には，何が必要か考え，イメージや見た目だけで食品を選択するのではなく，原材料を知ることがよりよい選択の鍵となることを認識させる。 【2時間】 【総時間：6時間】
評価	・関心・意欲・態度：自分の食生活を振り返り現状を把握することができる。積極的に実験・実習に参加している。ワークシート感想欄，自己評価を参考とする。 ・思考・判断：実験結果から理解したこと，考えたことを生活に還元しようとする。 ・技術・表現：オレンジ風味飲料をつくることができる。キャッチコピーや広告ラベルを作ることができる。実験のプロセス，製作品を参考とする。 ・知識・理解：実験に使用した食品添加物の種類と目的が理解できる。糖分の摂取量について計算し，考えることができる。定期考査を参考とする。 各観点を通して，ワークシートの記入状況を参考とする。

【授業者：真田知恵子】

○参考文献：
- 新しい家庭科を考える会『実験・実習・観察の手引き』大修館書店

4　授業の実践

(1)清涼飲料水つくり(実験・実習)

　〈ワークシート2「あっという間にオレンジジュース？」〉に基づいて，オレンジ風味清涼飲料水

を作らせる。合成着色料（黄色4号，赤色102号），オレンジエッセンス，クエン酸，砂糖を用いて作成したオレンジ風味飲料を試飲させ，100％オレンジジュースと比較させた。実験・実習には，全員，意欲的に取り組んでいた。

◆オレンジ風味飲料の作り方
- 用意するもの
  200mlビーカー，スプーン，水100ml，着色料（赤・黄）各耳かき1すくい，オレンジエッセンス3滴，クエン酸小さじ1／4，砂糖？？杯（ちょうどいい甘さになるまで数えること）
- 実験の仕方
  ビーカーに水を入れ，色と香りをつける。クエン酸を入れ酸味を出す。砂糖もちょうど良いと思うまで入れる。スプーン何倍入れたかを数えておく。完成品と100％ジュースを飲み比べてみる。

◆「オレンジ風味清涼飲料水作り」後の生徒の感想
- 普段飲んでるジュースにあんなに砂糖が入っているとは思わなかった。
- 実験をしたことで添加物がどんな役割をしてるか？がわかりやすかった。ジュースもおいしかった。
- 基本的にオレンジジュースは苦手だけど作る作業は楽しかったし，添加物のことを分かって良かった。
- 今日みたいな授業はとってもたのしくていいです。ずっとこんな感じの授業が続けばいいなあ。
- 添加物で作ったオレンジジュースは体に悪そうだった。
- ジュースはいろいろあるけど100％かそのままが一番！！
- おもしろい授業だった。ふだんなにげなくのんでいるものがこうやってできるんだあーと思った。
- 着色料というのは便利なものである。少しずつ色を変えてゆけるがよいが，失敗するとほんとにダメっぽい。
- 実験をまじえて行ったからわかりやすかった！！ラベルを考えたりして，実際にかいてみたりして楽しかった。また，やりたいと思った。
- 添加物のジュースを初めて作って飲んでみてやっぱり100％果汁のジュースとは違いが多くあった所がたくさんあった。
- よくできた。実験もおもしろかった。だが，実験ジュースより100％果汁のほうがやっぱりおいしかった。

▲糖度は生徒によってさまざま　　　　　　▲おいしそうに試飲

(2) キャッチ・コピー，広告ラベルつくり

　オレンジ風味飲料を売るためのキャッチコピーや広告ラベルを作ることにより，普段自分たちが商品を選択するときCM等のイメージから選択していることに気づくことができたようである。

5　参加型アクション志向学習導入の効果

　座学の授業よりも生徒の表情が明るく楽しそうである。簡単にそろう材料で手早くできる実験なので食品添加物の目的が五感を通して理解しやすい。香料と着色料を変えればいろいろな風味の飲料ができるので，早く終わった班には別の飲料を作らせることも可能である。飲料を作ることだけが楽しく，「楽しかった」という感想だけで終わる生徒がいる。実験が楽しかったのではなく，そこから何を学ぶかが大切なので，振り返りが必ずできるようなワークシート開発の必要性を感じた。実験中，目を離すとオレンジ色ではなく着色料の赤，黄，緑を混ぜたコーラ色の飲料を手にする生徒が出てくる。簡単にできる実験なので簡単にふざけて悪さもしやすい。たとえば友だちのコップにクエン酸を大量に入れてみたり，砂糖を大量に入れてみたり。事前の注意が必要である。

　飲料を作成した後で，売るためのキャッチコピーや広告ラベルを作らせると，必ず「嘘書いてもいい？」と質問を受ける。自分たちの作ったオレンジ風味飲料がまずくてもよいイメージをつけるためには嘘をつくしかないが，心苦しいので了解を取りつけるわけである。この質問が出たときに広告の不透明性に気づかせることができる。商品，特に食品を選択するときには，イメージやキャッチコピー，キャラクターより原材料名を確かめることや栄養的価値を確認することが大切であることが認識できる。キャッチコピーや広告ラベルは時間を与えればかなり上手に描ける生徒もいるので時間がとれればできあがった作品の発表会をしたかった。また，TVのCMをビデオで視聴させ，そこから受け取るイメージについてディスカッションもさせてみたかった。

6　授業実践の資料

〈ワークシート2「あっという間にオレンジジュース？」〉

あっという間にオレンジジュース？！
～ 食品添加物だけで清涼飲料水を作ってみよう！！～

みんなの大好きな清涼飲料水。あなたは1日に、もしくは1週間にどの位摂取しているだろうか

あなたの好きな清涼飲料水は？

アクエリアス

350ml缶
1日に　500mlペットボトルを **1** 本

350ml缶
1週間に500mlペットボトルを **5** 本

オレンジジュースを作ってみよう

材料	分量
水	100ml
合成着色料黄色4号	耳かき2～3杯
赤色102号	耳かき1～2杯
オレンジエッセンス	3～4滴
クエン酸	小さじ1/4
砂糖	6g　3袋 (計 18 g)

＜作り方＞
① コップに水を入れる
② ①に合成着色料の黄色を入れ、次に赤色を入れて混ぜる。
③ ②にオレンジエッセンスを入れる。
④ ③にクエン酸を入れる。
⑤ ④に砂糖を入れる。
（何袋入れたか記録し計算すること）

試飲してみよう！

見た目、香り、味はどうだろうか？

色は**透明**すぎた。
香りは**オレンジのいいにおい**がした。
味は**あまりおいしくなかった。**

計算してみよう！

砂糖の量　　100mlで **18** gだから500mlペットボトルだと **36** g

材料費　　水 **7.5** 円
　　　　　合成着色料　 **1** 円
　　　　　オレンジエッセンス **3.25** 円　　合計 **15.31** 円
　　　　　クエン酸　 **2.5** 円
　　　　　砂糖　 **1.06** 円

比較してみよう！ ～100％果汁と飲み比べてみましょう～

見た目	色が黄色っぽいオレンジ色だった
香り	すっぱそうなにおいがした。
味	本物のオレンジの味にちかかった。
甘さ	あまり甘さがなかった
値段	ポンジュース21.8円　　添加物ジュース15.31円

本当のみかんの方は自然な感じの甘さで
作ったジュースの甘さは**砂糖**の甘さだなと思った。

〈ワークシート3「キャッチコピーと広告ラベル」〉

そのオレンジジュースどうやったら売れるだろう？
キャッチコピーを考えてラベルを作ってみよう。

例えば〜♪子どもだってうまいんだもん。飲んだらこう言っちゃうよぉ〜とか下の商品紹介を見てどうすれば消費者の目を引く製品になるのか考えてみよう。

アメリカ生まれの陽気で明るい、安心のロングセラー果汁飲料
オレンジ果汁搾汁時の「新鮮な香り」を集めてプラスすることで、
しぼりたてのおいしさを再現しました
もぎたて・しぼりたてのおいしさ、新素材オレンジです

ぼく、オレンジ坊や。
よろしくね！

あなたの考えたキャッチコピー
おやつの時間だッ飲もうよ 1ぱぃ

500mlペットボトルに貼るラベルを作ってみよう！

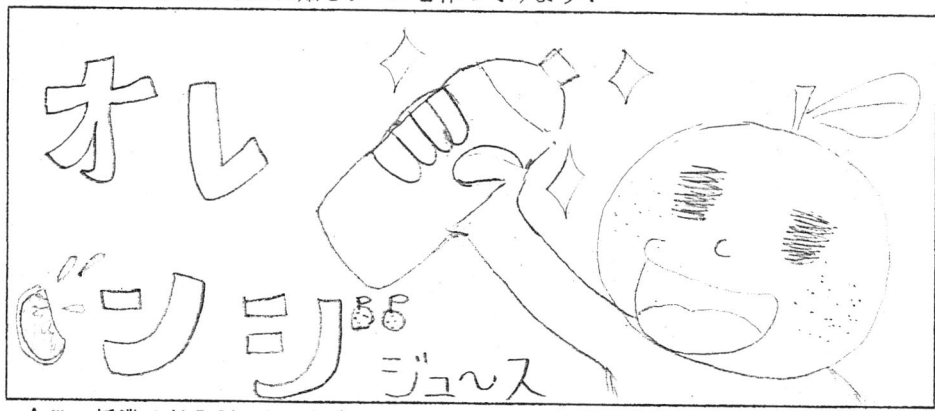

オレンジジュ〜ス

今日の授業はどうだった？数字に〇をつけよう。良くできた人は5に〇を！

添加物の役割、糖度、広告について理解できた	1 - 2 - 3 - ④ - 5
自分の生活に直結して考えることができた	1 - 2 - 3 - 4 - ⑤
実験に積極的に参加することができた	1 - 2 - 3 - 4 - ⑤
キャッチコピー・ラベル作りができた	1 - 2 - 3 - 4 - ⑤
添加物や清涼飲料水について考えることができた	1 - 2 - 3 - 4 - ⑤

感想 実際につくってみて、やっぱり100％ジュースの方が体にいいのかと思いました。

2年　組　番氏名

[住生活]

17 家族の住まい選びについて考える

1 はじめに

　住居分野では，住居の機能，家族の生活と住空間および住環境について理解させる。衣食住の中では授業時数が最も少ないので教材を精選し効率よく行うことが必要な分野である。作業学習も時数が限られるので余裕をもって時間を取ってあげられないのが残念である。家族の形態により間取りや必要な住環境が大きく変わるので，家族を基軸として考える家庭科の中では大切に扱いたい分野である。

2 本授業開発のねらい

　住居分野の学習では講義形式の授業の中に作業学習を取り入れて展開してきた。一人暮らしの物件広告図を作成する作業学習を取り入れると，授業後の感想は「もっとやりたい」「楽しかった」等肯定的なものがほとんどであった。一方，講義形式で行った住居の構造や種別についての授業では，明らかに作業学習より生徒の参加意欲が低く知識の定着にも疑問が残った。

　今回は，生徒がより積極的に授業に参加できるようジグソー学習を取り入れ，授業を展開した。このジグソー学習は協同学習と仲間による教え合い学習を骨子としている。まず興味あるテーマ（今回はこちらで5つ設定）に沿って8人グループにより，調べ学習もしくは話し合い学習をし，次にそのテーマ班を解体して5人グループを8班編成（学習したテーマが重ならないよう）にし，自分が学習してきた内容を他のメンバーに教えるという手法である。この学習方法により生徒の学習への参加意欲はもちろん，自分が教師となり他のメンバーに教えなければならない緊張感が真剣さを増幅させた。知識の定着についても自分が学習して人に伝えなければならないことで，自分が選択したテーマについては講義形式よりも成果が上がっている。

　新たに編成した班には発表という形で共同作業を与え，プレゼンテーション能力の育成を試みた。自ら学び，教え合うことで意欲を引き出し，知識の定着を図る試みである。

3 授業計画

解決すべき生活問題 （本題材のねらい）	快適な住空間・住環境を考える
個人・家族・地域社会 シチュエーション	若者の一人暮らし 夫婦のみ 夫婦と子ども 高齢者の一人暮らし
導入した参加型アクション志向学習法	ジグソー学習
授業の展開	1　住まいって何だろう 住居の機能と歴史を知る，気候風土と住まい方について知る。 【1時間】

授業の展開	2　身近な住まい テーマ学習に入る前に平面図を読めるよう表示記号について一斉学習をする。 【1時間】 3　家族の住まいを選ぼう これからの学習方法について知る。 テーマ選択と班決め。 ［テーマ1　どこに住む？］ 　家族の形態によって周辺環境に必要な店や施設を考える。 ［テーマ2　どんな家に住む？　住まい方編］（省略） 　集合住宅と一戸建ての利点と欠点を考える。家族の形態によって変化があるだろうか。 ［テーマ3　どんな家に住む？建物編］（省略） 　建物の種類と構造について学習する。結露やシックハウス症候群等健康を害する問題点についても学習する。 ［テーマ4　理想の間取りとは？］（省略） 　家族の形態によってどのような間取りが必要だろうか。LDKのタイプを考える。 ［テーマ5　いくらかかる？］ 　不動産屋で住居を借りるといくらかかるか計算してみる。 　一人暮らしと家族ではどのくらい違いがあるのか1ヶ月の家計例を学ぶ。 【1時間】 4　テーマに沿って班別調べ学習と協議〈ワークシート1「テーマ学習」〉（省略） 【1時間】 5　発表班に班を再編成し個人が調べたテーマを班内で発表，他の生徒に調べた内容を教える 【1時間】 6　5つのテーマの内容が理解できたところで，個人・家族シチュエーションを選択し，間取り，周辺環境等を具体的に話し合い，理想の住まい方とはどのようなものか協議しワークシートを完成させる 【1時間】 7　各班の家族シチュエーションごとに理想の住まい方がわかるように〈ワークシート2「個人・家族シチュエーション別理想のすまい」〉（省略）に基づき，模造紙で発表用図表を作成する 【2時間】 8　発表会 1班10分程度の発表をする。発表内容や態度について，聞いている生徒が評価表により発表班を評価する〈ワークシート3「評価表」〉（省略）。 【2時間】 9　まとめ 評価結果を公表し，学習全体を通しての反省・感想を話し合い，〈ワークシート3「評価表」〉（省略）に記入する。授業者が押さえておきたいポイントについては，復習プリントとして漏れの無いように講義する。 【1時間】 【総時間：11時間】
評価	● 住居の機能等，知識に関しては定期考査で評価をし，関心・意欲・態度，技術，思考に関しては発表会と作品で評価をする。 ● 関心・意欲・態度：発表会に向け努力している。他人の意見をよく聞き理解している。 ● 思考・判断：家族の形態に合った住まい方が考えられる。 ● 技術・表現：学習内容を人に伝えることができる。紙面がわかりやすくまとめられている。 ● 知識・理解：住居の機能等理解している。

【授業者：真田知恵子】

○参考文献・参考資料：
- 『高校生のための生活学』大修館書店
- 「週刊住宅情報」リクルート

4 授業の実践

(1) テーマごとの資料作成
テーマごとに資料を配布し、各班で調べ学習をさせた。

▲使用資料 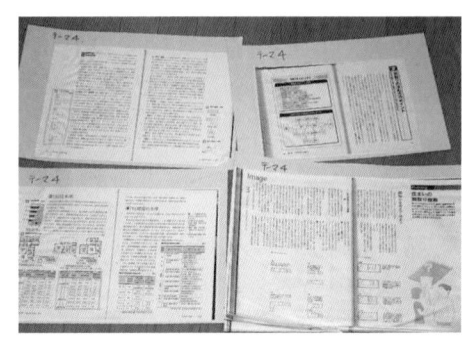　　　　　　　　　　　　　　　　▲テーマごとに資料を配付

(2) 個人・家族シチュエーションごとの理想の住宅広告作成
発表の評価は、発表内容、発表方法の工夫、発表者の態度、発表者の声、チームワーク、掲示物の6項目について3段階で行わせた。各項目2点で計12点とした。

▲新婚生活にぴったりな住居について熱弁をふるう 　　▲一人暮らしの住環境・間取りについて説明

◆「ジグソー学習」についての生徒の感想
- とにかく楽しかった。ジブンが教えるときは最初ドキドキしたけど、皆がちゃんと聞いてくれて嬉しかった。
- 座って勉強するよりよかった。放課後は残って嫌だったけど発表できてホッとした。
- 面白い方法だと思った。でも時間が少なかったのでテーマ全部をきちんと聞けなかった。もう少し時間があるといい。
- 手伝わない人がいて嫌だった。一人ひとりのレポートの方が頑張った人がわかる。

5 参加型アクション志向学習導入の効果
自分で調べなければ新しい班に行って自分が教えることができないので、テーマに取り組む姿勢は真剣であった。5テーマの中から自分がやりたいものを選択したので、嫌々作業している生徒は

見受けられなかった。机を合わせて作業するので，友だちと協力しながらテーマに取り組み，楽しい雰囲気の中で授業が行われた。受け身の授業から，自ら学ぶ授業への転換となった。班替えをすると自分の持って行ったプリントを写してもらうのに精一杯な様子もうかがえたが，新しい班での発表の話し合いが行われ，役割分担が決められていった。生徒にとっては初めての形式の授業なので，とまどいもあったようだが，新鮮に感じている生徒が多く，楽しみながら学習が進行した。

　自ら学ぶことはよかったが，時間的に余裕が無く知識が定着しきれたか疑問が残った。発表までもって行くのに半分以上の班が放課後模造紙作成に来た。発表も何を言うのかポイントを言っておかないと30秒くらいで終わらせてしまうので，発表原稿枠を配り記入させた。こちらが要求しているところまで調べ学習をさせるのであれば，限られた時間なのでそれなりの資料を用意しておかなければならない。インターネットなどが1人もしくは班で1台使用できるのであれば，より学習しやすい。模造紙に記入する際に，仕事がなく遊んでしまう生徒が出ないよう注意することも必要であった。

　評価を生徒にもさせたことで発表会を聞く態度が真剣になり，発表者も緊張感をもって発表することができ，話し手聞き手両者に効果があったと思われる。ただし，評価は公平にといっても無記名提出だったので，友人の好き嫌いによって点数の上下が出る傾向があった。客観的につけさせるためには評価用紙の項目の検討が必要であると考えられる。

　以上みてきたように，ジグソー学習は，座学よりやる気・意欲を引き出しやすく，楽しい雰囲気で作業できるので有効な学習方法と考えられる。生徒は，概ね今回の学習法をよしとしていたが，個人の評価や時間配分についてはこれから改善の余地が必要と考えられる。

6 授業実践の資料

〈ワークシート1「テーマ別 テーマ1 どこに住む？」〉（一部抜粋）

テーマ別学習
テーマ1　どこに住む？

独りで住む場所、新婚で住む場所、子どもを育てるのに住む場所、高齢者になってから住む場所……一体どんなところが住みやすいのだろう？暮らしに必要な施設、店、環境は何だろう？それぞれの家族シチュエーションで考えてみよう！まず自分の意見を書いてから班で話し合い班の意見を記入していこう。

その①　どんな施設（病院・警察・公園・保育所・学校・役所・図書館・神社・寺等）や店（飲食店・100円ショップ・好きなショップ・スーパー・デパート・コンビニ・ドラッグストア等）が必要だろう？

家族シチュエーション	あなたの考え	班の意見
一人暮らし（若者、単身赴任）	コンビニ、スーパー、飲食店、ドラッグストア、ショップ、ジム、図書館、警察	駅、スーパー、コンビニ、バス停、病院、コインランドリー、銭湯、飲食店、交番
新婚（若者2人）	飲食店、リラクゼーション、銭湯、コンビニ、スーパー、ドラッグストア	駅、スーパー、コンビニ、役所、病院、100円ショップ、（産婦人科）
子育て中・学校に通う子どもがいる家族	保育園、幼稚園、小学校、病院、スーパー、デパート、コンビニ、ドラッグストア、警察、公園	駅、スーパー、小学校、公園、コンビニ、デパート、役所、病院、ドラッグストア、図書館
高齢者のみの家族	病院、ドラッグストア、スーパー、リラクゼーション、施設、図書館、警察、公園	駅、スーパー、病院、老人ホーム、デパート、図書館、薬屋（美容室）
その他（自分たちで設定）2世帯住宅	リラクゼーション、病院、飲食店、公園	駅、スーパー、飲食店、病院、学校、商店街

（地図）

上の地図の特徴は何ですか？

2年　組　番氏名

〈ワークシート1「テーマ別　テーマ5　いくらかかる？」〉（一部抜粋）

テーマ別学習
テーマ5　　　　　　　　いくらかかる？

生活するのにいくらかかるのだろう？
消費支出
・食料費…肉・魚介類
・住居費…家賃
・光熱・水道費…ガス・電気・水道
・家具・家事用品費…いす・テーブル・テレビ・ベッド・冷蔵庫
・衣服および履きもの費…服・くつ
・保健医療費…
・交通・通信費…ケータイ代
・教育費…学費
・教養娯楽費…遊びのお金
・その他の消費支出…

資料を参考に住居費は全体の支出の何％か割合を見てみよう。

住居費 [55000] ÷全体の支出 [144000] ×100
（もしくは住宅ローンに払っている費用）
= [38％ (38.194444)]

賃貸で住居を借りてみよう。
不動産屋にいくら払う？次の言葉を説明しよう。

敷金…家賃の滞納や修復費用などなにか支障があった際にそれを補てんするために頂いておくお金。解約時までに問題がなければ返還される。家賃の2カ月分という場合が多い。

礼金…部屋を紹介してくれた大家さんにおれいとして慣習的に支払うお金。家賃の2カ月分という場合が多い。

保証金…大家にあずけて住居に不都合が生じた場合、その手あてにあてるお金。

仲介手数料…大家さんと自分の仲立ちをしてくれた手数料として、不動産会社に支払うお金。最大で家賃の1カ月分。

前家賃…契約日から、家賃の締め日までを日割りで計算したお金。最大で1カ月分。

保険料…契約時に保険に加入することが義務づけられた物件もある。目安は2万円くらい。

鍵の付け替え料…前住人が合鍵を持っていた場合など自分の意志で変えることができる。有料（約1万円）で替えられる。

[住生活]

18 安全な住まいについて考える

1 はじめに

　人生で最も高い買い物と言われる住居。安全な住まいで安心して暮らしたいとだれもが願っている。しかし、欠陥住宅や災害による家屋の倒壊など、痛ましいニュースをよく見聞きするのが現状である。安全な住まいの条件というのは建物の構造ばかりをいうのではない。もちろんこれは全員に共通する安全性といえるが、ライフコースを歩んでいくうちに、家族にはさまざまな問題が浮上する。家族全員が安心して暮らせる住まいとはどのようなものか考えさせたい。

2 本授業開発のねらい

　さまざまな災害や事故を経て、近年ではバリアフリー住宅や、耐震構造に代表されるさまざまな安全対策を施した住まいが登場している。また、シックハウス症候群が問題視されると、それに対応した住まい、その他にも防犯対策を施した住まいなどが登場している。これらのだれもが必要とする安全性をはじめ、乳幼児の立場、妊婦の立場、高齢者の立場、障害者の立場ならではの安全についても考えさせたい。

3 授業計画

解決すべき生活問題 （本題材のねらい）	家族だれもが暮らしやすい、安全で快適な空間について考える
個人・家族・地域社会 シチュエーション	夫、妻、子、夫または妻の父または母（車椅子を必要とする） （この家族の夫・妻が結婚してから亡くなるまでの期間すべてを対象とする）
導入した参加型アクション志向学習法	シミュレーション、実習（理想の住まい構想）、ワークショップ（住まいの安全リスト作成）

授業の展開	1　理想の住まい構想1（実習） 〈ワークシート1「理想の住まい構想・個人用」〉（省略）に、将来どんな家に住みたいか文章・イラストで自由に記入させる（この単元の授業終了後にまた同じテーマで記入させる）。 2　ライフステージごとに必要となる安全性 ある家族の一生を通して、一時期必要となる安全と一生必要な安全、それらの安全を必要とする対象者について班で話し合い、〈ワークシート2「ライフステージごとに必要となる安全性」（班用）〉に記入する。家族設定の説明を丁寧に行い、記入内容については具体例をいくつか提示する。ここで出てきた安全について各班に分担して調べさせ、プリント（B4・1枚程度）をつくらせることを伝えておく。次回までに資料を準備させておく。可能であれば、図書室で授業する。教員もある程度資料を準備する。 〈家族設定〉 　夫（29歳）・妻（27歳）の結婚をスタートとし、子どもが一人生まれ、結婚20年目に夫の母（車椅子の生活）を引き取り介護する家族とした。夫（79歳）、妻（87歳）が亡くなるまでの間のすべてを対象期間とする。年齢設定は、平均初婚年齢や平均寿命をある程度参考にした。　【1時間】 3　住まいの安全について詳しく調べる

授業の展開	班ごとに与えられたテーマについて資料を持参させ，〈ワークシート3「テーマ学習」〉にまとめさせる。プリントは生徒全員分，印刷・配付する（時間に余裕があれば発表させる）。 テーマは次のようなものとし，クジにより決定した。 〈テーマ〉 　自然災害（地震，台風），人的災害（防犯，火災），高齢者・障害者の安全（バリアフリー），妊婦・乳幼児の安全 　　　　　　　　　　　　　　　　　　　　　　　　　　　　　　　　　　　　　　【3時間】 4　安全チェックリストの作成（ワークショップ） これまでの班学習をもとに，ワークショップで，各班オリジナルの安全な住まいのチェックリストを〈ワークシート4「安全チェックリスト」〉（このチェックリストがすべてクリアできれば一生，だれにとっても安全な住まいとなる，という意識をもたせる）を作成させ，印刷してクラス全員に配付する。　　　　　　　　　　　　　　　　　　　　　　　　　　　　　　　　　【1時間】 5　理想の住まい構想2（実習） 〈ワークシート1「理想の住まい構想・個人用」〉（省略）に，将来どんな家に住みたいか文章・イラストで自由に記入させる。最初の授業で記入したものと変化があるかどうかに着目する。【1時間】 　　　　　　　　　　　　　　　　　　　　　　　　　　　　　　　　【総時間：6時間】
評価	・家族だれもが生涯にわたって，安心して暮らすために必要なことは何か理解できたか。

【授業者：踏江和子】

4　授業の実践

(1) 将来自分が住みたい理想の住まい（授業前・授業後）

　将来住みたい家を文字やイラストで自由に表現させ，いったん回収しておき，住居の授業がすべて終了した後，もう一度記入させた。

(2) ライフステージごとに必要となる安全性

　グループごとに話し合わせ，記入させた。1年次にバリアフリー住宅については学習していたので思いついたようであるが，その他についてはかなりの時間を必要としていた。

(3) テーマ学習（班学習）

　各グループにテーマを与え，それぞれプリントB4用紙1枚にまとめさせた。資料はこちらでもある程度は準備したが，基本的には生徒に集めさせた。他クラスのものも含め全員分印刷し，冊子として配布した。

(4) 安全チェックリスト（ワークショップ）

　学習したことをいかして安全チェックリストをワークシートB5用紙1枚に記入させた。学習ノートにもよく掲載されているため参考程度に見せた。ただし，すべてを網羅するようなタイプのリストまではできなかった。

5　参加型アクション志向学習導入の効果

　住居学習は，広告や雑誌，資料を用いても，実物を扱えないため非常に難しい。インテリアや設計などに興味がある生徒でも，安全性というテーマに関心をもたせるのは困難であった。この時期，地震などの自然災害が国内外問わず頻発したり，テレビドラマで取り扱ったりしていたため，マスメディアの情報も活かすことができたものの，今後教材の検討の必要があると痛感した。安全性をそれぞれグループで調べさせた場面では，熱心だったが，それを発表させたり，互いにコメントし合う時間をもっととればよかったと思う。

6 授業実践の資料

〈ワークシート2「ライフステージごとに必要となる安全性」〉

安全な住まい 2 —（　　　）（　　　）班　班員（　　　　　　　）

1. 次の家族の住まいに必要な安全とは何だろうか。それぞれのライフステージごとに起こりうる問題を考えてみよう。夫と妻は一生この家に住むこととする。
（表の年齢設定は、平均初婚年齢・平均寿命を参考にしたものである。）

		結婚	10年目	20年目	30年目	40年目	50年目	60年目
家族	夫	29	39	49	59	69	79死去	
	妻	27	37	47	57	67	77	87死去
	子	0誕生	8	18	28	結婚後独立して家を出る。以後、家族で子ども夫妻を訪ねる。		
	夫の母			73	83死去	車椅子の生活となり介護が必要。夫は他界しているため、この夫婦が引き取って介護。		

住まいに必要な安全

移動時の安全
○手すりをつける。
○床を滑りにくくする。
○イスに座って作業できるように、台所の作業台を低くする。
○コンセントに足をひっかけないようにする。
○階段を急にしない。
○高いところに置いてあるものをとりたいときは、安全なイスを利用する。

○手すりをつける。
○三路スイッチをつける。
○階段に滑り止めをつける。
○お風呂の床材は滑りにくいものにする。
○ベランダは手すりを高くする。
○ガスコンロをつけたままにしていても勝手に消えるようにする。
○シンクバス（保温）にならないように対策をとる。
○台所や洗面所の蛇口をシャワー水栓にする。
○センサーで電気がつくようにする。

一生誰にとっても必要な安全
○スロープをつける。
○段差をなくす。
○反射をつける。
○ぶつかっても肌にひっかからない壁にする。
○十分に明るさの取れない場所は照明をつける。
○使いやすいスイッチ。
○安全装置つきシャワー水栓。
○滑りにくい床。

祖母の安全
（車椅子の生活）
○ドアを引き戸にして広くする。
○玄関にスロープをつける。
○お風呂場に手すりをつける。
○廊下を広くする。
○食事をしやすくする。

高齢者にとって必要な安全
○部屋を全部明るくする。
○脱衣室と浴室の段差、開閉ドアの所を通りにくくする。
○水道のじゃぐちは使いやすいにする。
○浴槽の段差の取れていた場所の段差を通りにくくする。
○押しやすい大きなボタンのスイッチ。
○電気をセンサーでつくようにする。
○座って作業ができるようにする。
○テレビで電話する。
○モニター付きインターホン。

2. 班に与えられたテーマで住宅広告・住宅情報誌・インターネット・本・新聞などからプリントにまとめてみよう。（B4 1枚）
私たちの班が調べるテーマは バリアフリー① です。

3. 班オリジナルの住宅安全チェックリストを作ってみよう。（B5 1枚）

〈ワークシート3「テーマ学習」〉

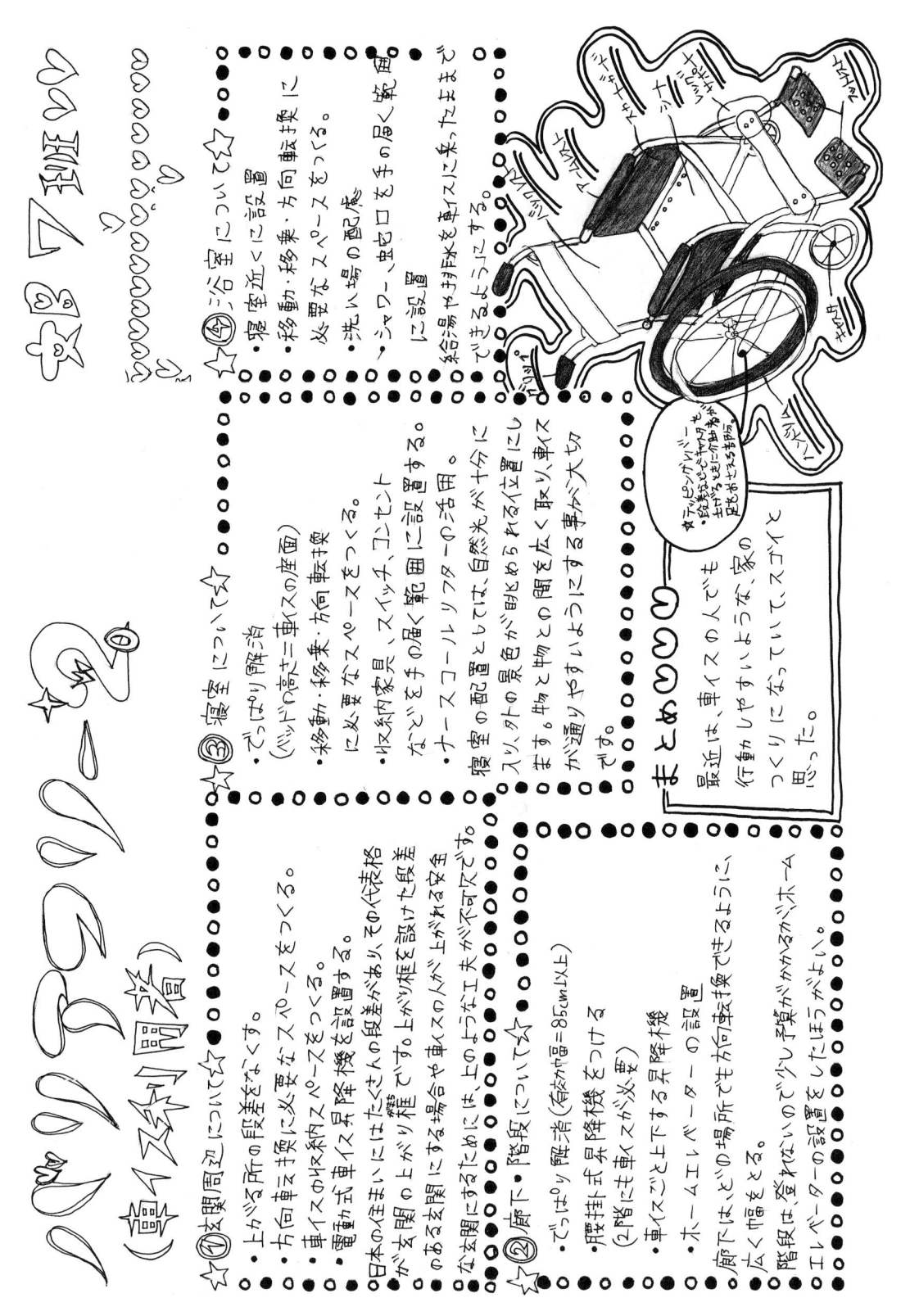

バリアフリー ②
（車イス利用者）

名前7班レイ

☆①玄関周辺について☆
- 上がる所の段差をなくす。
- 方向転換時に必要なスペースをつくる。
- 車イスの収納スペースをつくる。
- 電動式車イス昇降機を設置する。
- 日本の住まいにはたくさんの段差があり、その代表格が玄関の上がり框です。上がり框を設けて段差のある玄関にするよりも、車イスの人が上がり下がりする場合も安全な玄関にするためには、上のようなエ夫が不可欠です。

☆②廊下・階段について☆
- でっぱり解消
- 腰掛式昇降機をつける（2階にも車イスが必要）
- 車イスごと下ろす昇降機
- ホームエレベーターの設置
- 廊下では、どの場所でも方向転換ができるように広く幅をとる。
- 階段は、愛犬ないしは子孫が必要になるかもしれないホームエレベーターの設置をしたほうがよい。

☆③寝室について☆
- でっぱり解消（ベッドの高さ=車イスの座面）
- 移動・移乗・方向転換に必要なスペースをつくる。
- 収納家具、スイッチ、コンセントなどを手の届く範囲に設置する。
- ナースコールブザーの活用。
- 寝室の配置としては、自然光が十分にさしこみ、物との間を広く取りスリットの景色が眺められる位置にまず、物が通りやすいように車イスが通れるようにする事が大切です。

☆④浴室について☆
- 寝室近くに設置
- 移動・移乗・方向転換に必要なスペースをつくる。
- 洗い場の配慮
- シャワー、蛇口を手の届く範囲に設置
- 給湯や排水を車イスに乗ったままできるようにする。

まとめ

最近は、車イスの人でも行動しやすいようなつくりになっている家がふえてきているんだと思った。

※ステッピングバリー
 階段などでスロープを上ったりおりたりする時、一時的に段差をかえる事ができる器具。

〈ワークシート4「安全チェックリスト」〉

☆安全チェックリスト☆

災害

- [耐震] ・家具は固定してあるか
- [防火] ・消化器は使える状態で常備してあるか
- ・壁・天井・床・カーテンなどが燃えにくい材料か
- ・非常持ち出し袋は常備してあるか
- ・避難路は確認してあるか

　　防炎製品
　　製品の番号
　　（見本）日本防炎協会
　→ ✿防炎加工審査合格の保証マーク✿

家の中 🏠

- [階段] ・てすり、滑り止め、足元灯、上下で点滅できるスイッチがついてるか
- ・こうばいは急すぎないか
- [おふろ] ・床は滑りにくいものか
- ・脱衣所との段差、浴槽と洗場との段差は適切か
- ・手すりや椅子など体を支えるものがあるか
- ・換気の設備や操作は安全で適切か
- [トイレ] ・ドアの開閉方向は安全か
- ・体が支えられる手すりがついているか
- [防犯] ・カギは十分か
- ・窓ガラスはわれにくいか
- ・防犯カメラはついているか

チェック ✦✦
☐☐☐☐☐☐☐☐☐☐☐☐☐☐

《チェック》
　安全＝◎　まあ安全＝○　やや危ない＝△　危ない＝×

IV

消費・資源・環境領域
への参加型アクション志向学習の導入

[消費]	19. 商品を選ぶ
[資源・環境]	20. 持続可能な社会をめざして
[経済計画]	21. 自分らしい一人暮らしのバランスシート
	22. これからの生活プラン

[消費]

19 商品を選ぶ

1 はじめに

　消費者教育は家庭，学校，社会等あらゆる場面で行われなければならない。なぜなら，だれしも生きていくうえで，常に重要な意思決定を求められるからである。私たちは商品を選ぶという行動を通して，私たちのライフスタイルを考えることができる。また，環境や健康にいい商品とは何か，その商品を選ぶことがなぜ，どのように生活に結びつくのかなどの研究を進めることは意義深いものであると考える。

2 本授業開発のねらい

　筆者は，この意思決定場面を大切にするため，商業科目「商品」という授業の手法を参考にして，商品を比較考量し，決定し，その結果を発表するという学習の流れを構築した。筆者はこの学習形態を「商品研究発表」と呼んでいる。生徒同士が，課題を見つけ，研究し，発表するという学習方法は，実践的態度を養うために有効であると考えている。この学習形態での授業実践にあたっては，批判や評価を自己だけではなく，他者，特に専門家に評価してもらうことを重要視している。このような学びは私たちに具体的な暮らしのアイディアを提案してくれるものと考えている。

3 授業計画

解決すべき生活問題 （本題材のねらい）	商品の購入にあたって情報を収集し，適切な意思決定ができる能力を養う 商品を選ぶという行動を通して，ライフスタイルや環境にやさしい商品，生活とは何かを考え，意思決定し，提案できる力（情報を発信できる力）を養う
個人・家族・地域社会 シチュエーション	高校生
導入した参加型アクション志向学習法	アンケート調査（実態・意識），インタビュー，研究発表，シミュレーション，広告・カタログ分析
授業の展開	〈資料「商品研究発表をしよう」〉を配付する。 　1　調査分析 (1)各家庭で役に立たなかった持ち物を展示し，それぞれの理由（購入のマイナス面）を記入したカードを添付する。 (2)商品研究のねらいや手順を知り，グループを編成（3〜4人）して，疑似会社組織をつくり，リーダー役の社長を決める。授業時間内に目標通り作業が終わらなければ残業となることを確認しておく。 (3)研究する商品名（商品例：旅行，携帯電話，デジカメ，テレビ等）を決定し，商品選択の理由も明確にする。なるべく異なるメーカーの商品を取り扱わせる。 (4)研究方法を決定する。必修：アンケート調査〈ワークシート1「消費者調査」〉 〈オプション〉 　ア　インタビュー（家族，消費生活センターや販売店，メーカー，役所の人等） 　イ　実験（試買テスト） 　ウ　広告・カタログ・パンフレット，取扱説明書の比較研究

授業の展開

　　エ　雑誌(「月刊消費者」「たしかな目」等),文献研究
　　オ　製作
　　カ　インターネット・FAX・新聞の切り抜きの活用
　　ク　CM等のビデオ録画,写真撮影
　　ケ　施設見学
　・カタログ,実物などは,教員が予め用意するが,可能な限り生徒に収集させる。【1時間】
(5)アンケート(〈ワークシート1「消費者調査」〉)を実施し,まとめる。
　・アンケートとは「ある集団に対して同じ質問をする→調査票を用いる→データは基本的に統計数字として処理する」という流れをおさえる。
　・アンケート作成にあたっては,クラス全員からどんな情報を得るのかを協議し,調査票(選択肢で回答できる質問3〜5つ,自由記述1つ程度に限定)を作成する。
　・アンケート回収後,〈ワークシート2「アンケートのまとめ」〉に,グラフ化や表作成などによりまとめ,読みとれる内容をコメントする。【2時間】

2　価値判断─商品比較表の作成(2,3で2時間)
　・〈ワークシート3「商品比較表」〉を作成させる。比較項目としては,価格,メーカー,順位,重要度は必ず取り扱い,グループごとに性能,外観,品質,ブランド,広告,安全性,環境,キャッチフレーズ,アフターサービス等全部で8項目程度を挙げる。
　・一人一品(比較する商品は人数分必要)責任をもち,各自の調査結果を表に記入し,グループで一つの表にまとめる。

3　意思決定─まとめと課題
　・研究を通して,購入するのに適した商品,つまり,グループでの一押し商品について,理由を明確にして決定する。
　・情報収集や商品比較を通して,わかったことや課題をまとめる。
　・商品寿命をより長くし,より安全に留意することについても触れる。【2時間】

4　行動─発表資料の作成,発表方法の決定,発表原稿の作成
(1)発表資料を作成する。
　アンケート調査,商品比較表,課題をまとめる。
(2)発表方法を決定する。
　必修：発表資料(プリント1枚)
　どのように発表(プレゼンテーション)すれば,みんなが興味をもって聞いてくれるか,その方法を話し合う。プレゼンテーション能力を養うことも学習のねらいとしているのでオプションとして次のような発表方法を参考にさせる。
　・模造紙提示,寸劇(買い手と売り手の購入場面),紙芝居,新聞・雑誌等の切り抜き提示,実物提示,パンフレット・写真・ビデオ提示,示範実験,クイズ形式
(3)発表原稿を作成する。
　・発表の役割分担チャートを作成する。
　・原稿は「1分間に300字程度」で,一人400字程度とする。【4時間】

5　研究発表の評価
(1)研究成果を発表(プレゼンテーション)し,評価する。
　・マイクを使用すると,発表の雰囲気がよりつくられる。
　・研究発表の評価の観点として,「消費者調査はわかりやすかったか」,「自分たちの考えは明確であったか」,「資料はわかりやすかったか」,「発表の仕方に工夫が見られたか」,「発表態度・挨拶・声の大きさはよかったか」の5点を挙げ,「一行コメント」を記入させる。
　・ゲストティーチャーとして,消費生活アドバイザー等専門家による講評。
(2)研究の成果として獲得した知識と技術を提供する場(学校,保護者,地域,企業)を設け,講評してもらうとよい。
(3)発表後,各グループに生徒の「一行コメント」のコピーを配付し振り返らせる。
(4)発表後,ゲストティーチャーに礼状(生徒感想)を出す。【2時間】

【総時間：11時間】

評価	・商品に関する消費者実態・意識調査を行うことができたか。 ・商品を比較する要素を作成し，比較すること(メリット・デメリット)ができたか。 ・わかりやすく資料を作成することができたか。 ・わかりやすく発表することができたか。

【授業者：久保田まゆみ】

○参考資料
- 日経産業消費研究所編『消費者ニーズってなあに？』日本経済新聞社，1994
- 入江一恵他『男女共学のための家庭科展開集』一橋出版，1997

4　授業の実践

(1)調査分析

　各班で，研究する商品について，消費者の実態や意識についてのアンケートを作成させた(〈ワークシート1「消費者調査」〉)。アンケートをされることはあっても，アンケートを作成する経験はなかったため，苦労しながらも，意欲的に取り組んでいた。アンケートのまとめ方については，棒グラフ(複数回答の場合)，折れ線グラフ(時系列変化を示す場合)，帯グラフ(属性間の比率を比較する場合)，円グラフ(全体での比率を見る場合)などのグラフの書き方を指示した。アンケートをまとめ，〈ワークシート2「アンケートのまとめ」〉に記入させ，発表資料とさせた。

(2)価値判断

　研究する商品について，各班ごとに，〈ワークシート3「商品比較表」〉に記入させた。

(3)意思決定

　〈ワークシート3「商品比較表」〉を見て「一押し商品」を選び，選んだ理由を書かせた。

(4)研究発表

　研究発表の方法の留意点について，次のように指示し，決定させた。

- 模造紙提示：マジック等を使い，カラーでわかりやすく作成できる。資料を示すことにより，聞く人の理解を助ける。発表後も，教室の壁面に提示することにより，互いに啓発しあい，自由に見直すことができるので記憶の中にしっかりと残せる。
- 寸劇(買い手と売り手の購入場面)：演じることによって，商品知識だけではなく，生徒の生活観や内面を表現することもできる。たとえば，「客」と「販売員」になり，客がある店で商品を購入する場面を設定し，販売員に商品の説明を聞く場面等が考えられる。店員はエプロンを着用するとよい。
- 紙芝居：絵とストーリー性により，聞く人の理解を助け，興味を引きつける効果がある。8場面が適当である。紙芝居用舞台を利用させた。
- 新聞・雑誌等の切り抜き提示：最新の情報がだれでも簡単に入手しやすい情報であり，その種類も多い。各自がテーマに関する記事を探し，同じ記事についての各紙比較を行ってもよい。
- 実物提示：直接見たり触ったりできると，興味を引きつける。どんな商品を比較したか，説明時に活用するとわかりやすい。「旅行」や「テレビ」など実物では提示できない商品については，パンフレットやカタログなどを提示装置を活用して，モニターに示させた。
- パンフレット，写真，ビデオ提示：実物は提示できない商品やCMビデオ等視覚に訴えると分かり易い。
- 示範実験：変化が目の前で起こるような実験は効果的である。だれでも手軽にできる簡易テストであることが大切である。
- クイズ形式：発表者がクイズを出題し，聞く人が答える。○×クイズ，選択クイズは楽しみながら聞くことができるので，学習意欲がわきやすい。

　発表の順序は，①プリント配付・あいさつ→②アンケート調査結果の説明→③商品比較表の説明→④(オプション・実物提示等)→⑤まとめと課題で行うことを指示し，自分の担当箇所について発

表原稿を書くことを指示した。
(5)研究発表の評価
評価項目として，
①商品に関する実態・意識調査を行うことができたか
②商品を比較する要素を作成し，比較することができたか
③わかりやすい資料を作成することができたか
④消費者として，商品に関する提案を行うことができたか

を挙げ，4段階で，自己評価，相互評価を行い，ゲストティーチャーに講評してもらった。

◆授業後の生徒の感想（抜粋）
- 自分たちが調べて発表するのは，何となくやっていて，良いと思ったことを調べているので，あまりスゴイとは思わなかったけど，消費生活アドバイザーの方の話を聞いていると，自分たちで調べたものは大切なことだったとつくづく思った。
- 直接消費生活センターの人の話を聞くことができ，資料を見るよりもわかりやすかった。自分たちの発表に対して，アドバイスや意見をもらえてよかった。また，いろいろな研究発表を聞いてみんなそれぞれいろいろな考えをもっていてよかった。
- グリーン購入法の話を聞いて，これからは地球に優しい物を買おうと改めて思った。
- 携帯電話のワン切りの話はテレビとかで見たことがあったが，今までは適当に流していた。しかし，今日の話を聞いて，情報を知らないということは恐ろしいことだと思った。
- 私たちが調べた中にあったエコマークの他にも環境ラベルがいっぱいあるということを知った。私もこれからは環境のことを考えて商品を選ぼうと思った。消費生活アドバイザーの方はいろんなことを知っておられて私も困ったことは相談しようと思った。
- 消費のために法律がどんどん変わっていっているということを初めて知った。商品は本当にたくさんの種類があり，私も一つ一つ理解して大人になって困らないようにしたい。発表するのが楽しかったです。
- 研究発表を通して，消費者は消費だけではなく，購入後のことも考えなければならないということを徐々に実感するようになった。
- 今回調べたことはいろいろと役に立ったことが分かった。後4，5年のうちに自分で責任を取らなければならないと言われると，ちょっと自信がない。
- 消費者のためにどんどん法律が変わっていくことはよいと思うが，この研究を通して，法律に甘えず自分たちの力で守っていかなければならないと強く思うようになった。

5　参加型アクション志向学習導入の効果

生徒の感想に見られるように，商品選択にあたっての留意点が自覚できたようである。発表もとても楽しく行っており，効果的であった。ゲストティーチャーによる講評も効果的であった。

なお，本研究は「金融広報中央委員会(日本銀行情報サービス局内)『金融教育ガイドブック』2005」に発表したものを一部修正したものである。

6 授業実践の資料

〈資料「商品研究発表をしよう」〉

5　商品研究発表をしよう

　私たちは商品を選ぶという行動を通して、私たちのライフスタイルを考えることができる。環境や健康にいい商品とは何か、その商品を選ぶことがなぜ、どのように生活に結びつくのかなどの研究を進めてみよう。これは、私たちの具体的な暮らしのアイディアを提案してくれるだろう。

> ① グループを編成しよう
> 　自分なりの商品やテーマが決まったら、同じような商品やテーマを選んだ人とグループを作る。人数は3人から5人がベスト。人数が多いと一人ひとりの役割が曖昧になるし、少ないと一人の負担が大きくなる。

> ② 商品名（テーマ）を決定しよう
> 　同じような商品やテーマを考えていても、一人ひとりの問題意識は微妙に異なる。グループ会議では、商品を何にするか、どういうことを調べるのか、しっかり話し合うことが大切。選んだ理由も明確にしておこう。

> ③ 研究方法を決定しよう
> 　どうやって調べればわかるのか話し合う。
> ・クラスの人にアンケート調査（全員必修課題）
> ・家族、消費生活センターや販売店、メーカー、役所の人などにアンケート調査、インタビュー調査
> ・実験（試買テスト）
> ・広告・カタログ・パンフレット、取扱説明書、新聞切り抜き等の研究、
> ・雑誌（月刊消費者等）・文献の研究
> ・製作
> ・インターネット・ファックス情報
> ・CMなどのビデオ撮影・写真撮影
> ・見学　等

> ④ 消費者調査項目（クラス全員対象）を決定し、調査し、まとめよう
> 　商品研究には消費者の意識や行動を知ることが重要。クラスの人に「どんな情報を得るのか」決定し、調査票を作成し、まとめよう。

> ⑤ 実践・・・商品比較表を作ろう
> 　自分たちの決定した研究方法で実際に商品を比較してみよう。

> ⑥ まとめ
> 　研究を通して、分かったことや課題をまとめよう

> ⑦ 発表資料を作成しよう
> 　わかりやすい発表のために、資料は必要。プリントは全グループ必修の課題とする。まんがやイラスト、図表を上手に使って作成しよう。

> ⑧ 発表方法を決定しよう
> 　どうやって発表（プレゼンテーション）すれば、みんなが興味をもって聞いてくれるかその方法を話し合う。
> ・プリント作成（必修課題）　・模造紙提示
> ・寸劇　　　　　　　　　　・紙芝居
> ・新聞製作　　　　　　　　・実物提示
> ・写真やビデオ提示　　　　・示範実験等
> ・クイズ形式　等

> ⑨ 発表原稿を作成しよう
> 　わかりやすい発表の速さは「1分間に300字程度」。発表原稿（読み原稿）を作成し、リハーサルをしてみよう。

> ⑩ 商品研究発表（プレゼンテーション）と評価をしよう
> 　いよいよクラスのみんなの前で発表。他グループの発表はもちろん、自分たちのグループ発表も評価しよう。

研究商品の希望調査

1年（　）組（　）番名前（　　　）

次のア〜コの中から、あなたの希望する商品の記号に、3つ以上○をつけなさい。また、その他特に希望があれば記入しなさい。但し、食料品、化粧品は除きます。

ア、トイレットペーパー　イ、歯磨き　　　　　ウ、食器用洗剤
エ、洗濯用洗剤　　　　オ、レンズ付きフィルム　カ、紙おむつ　キ、シェーバー
ク、携帯電話、PHS　　ケ、シャープペンシル　コ、ボールペン
サ、その他（　　　　　　　　）

〈ワークシート1「消費者調査」〉

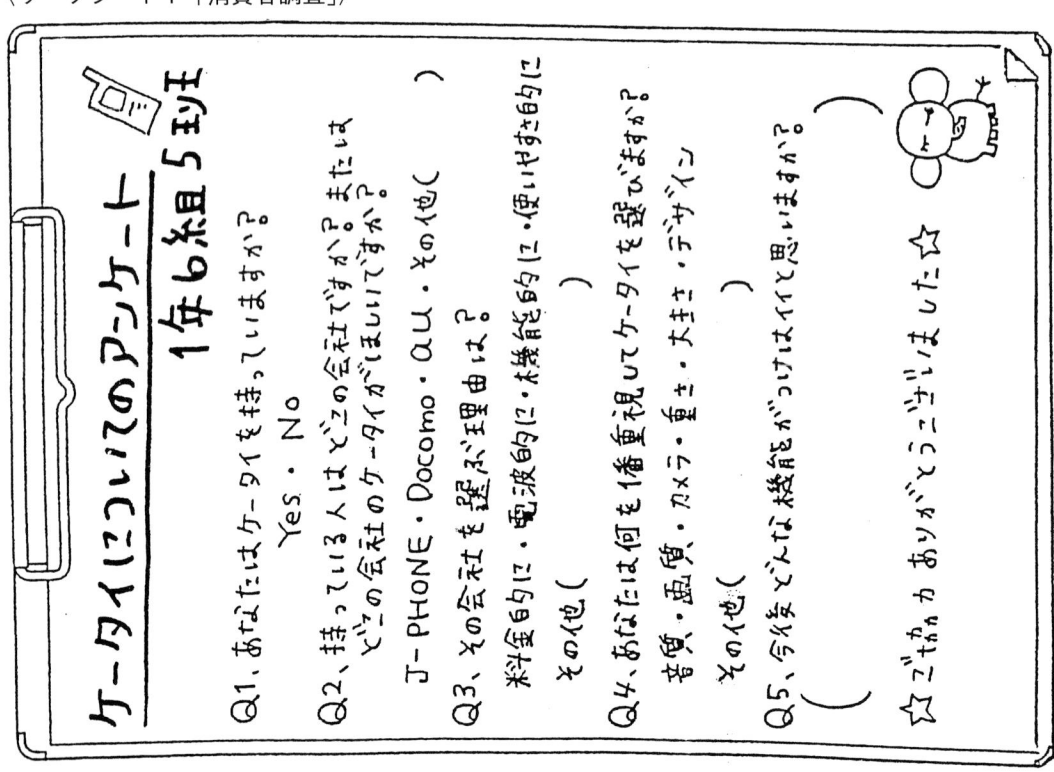

ケータイについてのアンケート
1年6組5班

Q1. あなたはケータイを持っていますか？
　　Yes・No

Q2. 持っている人はどこの会社ですか？または、どこの会社のケータイがほしいですか？
　　J-PHONE・Docomo・au・その他（　　）

Q3. その会社を選ぶ理由は？
　　料金的に・電波的に・機能的に・使い勝手的に・その他（　　）

Q4. あなたは何を一番重視してケータイを選びますか？
　　音質・画質・カメラ・重さ・大きさ・デザイン・その他（　　）

Q5. 今後どんな機能がつけばいいと思いますか？
　　（　　　）

☆ごきょうりょくありがとうございました☆

〈ワークシート2「アンケートのまとめ」〉　〈ワークシート3「商品比較表」〉

商品名	N211i	A5301T	J-SH08	J-SA51
メーカー	NEC (DoCoMo)	TOSHIBA (au)	SHARP (J-PHONE)	SANYO (J-PHONE)
担当者	★	★	★	★
調査項目 価格	¥	¥	¥	¥
重さ	99g	119g	102g	99g
表示色	4,096色	260,000色	65,536色	260,000色
和音	16和音	40和音	40和音	40和音
カメラ	なし	ムービー	あり	ムービー
サブディスプレイ	12色	256色	256色	65,536色
連続通話時間	135分	160分	(30分)	110分
デザイン	・シルバースノー ・スイートローズ ・ディープマリン	・スノーシルバー ・ラベンダーピーチ ・ブリリアントネイビー	・ホットシルバー ・ソリッドピンク ・アイシーブルー	・クリスタルシルバー ・バイオレットネイビー
本体の色	軽い、サブディスプレイのサイズが小さい、和音も少ない	ムービーカメラでついている、重い、サブディスプレイが大きく気に入った	カメラはついているが、ムービーではない、重い、値段も高い	ムービーカメラがついていて、サブディスプレイも大きいが、値段が高い
コメント				

【まとめ】
N211iはサブディスプレイの色や、かざりの色のバリエが使われている。J-SH51は、メリットはないのに比べてJ-SH51けど、やっぱりカメラがついて本体が（音）高い！！！

氏名 ＿＿＿＿＿　年＿組＿刊＿

商品名 ＿＿＿＿＿
携帯電話

美鈴が立高校1年生40人に聞きました♪

問1 あなたは携帯を持っていますか？ YES 36人 / NO 4人

問2 持っている人はどこの会社ですか？又はどこの会社のケータイがほしいですか？
J-PHONE 24人 / DOCOMO 11人 / au 3人 / 無他

（円グラフ：J-PHONE女12人、DOCOMO女7人、au女2人）
（円グラフ：J-PHONE男12人、DOCOMO男4人、無）

問3 その会社を選ぶ理由は？
料金的／電波的／機能的／使いやすさ／その他／無解答
（棒グラフ：男女別）

問4 あなたは何を1番重視してケータイを選びますか？
デザイン／画質／重さ／音質／機能／無
男 7 1 5 2 12 0 / 女 15 2 1 1 6 0

問5 今後どんな機能がついたケータイが良いと思いますか？
☆テレビ　☆キレイな音質　☆世界共通　☆キレイな画質
☆ラジオ　☆テレビビデオ　☆プリクラ　☆ウォークマン

149

[資源・環境]

20 持続可能な社会をめざして―ECO ACTION―

1 はじめに

　環境の視点が高校家庭科に「消費生活と環境」として位置づけられるようになったのは，2003年度からの新カリキュラムからである。今や環境問題は，地球と人類の存続を左右するほどの問題となっている。日々の生活に大量の資源・エネルギーを使っている私たちは，環境問題の被害者であると同時に加害者でもある。これは私たちの生活に深くかかわっており，生き方（ライフスタイル）の変革が迫られている。どんなライフスタイルを選びどんな消費行動をとるのか，消費者も環境に責任をもたなくてはならない。持続可能な未来社会を築いていけるかどうかは，私たちのECO ACTIONにかかっていることを理解し，行動に結びつけることが必要である。ここに家庭科で環境を扱う意義があると考える。

2 本授業開発のねらい

　消費者として環境に責任をもつために，環境の知識が単なる知識にとどまることがないように，生活の中の買い物行動（グリーンコンシューマー）や生活スタイル（省エネ行動）などの具体例をもとに，生徒が行動に結びつけることができるような「地球レベルで考え，足元から行動する環境教育」教材を開発した。

3 授業計画

解決すべき生活問題 （本題材のねらい）	持続可能な社会構築にむけて ●環境に対して消費者も責任をもつ ●限りある資源・エネルギーからライフスタイルを見直す
個人・家族・地域社会 シチュエーション	高校生
導入した参加型アクション志向学習法	商品調査　グループディスカッション，発表，グリーンコンシューマー活動，省エネ生活シミュレーション
授業の展開	1　持続可能な社会をめざして（知識編） (1)ビデオ「未来への航海―レスター・ブラウンの環境教室」（NHK）視聴 　①ニュースが教科書だ　②地球の限界を学べ (2)持続可能な社会をめざして―大量消費社会から循環型社会へ― 　導入として，地球環境の現状と持続可能な社会実現に向けてライフスタイルの見直しの視点を学ぶ。なぜライフスタイルを見直すのかという動機づけの知識を明確にする。また，「地球温暖化」「循環型社会」「3Rの視点」「グリーンコンシューマー」とはどういうものかをしっかりおさえておく。 【3時間】 2　ECO ACTION―グリーンコンシューマーになろう！（実践編） (1)環境に配慮した商品を探そう 　環境配慮商品と思うものをさがしてくる。〈ワークシート1「環境に配慮した商品を探してこよ

授業の展開	う」〉（省略） 【宿題】 (2)グリーンコンシューマーをめざして商品の比較 　グループを8つに分け，3R，LCA，安全性の視点で商品(紙製品，飲料容器，文具，ラップ等)を比べるグループ作業。〈ワークシート2「グリーンコンシューマーを目指せ！」〉に記入，発表者を決める。 【1時間】 (3)グループごとに商品選択の発表，質問，教員の補足説明 【2時間】 (4)グリーンコンシューマーになる 　実際に冬休み期間中，グリーンコンシューマーとして行動し，何をしたのかまとめ，〈ワークシート3「グリーンコンシューマーになる」〉（省略）を提出する。 【宿題】 3　ECO ACTION－CO_2ダイエット作戦（実践編） 具体的なCO_2排出量，消費電気量，価格などから自分が何をすべきか，何ができるかを学ぶ。 (1)ACTION1：〈ワークシート4「賢い機器選び・省エネ型の冷蔵庫を選ぶ」〉について，シミュレーション作業し，選択理由の発表をする。 【1時間】 (2)ACTION2：〈ワークシート5「日常生活の省エネ行動」〉を用いて，今すぐCO_2を1割減らすための具体的行動と具体的数値でのシミュレーション作業をし，感想をつけて提出する。 【2時間】 4　地球温暖化防止に向けて－企業・行政への提言（まとめ） 【1時間】 【総時間：10時間＋宿題】
評価	・環境に責任をもつという視点で商品選択ができるようになったか。 ・具体的なCO_2排出量，消費電気量，価格などかから持続可能な社会実現に向けて自分が何をすべきか，何ができるかがわかったか。

【授業者：小谷教子】

○参考文献
- 日本消費生活アドバイザー・コンサルタント協会編著『エコアクションが地球を救う！データに学ぶエコ生活のすすめ』丸善，2005

4　授業の実践

(1)環境に配慮した商品を探してこよう

　関心をもたせるため，〈ワークシート1「環境に配慮した商品を探してこよう」〉（省略）を用いて，環境に配慮していると思うものを身近なところから探させる。時間があればどんなものを選んできたか，発表させる。生徒が探してきたものが必ずしも環境に配慮しているものとはかぎらない。発表・ワークシートを通して生徒にどの程度の知識や関心があるのか，現状を知ることができるので，次の商品比較の学習のポイントや補足の参考になる。

(2)グリーンコンシューマーをめざして商品の比較

　〈ワークシート2「グリーンコンシューマーを目指せ！」〉を用いて，各班8種類の商品から1種類選び，それぞれ2，3点ずつある中からグリーンコンシューマーの視点で選ぶとしたらどの商品がよいかグループで検討させる。比較をするための基礎資料（マークなど環境情報の見方やデータ）は配付しておく。発表に向けて次回までに図書館やインターネットで資料を探す。他の班の商品に

については発表を聞きながらまとめる。

(3)グリーンコンシューマーになる

授業で学習したことを踏まえて，〈ワークシート３「グリーンコンシューマーになる」〉（省略）を用いて，「グリーンコンシューマーとして行動してみよう」という課外学習（冬休みの課題）をさせた。知識と行動を結びつける課題となっている。

(4)CO_2ダイエット作戦－賢い機器選び・省エネ型の冷蔵庫を選ぼう

CO_2削減のために，長く使う冷蔵庫やエアコンなどの耐久消費財を購入するときにどんな商品選びをしたらよいか，消費者としてどうかかわることができるかを考える教材である。〈ワークシート４「賢い機器選び・省エネ型の冷蔵庫を選ぶ」〉を用いて，省エネ性マーク，ノンフロン，購入価格などから10年間の電力消費量やトータルで見たときの費用を計算して，４つの冷蔵庫の中からどれを選ぶか決定させた。

(5)CO_2ダイエット作戦－日常生活の省エネ行動

CO_2削減10％を目標にして，〈ワークシート５「日常生活の省エネ行動」〉を用いて，高校生太郎君の１日の生活を例にとって，生活のどの部分をどのように変えたらCO_2をどのくらい削減できるか具体的な数値でシミュレーションした。なお，CO_2量データは，副教材または参考文献の数値を利用した。

(6)持続可能な社会実現に向けて企業・行政への提言

一連の授業を通して，お店や企業，行政に対して気がついたことをまとめさせた。

《生徒の気づき》
◆環境情報について
- 「なぜ商品が環境にやさしいか」わかりやすく具体的に大きな文字で表示を
- 環境マークは，より大きく，色分け・色鮮やかに
- 素材と環境との関連をわかりやすく
- 企業のHPのメッセージを商品で具体的に

◆商品陳列やお店について
- 各商品コーナーに代表的な環境マークを掲載
- 各店ごとに「地球に優しい商品コーナー」の設置
- 実際に洗濯機を買いに行ったが環境情報が少なすぎたので，環境アドバイザーを配置したら

◆環境教育・啓発について
- 初めて自分にできる具体的なことを学んだ。社会全体で環境や省エネを学ぶ機会を設定
- TVのCMや新聞広告に環境表示の義務化
- 各家庭で省エネ目標を達成したら料金の一部が戻るしくみを

5　参加型アクション志向学習導入の効果

ここでは，商品を見る，計算をする，ディスカッションする，シミュレーションをする，グループ作業するなど複数の参加型アクション志向学習を畳み掛けるように取り入れている。まず，具体的な商品を題材にしたことで，たとえば今まで何気なく見ていたノートにも古紙配合率や白色度といった環境情報が載っていることに気がつき，課外学習でグリーンコンシューマーとして行動する際の目が開かれた。また，省エネ型の冷蔵庫を選ぶために，購入価格，消費電力量，CO_2排出量から10年後の総費用を算出するという作業を通して，省エネ基準達成率が高い冷蔵庫が，環境にも価格にもよいことに生徒は実感し，購買行動に結びつけることができた。一方，日常生活の省エネ行

動では，1つ1つの行動をチェックし，CO_2削減量を計算し数値化することで，影響力や効果を明確に知ることができ，実践への意識を高めることがよくわかった。

そして何よりもこの授業を通じ，生徒たちが個人レベルから社会への関わりで物事を考えるようになったことは大きな成果だ。前述のような生活者の視点での企業への要望，インセンティブを高めるようなアイデア，個人・企業・行政がコラボレートする企画などあふれるような提言やアイデアが出てきた。

なお，本題材は，筆者が執筆にかかわったテキスト「ECOアクションPART2　CO_2ダイエット作戦」（NACS，2003年）を副教材にし，日大習志野高校講師清水真由美先生と筆者とが共同で開発したものである。本題材の授業実践は「環境シンポジウム2005千葉会議－地球温暖化防止分科会」（2005.9.10）において発表済みである。

6　授業実践の資料

〈ワークシート2「グリーンコンシューマーを目指せ！」〉

グリーンコンシューマーを目指せ！　～ ECO ACTION ～

商品を比べてみよう。
チェックポイント　①資源やエネルギーを節約できているか。　②ゴミの減量ができているか。　③再生品であるか。　④人の健康を害さないか。　⑤環境に悪影響を及ぼさないか。　⑥環境マーク，環境に関する情報があるかどうか。　等

		3R，LCAの視点で環境に配慮している点，改良点など	補足
1	トイレットペーパー		
2	ラップ		
3	マーカーペン		
4	ノート		
5	飲料容器		
6	コーヒーフィルター		
7	紅茶		
8	消しゴム		

〈ワークシート４「賢い機器選び・省エネ型の冷蔵庫を選ぶ」〉

ECO ACTION　CO2ダイエット作戦

―賢い機器選び・省エネ型の冷蔵庫を選ぼう！―

1. 容量４００ℓ前後（最も普及しているタイプ）の冷凍冷蔵庫について調べてみましょう
    記入方法　Ⅰ：資料から年間消費量を調べて記す
    　　　　　Ⅱ：年間ＣＯ２排出量＝年間消費電力量（Ⅰ）×0.36
    　　　　　Ⅲ：１年間の電気代＝年間消費電力量（Ⅰ）×22円
    　　　　　Ⅳ：10年間の電気代＝年間電気代（Ⅲ）×10年

	商品 メーカー名 機種	Ⅰ 年間消費 電力 kWh	Ⅱ 年間CO$_2$ 排出量 (kg)	Ⅲ 年間電気代 (円)	Ⅳ 10年間の 電気代(円)	Ⅴ 購入価格 (円)	Ⅳ＋Ⅴ 合計金額 (円)	省エネ基準 達成率（％）
A	SHARPノンフロン 庫内＆キッチン除菌イオン SJ-PV40H-Y	190	68.4	4,180	41,800	109,800	151,600	211
B	SANYOノンフロン 自動製氷はずして洗おう SR-H401G	240	86.4	5,280	52,800	99,800	152,600	174
C	三菱ノンフロン MR-K40NE	290	104.4	6,380	63,800	99,000	162,800	142
D	LG トップフリーザー LG-B420A-W	540	194.4	11,880	118,800	49,800	168,600	105

購入価格：オープン価格のため、家電製品店での調査価格（2004.10.31調べ）

2. 上記の結果をグラフにしてみよう！さて、あなたはどの冷蔵庫を選びますか？その理由は？

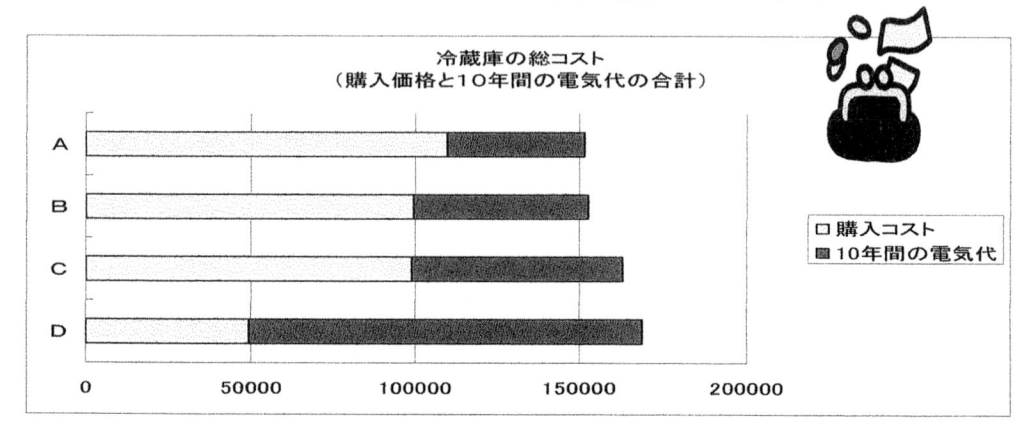

冷蔵庫の総コスト
（購入価格と１０年間の電気代の合計）

□購入コスト
■１０年間の電気代

〈ワークシート5「日常生活の省エネ行動」〉

ACTION　　日常生活の省エネ行動

太郎君のある1日の流れです。「電気製品は全く使わない！」などと思わなくても、ちょっとした気配りでCO_2がかなり減らせます！どこの部分をそのように変えると省エネできるか、例にならって書き込んでいきましょう。年間を通じどのくらいCO_2が削減でき、温暖化防止に役立つか、計算してみましょう。

例

行動内容	省エネ対策	1年間のCO_2削減量
▶冷房（エアコン）温度を27℃に設定	▶28℃に設定	約31.6kg

時刻	行動内容	省エネ対策	1年間のCO_2削減量
6:00	起床 ▶オーディオコンポのタイマーセットにより、音楽が流れて目覚まし代わり ▶身支度（水を流しっぱなしにしながら洗顔・歯磨き・朝シャン） 朝食 ▶携帯電話を充電器から取る。	→寝ている間、プラグを抜く。 →水を止めて洗顔・歯磨き・朝シャン →コンセントを抜く。	約19.7kg 約5.5kg 約56.1kg 約1.5kg
7:30	登校 ▶テレビをリモコンで消す。 ▶自家用自動車で駅まで（2km）送って貰う（往復し、年間300日利用で計算）	→主電源でテレビを消す。 →公共機関を利用する。（往復）	約7.6kg 約206.4kg
8:30	授業開始		
15:15	授業終了		
17:00	クラブ活動終了 ▶スタンドの照明が切れてしまったので、白熱電球（54W）を買う ▶コンビニでスポーツドリンクを買う　店員さんが袋に入れてくれる。	→蛍光ランプ（15W）を買う。 →袋を使用しない。	約28.1kg 約68kg
18:00	帰宅 ▶部屋に冷房（エアコン）をつける　設定温度を20℃にする。	→設定温度を28℃にする。	約252.8kg
19:00	夕食 ▶レンタルビデオを見る。リモコンでオフ。 ▶お風呂の準備ができ、母が入浴	→主電源でテレビを消す。 →続けて入るようにする。	約7.6kg 約29.4kg
20:00	▶テレビをつけながら2時間勉強 ▶お風呂に入る	→テレビを消して勉強。	約45.8kg
24:00	▶トイレの白熱電球（54W）を消し忘れて寝た。朝の6時に気づき、消す。	→蛍光ランプ（15W）を買う。 →寝る時は消す。	約28.1kg 約12.0kg
CO_2合計削減量（1年間）	約 756.6 kg	省エネ効果は、あなたはクラスで何位？	

●私たちは1人当たり年間約（ 2200 ）kg、CO_2を排出しています。（No.8裏参照）今すぐ1割（約 220 kg）減らしましょう。達成できましたか？　(YES)・NO（○で囲む）

感想・気づいたこと

1年間でこんなにもCO_2の排出を減らす事ができるなんてとても驚きました。皆が心がけて少しでも努力する事で環境にとても優しくなると思います。自分がどんなに省エネしていないかよくわかりました。これからは常に省エネを目指して生活していきたいです

年　　組　　番　氏名

[経済計画]

21 自分らしい一人暮らしのバランスシート

1 はじめに

　現在の消費社会において金銭管理能力を養うことは，非常に重要である。家計管理において収入に応じた予算生活をすることが不可欠であるが，家計の収支の分類も机上の理論ではなかなか理解しにくく，また，自分の家庭を取り上げることは現実問題として不可能である。そこで，一人暮らしの家計管理を疑似体験することにより，家計管理の実態と重要性を認識できると考えた。

2 本授業開発のねらい

　家計管理をする方法として家計簿を手計算ですることもあるが，時間がかかり生徒の興味を維持するのは困難である。また，家族を想定した家計管理は複雑で実感がわきにくい。そこで，近い将来で最も実感しやすい新入社員の一人暮らしの家計管理を取り上げ，生徒の興味・関心を高めるためにコンピュータ・シミュレーションにすることとした。また，消費生活分野で大きく取り上げられている意思決定を理解するために，車の購入については意思決定表を用いて比較検討して選択する。さらにオートローン返済についても取り上げて，家計管理の必要性を認識し実践的態度を身につけさせたい。

3 授業計画

解決すべき生活問題 （本題材のねらい）	収入に応じた家計管理ができる 消費生活における意思決定とローン返済を理解する
個人・家族・地域社会 シチュエーション	若者の一人暮らし（新入社員を想定）
導入した参加型アクション志向学習法	コンピュータ・シミュレーション
授業の展開	1　給与明細書の見方と可処分所得の計算をしよう ・給与明細書を見て，実収入と非消費支出について理解する。 ・実収入から非消費支出を差し引いた額が可処分所得であることを確認する。 〈資料「給与明細書と生活費」〉（資料p.177） 2　〈コンピュータソフト1「一人暮らしを始める」〉を用いて，可処分所得から，1ヶ月の生活費を支出してみよう 一人暮らし予算の参考資料をもとに，食料費，住居費，水道光熱費，家具・家事用品，被服費，保健医療費，交通・通信費，教養娯楽費，貯蓄・保険の1ヶ月分の生活費を支出する。なるべく赤字にならないように支出内訳を工夫し，〈アウトプットシート1「一人暮らしを始める」〉をプリントアウトする。 3　〈コンピュータソフト2「意思決定表」〉を用いて，車を購入しよう ・4台の車のカタログを見ながら，意思決定表を用いて，4台を比較検討して，購入する車を決定し，〈アウトプットシート2「意思決定表」〉をプリントアウトする。 ・高価な商品を購入するときは，他社商品との比較やカタログの見方など，特に冷静な判断が必要なことを理解する。

授業の展開	4 〈コンピュータソフト3「車のオートローン返済計画」〉を用いて計画を立てよう • 車の購入には車体本体価格以外に諸経費がかかることを確認する。 • 新入社員で貯金はないと想定し，全額オートローンで借入することとし，ローン返済計画を立てる。 • ローンの返済期間と利率の違いによる返済金額の違いを確認する。 • 返済期間を決めて，毎月のローン返済額を決定し，〈アウトプットシート3「車のオートローン返済計画」〉をプリントアウトする。 5　ローン返済を考えて，生活費を再検討しよう • 毎月のローン返済額を支出するために，〈コンピュータソフト1「一人暮らしを始める」〉で立てた1ヶ月の生活費を再検討し，〈アウトプットシート4「一人暮らしを始める」〉の修正をプリントアウトする。 • 収入は変更できないので，支出費目の金額で削られるところを検討して，収支残高に毎月のローン残高を残すように工夫する。 6　まとめ 1〜5を通して，一人暮らしの家計管理についてわかったこと，考えたことを〈ワークシート「一人暮らしを始めよう」〉にまとめる。 【総時間：2時間】
評価	• 給与明細書の見方と，非消費支出と可処分所得が理解できたか。 • 収入に応じた予算生活ができたか。 • 消費生活における意思決定の方法が理解できたか。 • ローンの返済期間と利率による返済金額の違いがわかったか。 • ローン返済をするために生活費の再検討ができたか。 • 家計管理の重要性が認識できたか。

【授業者：野中美津枝】

○参考資料
• ソフトについては，授業の流れにそって，エクセルを使って3つのシート画面で授業が展開できるように独自に開発した。

4　授業の実践

(1)給与明細書の見方と可処分所得の計算

　2時間続きの1回の授業で，パソコン実習を効果的に組み入れるために，事前授業で「家計の収入と支出の分類」の講義をしておく。そして，復習として，コンピュータ実習の導入で，〈資料「給与明細書と生活費」〉（資料p.177）を示し，それを見ながら〈ワークシート「一人暮らしを始めよう」〉に実収入と非消費支出を確認し，可処分所得を計算する。

(2)可処分所得から1ヶ月の生活費を支出

〈資料「給与明細書と生活費」〉を参考にして，〈コンピュータソフト1「一人暮らしを始める」〉を用いて，各費目ごとに1ヶ月分の支出金額を決めて，決定金額を入力し，プリントアウトする。

(3)〈コンピュータソフト2「意思決定表」〉を用いた車の購入

　車のカタログについては，短時間に比較できるように，車の雑誌等からA4用紙1枚位に1台分のすべての情報が入っている資料を選んで，事前に4台の車のカタログを準備しておく。

【〈コンピュータソフト2「意思決定表」〉を用いた車購入までの手順】
①4台の車のカタログをみて，どの車を買うか考えていく。
②各重視項目について選択するにあたってどのくらい重視するか，それぞれの各項目にウエイトを1から5の範囲で入力する（数値が高い方が，得点が高い）。

③各重視項目について，4台の車を比較して順位得点を入力する。最もよいものから4点，3点，2点，1点の順に得点を入力する。
　④各重視項目ごとに，得点にウエイトをかける(×ウエイト)。
　⑤車種ごとに得点＊ウエイトの合計をして，4台の車の合計点を比較して順位をつける。
　⑥意思決定表の結果を参考にして，購入する車を決定する。

(4)車のオートローン返済計画

　購入する車が決定したら，〈コンピュータソフト3「購入予定の車のオートローン返済計画」〉を用いて，新入社員で，貯金はないと想定し，諸経費を含めて全額を借入金に入力して，返済期間を検討して毎月のローン返済額を確認する。5.5％のメーカー系オートローンで借りるが，同時にパソコン出力画面では，クレジット会社のオートローン14.4％も参考として計算されるようにプログラムしておき，利率の違いによる返済金額の違いを確認させ，プリントアウトする。

(5)ローン返済を考えた生活費の再検討

　〈コンピュータソフト1「一人暮らしをはじめる」〉の1ヶ月の生活費の画面に戻り，〈コンピュータソフト3「購入予定の車のオートローン返済計画」〉で決定した毎月のローン返済額を支払うため，生活費の支出費目の中で削られるところを考えて，収支残高にローン返済額を残すように検討していく。収入金額を勝手に増やしたり，食費や住居費，通勤費をゼロにしないように，現実的にどこが節約できるか考え，プリントアウトする。

(6)ワークシートの記入

　〈ワークシート「一人暮らしを始めよう」〉は，コンピュータ実習の流れにそって，(2)～(5)のアウトプットシートの印刷が出るたびに考えて記入する項目をつくる。パソコン実習は，進度の早い遅いがでるので，進度を統一するため，早く印刷が終わった者はワークシートを記入して，全員の進度がそろうように気を配る。

5　参加型アクション志向学習導入の効果

　家計管理については，高校生は生活費における必要経費の認識が低い。実際に新入社員の一人暮らしの生活費を疑似体験することにより，収入と支出のバランスを実感することができる。また，意思決定表を用いた車の購入により，高額商品を冷静に比較検討することを学習し，さらにローン返済計画を立てることで，借金をして家計管理をすることの大変さと予算生活の必要性を認識していた。

　家計管理ソフトについては，既製の市販品もあるが，いろいろな機能があるため，授業で使用するには説明にかえって時間がかかったり，生徒が別の項目を開いて修正に戸惑ったり，非常に使いにくい。本授業では，2時間続きの授業の流れにそって，ソフトを開発しているので，無駄なく授業を展開できる。そして，パソコン実習では進度に差がでやすいので，印刷ごとにワークシートの記入をする時間をとり，生徒全員の進度をそろえることによって，生徒もあせることなく，確認しながら考える時間ができ，ゆとりをもってパソコン実習が展開できた。

　本授業の原案およびその分析は，「野中美津枝，中間美砂子『消費生活課題解決への主体性意識の育成—パソコンによる一人暮らしの予算作成を導入して—』日本家庭科教育学会誌第46巻第4号，2004」に掲載されている。

6　授業実践の資料

(資料p.177参照)

〈アウトプットシート1「一人暮らしを始める」〉

一人暮らしを始める

作成者　　　1年　　6　組
　　　　　　出席番号　　7　と

一ヶ月分の生活費

費目	金額	%
実収入	211,000	100.0
非消費支出	35,344	16.8
可処分所得	175,656	83.2
支出費目	金額	%
食料費	30,000	17.1
住居費	54,000	30.7
光熱・水道費	12,000	6.8
家具・家事用品	3,000	1.7
被服およびはき物代	10,000	5.7
保健医療費	3,000	1.7
交通・通信費	19,925	11.3
教育費	0	0.0
教養娯楽費	30,000	17.1
貯蓄・保険	13,731	7.8
支出合計	175,656	100.0
収支残高	0	0.0

生活費の過不足

費目	金額
可処分所得	175,656
支出合計	175,656
残高	0

残高＝可処分所得－支出合計

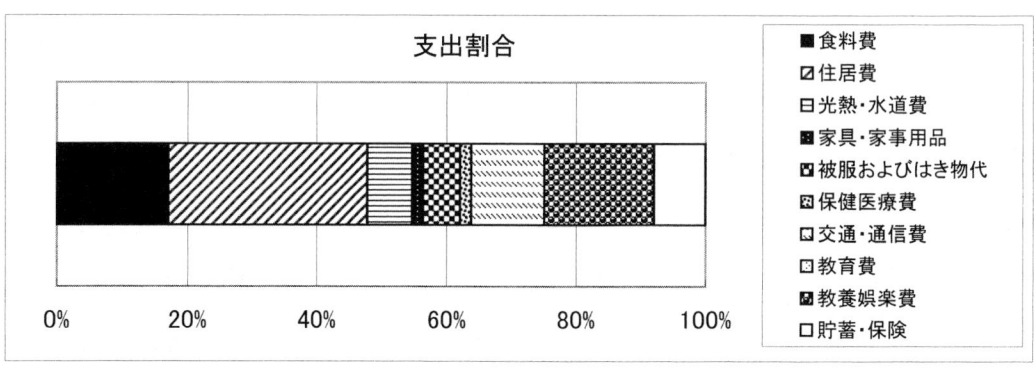

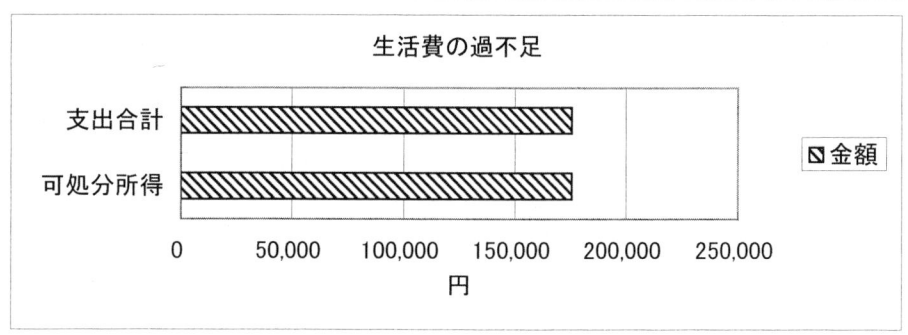

支出割合

生活費の過不足

〈アウトプットシート2「意思決定表」〉

車を買うぞ！！

作成者　1年　6　組

出席番号　7　と　□

意思決定表

車番号		車1		車2		車3		車4	
車　名									
重視項目	ウェイト	得点	*ウェイト	得点	*ウェイト	得点	*ウェイト	得点	*ウェイト
ボディの形	5	2	10	1	5	4	20	3	15
かっこよさ	4	2	8	1	4	3	12	4	16
燃費	3	3	9	4	12	1	3	2	6
色	4	3	12	1	4	4	16	2	8
値段	3	3	9	4	12	1	3	2	6
内装	2	2	4	1	2	4	8	3	6
			0		0		0		0
			0		0		0		0
			0		0		0		0
合　計　点			52		39		62		57
順　　位			3		4		1		2

〈アウトプットシート3「購入予定の車のオートローン返済計画」〉

借入金	2,420,000
利率	5.50%
返済期間（年）	5
月額返済額	¥46,225

ちなみに、上記金額を14.4%のクレジット会社のオートローンで借りた場合

借入金	2,420,000
利率	14.40%
返済期間（年）	5
月額返済額	¥56,812

〈アウトプットシート4「一人暮らしを始める」の修正〉

一人暮らしを始める

作成者　1年　6　組

出席番号　7　と　□

一ヶ月分の生活費

費目	金額	%
実収入	211,000	100.0
非消費支出	35,344	16.8
可処分所得	175,656	83.2
支出費目	金額	%
食料費	20,000	15.6
住居費	54,000	42.2
光熱・水道費	12,000	9.4
家具・家事用品	3,000	2.3
被服およびはき物代	10,000	7.8
保健医療費	3,000	2.3
交通・通信費	11,000	8.6
教育費	0	0.0
教養娯楽費	10,000	7.8
貯蓄・保険	5,000	3.9
支出合計	128,000	100.0
収支残高	47,656	27.1

生活費の過不足

費目	金額
可処分所得	175,656
支出合計	128,000
残高	47,656

残高＝可処分所得－支出合計

〈ワークシート「一人暮らしを始めよう」〉

一人暮らしを始めよう！！ワークシート

1年　　組　　番氏名

1. 1カ月分の生活費

(1) 給与明細書をみて、確認しよう。
① 実収入は支給額合計である（ 211,000 ）円
② 非消費支出は、(健康保険)、(厚生年金)、雇用保険、(所得税)、住民税
を合計した控除額合計である（ 35,344 ）円
③ したがって、可処分所得は [実収入] - [非消費支出]
（ 175,656 ）である。

(2) 支出の内訳をみて、確認しよう。水道費・光熱費
① 支出項目のうち、食料費から交際費までが（消費支出）で、貯蓄・保険は
（支出以外の物）である。
② 食料費は、1日分（ 1,000 ）円として、1カ月分（ 30,000 ）円とした。
③ 支出項目の中で、支出割合が高いものから順に第3位まであげなさい。

費目	金額	％
1位	住居費	30.7
2位	食料費	17.1
3位	教養娯楽費	17.1

(3) 生活費の収支うまくいっただろうか？

	金額
可処分所得	175,656
支出合計	175,656
残 高	0

結果は？　(ぴったり)　黒字　赤字

① 1カ月の生活費を計算した感想を書きなさい。

住居費が非常に高くついてしまった。食料費はしっかりかけすぎだと思うが、削っていくなかでどこがムダになるか、わからないので、そのままだが、たがく余くしょうと思った。たのまの楽のための費用は必要だと思った。

2. 車を買おう!!

(1) 4車種の意思決定表の結果は？

	車			
得点	62	57	52	39
順位	1	2	3	4
選択基準項目の数 （ 6 ）個				

(2) 日頃、あなたは購入選択に悩む方ですか？
非常に悩む、(結構悩む)、悩む方である、あまり悩まない、まったく悩まない

(3) 車の購入選択に意思決定表を使ってみてどう思ったか。

	非常にそう思う	そう思う	あまりそう思わない	そう思わない	まったくそう思わない
①おもしろかった	5	④	3	2	1
②頭の中が整理できてよかった	5	④	3	2	1
③満足できる決定ができた	⑤	4	3	2	1
④情報を整理しやすかった	⑤	4	3	2	1
⑤客観的に比較できた	5	④	3	2	1
⑥ぬかんどうだった	5	4	③	2	1

3. 車のオートローン返済計画

(1) 返済計画の結果は？

借入金	2,420,000
利率	5.50%
返済期間（年）	5
月額返済額	46,225

(2) 返済計画をするにあたり、気をつけたり、計算したりしたことは何ですか？
できるだけ、けずりすぎない計画をたてた。本当は5年をかけたくないが、お金があればどんどん返済していきたいと4年弱ぐらいで返したい。

(3) ローン返済シミュレーションをしてわかったことを書きなさい。
できるだけ、ローンはしないようにしていけない。もし、短い期間でテキパキと返していきたい。ローンしたとそのために日々から残高や貯蓄をたがめて生活をするには、必要があると思った。

4. 生活費の再検討をして、ローン返済額を残高にのこすために工夫した点を書きなさい。

どんなに安いかって見ればいい。あとすぐに1カ月2万円ぐらいにした新聞は会社にかって来料費をかけないようにあって、お金の全部を要する、1カ月2万円、僕は持たない、他のためにお金を保から近いところに住むことも必要だと思った。

5. "一人暮らしを始めよう!!"の授業を通して、考えたことを自由に書きなさい。

一人暮らしは、非常に大変だと思う。車は買ただけでいいだが、一人暮らしは継続費などかかりのお金全要するので、僕は持たないと思うが、年老時にこうして計算をしっかりして、自分らしい生活をすることが大事だと思う。

[経済計画]

22 これからの生活プラン

1 はじめに

　家庭総合における「生活設計」の目標は、「青年期の課題をふまえ、生活設計の立案を通して、自己の生き方や将来の家庭生活と職業生活のあり方を考えさせる」とある。
「生活設計」の授業では、自分の将来の人生設計を、楽しみながら、具体的に立案できる生徒も少なくない。しかし、一方で、高校卒業直後の進路までの立案が精一杯で、それ以降は、まったく白紙であったり、夢ばかりで、ほとんど現実感のない設計であったり、個人情報と言わんがばかりに、正直に書かない生徒もみられるなどして、授業展開がなかなか難しい分野だと感じている。人生80年時代を迎えた現代、長期にわたる人生設計の必要性は高まっている。特に、高校生は、広い視野をもって、自分らしい生き方づくりをふまえて、日々を過ごすことが重要であると考えている。

2 本授業開発のねらい

　最初に、ビデオ「私らしい生き方」の視聴を行い、人生にはさまざまなライフコースがあり、どのコースがすばらしく、どのコースがよくない、ということはないとの共通の認識をもたせるようにする。
　次に、これまで体験したことのない状況を、模擬的に体験できるシミュレーションの手法を取り入れたグループ学習を行った。シミュレーションすることによって、理念ではなく体験として、さまざまな人生のあり方についての新しい発見と行動変容の示唆を得ることができるとされている。
　本題材では、班ごとに異なった8つの家族シチュエーションを設定し、経済計画のシミュレーションをすることにした。グループのシミュレーション完成後、クラス発表を行い、それぞれの家族シチュエーションの違いが各自で比較できるようにした。そのため、生活設計のねらいの1つである「将来の生活を多様に考えることができる」ことも達成しやすいと考えた。
　最後に、生活設計は、経済面だけではないので、その生活で「満足していること」と「不満に感じていること」を考えて発表するようにさせた。

3 授業計画

解決すべき生活問題 （本題材のねらい）	それぞれの家族シチュエーションによる生活設計の立案ができる
個人・家族・地域社会 シチュエーション	【A】独身一人暮らし 【B】親と独身の子ども3人家族 【C】夫婦家族（共働き） 【D】夫婦・子ども1人家族（共働き） 【E】夫婦・子ども1人家族（片働き） 【F】夫婦・子ども2人家族（共働き） 【G】夫婦・子ども2人家族（片働き） 【H】夫婦・子ども3人家族（共働き）

授業の展開	導入した参加型アクション志向学習法	フィルムフォーラム(VTR視聴),シミュレーション
	1 〈ビデオ「私らしい生き方」〉視聴 (1)ライフサイクルについて知る。 (2)ライフステージについて確認する。 (3)高校卒業後さまざまなライフコースがあることを確認する。 2 ビデオの感想を〈ワークシート1「私らしい生き方」〉(省略)にまとめる 3 グループごとに〈ワークシート2「就職から定年までの生活設計シミュレーション」〉を用いて,経済の生活設計を立案する (1)グループごとに,A～Hまでの家族シチュエーションを1つ選ぶ。 (2)生涯賃金・生涯経費・経常収支差を求める。 　①〈資料「生涯賃金・生活経費・ライフイベント・ライフリスク」〉(資料p.178)を配付する。 　②おおよその金額であることを伝える。 　③生涯賃金は,企業規模別に異なるので,班ごとに好きな設定を考えて選択する。 (3)ライフイベントとライフリスクを考える。 　①好きなライフイベントを加える。 　②起こるかもしれないライフリスクを加える。 (4)就職から定年までの生活設計シミュレーションをする。 　①ライフイベントを決める。 　②さいころで,ライフリスク2つを決める。 　③差引残高を計算し,問題がある場合は,修正案を赤字で記入する。 (5)立案した40年間の生活で「満足していること」「不満足なこと」を〈ワークシート2「就職から定年までの生活設計シミュレーション」〉に記入する。 4 発表する(実物投影機を利用する) 5 ふり返りカードを記入する〈ワークシート3「ふり返りカード」〉(省略) 【総時間：3時間】	
評価	・さまざまなライフコースがあり,どのコースも尊重すべきであることが理解できたか。 ・経済シミュレーションを通して,これからの人生の見通しをもつことができたか。	

【授業者：新山みつ枝】

○参考文献・参考資料
- 金融広報中央委員会『暮らしと金融なんでもデータ　17年版』ときわ総合サービス,2005
- ビデオ「私らしい生き方」一橋出版

4　授業の実践

(1)フィルムフォーラム(ビデオ視聴30分)

　このビデオは,「シングル」「共働きの父親」「専業主婦」が自分のライフコースについて語る部分が新鮮である。多様化するライフコースについて考えるきっかけとなる導入に最適なビデオである。

(2)シミュレーション「就職から定年まで」

　〈ワークシート2「就職から定年までの生活設計シミュレーション」〉を用いて,次の手順で,経済計画シミュレーションをおこなった。

①事前に用意したA～Hまでの家族シチュエーションを，班ごとにひとつ決める。(他の班とは重ならないようにする)
②〈資料「生涯賃金・生涯経費・ライフイベント・ライフリスク」〉(資料p.178)を参考にして，経常収支差を計算する。
③さいころを2回振って，ライフリスクを2つ決める。
④好きなライフイベントを決めて差引残高を計算する。
⑤修正案を考える。
⑥経済面だけでなく，その生活で満足していること。不満に思うことを考え，感想をまとめる。
⑦発表者を決める。

(3)実物投影機を利用した発表

▲シミュレーションの実施　　▲発表

(4)〈ワークシート3「ふり返りカード」〉への記入

《「ふり返りカード」より生徒の感想(抜粋)》
◆自分の生活設計に取り入れてみたいこと
- これからの人生が楽しみになった。
- どんなに余裕のある暮らしができていても，ライフリスクをしっかり考えて，お金の管理をしたいです。
- お金を計画的に使う。
- 株を買う。
- 結婚して子どもができたら，家族の時間を増やしたい。
- 海外旅行に行ってみたい。マンションも購入したいので，共働きもいいかなと思った。
- サイドビジネス。
- 免許を取得する。
- 結婚と出産はしたい。
- 共働きがいいなって思いました。
- 株や宝くじでお金が増えたらいいなあ。まあ無理ですけど。

◆感じたこと，考えたこと
- たぶんこんなにお金に不自由しない暮らしをするのは難しいと思った。でも，自分の努力次第では，少しは変わると思った。
- 私も将来的には，A～Hまでのどれの家族になるわけだから，いろいろ参考にして，自分も最終的に残るお金が黒字になり，老後が充実した生活が出来るようにしたいです。

- 自分の中では，一人で暮らすよりも，家庭を築き，家族と一緒に暮らしたい。老後もゆっくりと過ごしたい。
- 現実は，もっと大変だと思います。
- 一生，親と暮らす生き方もあるんだと思った。
- 人生生きていくには，ライフリスクという予期しない出費の為に，お金を貯めておかないといけないと感じた。
- いろいろなライフコースがあってびっくりした。
- いろいろなプランがあってびっくりした。
- これから生きていくのに必要なことを学べたと思う。
- 実際はこんなに豊かな生活はできないけれど，やっぱり充実した生活を送りたいなと思った。
- 世の中お金だと思った。
- やっぱりお金。人情や愛も大切だけど。

5　参加型アクション志向学習導入の効果

　授業者が設定したA～Hの8つの家族シチュエーションを用いて，班ごとに，就職から退職まで，40年間の経済生活シミュレーションを行った。退職後，年金が加わると，さらに計算が複雑になるため，今回は退職までとした。

　班ごとに，家族シチュエーションの設定を変えるこの方法では，必ずしも生徒たちの希望した家族シチュエーションではないため，個人で生活設計を行う場合と比較すると，客観的に考え，話し合うことができた様子であった。また，発表ものびのびと積極的に行っていた。

　さらに，シミュレーションすることによって，模擬的にライフコースを経験することができるため，実感がわきやすい。そして，感想などから，他の班の発表を聴き，多様なライフコースがあることを知ることができた様子もうかがわれた。また，今後の自分の生活設計に取り入れてみたいことも，たくさん挙げられていた。

　経済的な面を中心にシミュレーションさせたことは，具体性があり，生徒にとって興味深いテーマであり，意欲的なグループ学習が行われた。しかし，反面，「人生やっぱりお金が大切」という感想を書いている生徒もいて，「お金だけではないけれど…」といって始めたシミュレーションであったが，そのことばは，やや説得力に欠けるものであったようだ。

　〈資料「生涯賃金・生活経費・ライフイベント・ライフリスク」〉(資料p.178)として示した生涯賃金は，企業規模別，学歴別のものであった。班ごとに選ばせたところ，8グループ中，7グループまでが，「企業規模が大きく」「大卒」という最も賃金が高い層を選択した。その結果，ほとんどの家族シチュエーションで，「豊かな家計」となった。これに気づき，現実はもっとライフリスクも多く厳しいのではないかと感想を書いている生徒もみられた。

　非消費支出についてのデータを調べてみたが，適当な資料がみつからず，総理府統計局の「勤労世帯の家計1人あたり収入及び支出の内訳」を利用した。

　ライフリスクは，予期しないできごとなので，さいころで2つ選ばせた。これは，だれも選択したくないことなので，運任せでよかったと思う。選ぶ個数をもっと多くしてもよかったと思う。

　今後は，保険や老後の資金などについて追加し，より充実したものにしていきたい。

6 授業実践の資料

(資料 p.178 参照)

〈ワークシート2「就職から定年までの生活設計シミュレーション」〉

就職から定年までの生活設計シミュレーション [H] 夫婦・子ども3人家族　H班

1　家族シチュエーション　[H] 夫婦・子ども3人家族（共働き）
2　経常収支差
　　生涯賃金：4億4000万　－　非消費支出：6300万
　　＝　4億999万円
　　経常収支差：2億9690万

3　就職から定年までの生活設計

ライフイベント	収入
運転免許　30×2＝60万 車購入　800万 マンション購入　5000万 本人結婚式　571万 新婚旅行　50×2＝100万 出産　30×3＝90万 幼稚園　156×3＝468万 公立小学校入学入園　174×3＝522万 公立中学校入学　132×3＝396万 公立高等学校入学　159×3＝477万 国立大学　文系　242万円（長男） 私立大学　医科　1306万円（次男） 　　　　　文系　326万円（長女）	経常収支差 （2億9690万円） ライフプラスα お総菜　5万 一年間光熱費　900万
計（1億3558万）	計（ウ　905万）

ア　イーウ
　　（1億2782万）

差し引き残高

4．修正案
①収入を増やす方法
　マンションを多く余分に購入して人に貸し家賃をいただく。
　土地を買い、アパートかなんかを建て大家さんになる。
②支出を減らす方法
　物を大事に使うことで何回も"もう"買わない。

満足していること。
・お金があまっている。
・子供がいっぱいいる。

不満に思うこと。
・ライフプラスいっぱい時に親が借りていてあげられない。

感想
・意外にお金に余裕があったので、びっくりした。

サイフはいっでも母が"にぎっ"てる五女

①収入2

V

資料

1 人生をみつめる(p.28) 〈ワークシート2「人生に関するなりきりアンケート集計用紙」〉

受け取った回答用紙の人になりきって，該当するとき挙手をしてアンケートを集計しよう。

【理想とする仕事の条件】　　　　　　0　　　　　　　50　　　　　　100(%)

健康を損なう心配がない			
専門知識や特技がいかせる			
仲間と楽しく働ける			
失業の心配がない			
働く時間が短い			
高い収入が得られる			
責任者として采配がふるえる			
独立して人に気兼ねなくやれる			
世間からもてはやされる			
世のためになる			
その他			

【家庭に対して求めている役割】

相互が精神的に支え合うこと		
生きがいを実感できる場となること		
日常生活を楽しく充実させること		
経済的な支え		
子どもを教育し，しつけること		
夫婦間の愛情が満たされること		
仕事への活力を回復させる場となること		
年老いた親を支えること		
協力して家事を行うこと		
子孫を残すこと		
その他		

【結婚に対する印象】

責任		
共同生活		
新しい人生		
幸せ		
忍耐		
安定		
束縛		
青春の終わり		
その他		

(以下省略)

2　家事労働について考える(p.34)　〈ワークシート4「家事労働の実践」〉

ポイント	行った日時	内容	気づいたことor学んだこと	家族のサイン
1	月　日～ 　：　～ 　：			
2	月　日～ 　：　～ 　：			
3	月　日～ 　：　～ 　：			
4	月　日～ 　：　～ 　：			
5	月　日～ 　：　～ 　：			
6	月　日～ 　：　～ 　：			
7	月　日～ 　：　～ 　：			
8	月　日～ 　：　～ 　：			
9	月　日～ 　：　～ 　：			
10	月　日～ 　：　～ 　：			
11	月　日～ 　：　～ 　：			
12	月　日～ 　：　～ 　：			
13	月　日～ 　：　～ 　：			
14	月　日～ 　：　～ 　：			
15	月　日～ 　：　～ 　：			

　年　　組　　番　名前

夏休みの宿題

自立には、経済的自立・精神的自立・衣食住など身の周りのことを自分の力で処理する生活的自立があります。夏休みを利用して、家事労働能力を高めよう！

1回10分の家事労働を1ポイントとし、15ポイント分行うこと。
[注]＊「被服に関すること」「食物に関すること」をそれぞれ3ポイント以上含めること。
ただし、次の項目を入れること。「家族や友人などの大切な人へのプレゼント料理」、「家族が喜ぶお弁当」を考え、実際に料理すること。さらに試食の感想を直筆で書いてもらう。できれば、写真を貼付するとよい。
＊このレポートの学校への提出は、　　月　　日　　　　　　　へ提出

[記入例]

ポイント	行った日時	内容	気づいたことor学んだこと	家族のサイン
1	7月30日 12：00～ 　　1：30	昼食作り＊¹ ●ちらしずし ●お吸い物	夏バテ中でも食べられるよう、さっぱりメニューを作った。せん切りが難しかった。	
2	8月3日 10：00～ 10：10＊²	洗濯＆洗濯干し	干す段階でしわを伸ばすと良い。洗濯機の使い方・洗剤の使用量が分かった。	

＊1：プレゼント料理以外の料理を作った場合は、メニューを記入。
＊2：機械に任せている間は時間に含めない。

今回の宿題を通して、自分自身の生活的自立を高めるためには、今後どのようなことをしなければならないと思いますか。

家族からのコメント

6　離乳食―手作りと市販品の比較をしよう―(p.60)　〈ワークシート3「市販品の離乳食の調査をしよう」〉

年　月　日（　曜日　時間目）　年　組　番　名前

市販品の離乳食の調査をしよう

①表示をはがしてあるA〜Dの市販品を試食して、対象年齢順に並べてみよう。

初期	中期	後期	完了期

②表示と試食結果をまとめてみよう。

A　商品名（調理名）	対象月齢	価格

材料（分量）　〜表示より〜

栄養面を比較した気づき	味・食感はどうでしたか

B　商品名（調理名）	対象月齢	価格

材料（分量）　〜表示より〜

栄養面を比較した気づき	味・食感はどうでしたか

C　商品名（調理名）	対象月齢	価格

材料（分量）　〜表示より〜

栄養面を比較した気づき	味・食感はどうでしたか

D　商品名（調理名）	対象月齢	価格

材料（分量）　〜表示より〜

栄養面を比較した気づき	味・食感はどうでしたか

★市販品の離乳食の試食を通して気づいたことをまとめてみよう。

7 育児不安を解消するには(p.66) 〈ワークシート2「育児不安を解消するには」〉

年　月　日（　曜日　時間目）　　　年　組　番　名前

育児不安を生み出す主な原因や背景

①育児（　　　　　）の不足と育児（　　　　　）（育児書，育児雑誌，HP，ほか多数）の氾濫による混乱

②出産にともなう生活の（　　　　　）によるストレス。第一子出産時に退職を希望した者は，26.5％なのに対し，実際に退職した者は，40.3％と，希望に反して（　　　　　）しなくてはならないケースが多い。また，（　　　　　）とのつきあいや，（　　　　　）に費す時間の減少をストレスとしている者が多い。（資料：UFJ総合研究所「子育て支援等に関する調査」厚生労働省委託調査，2003年）

③身体的変化から起きる（a　　　　　　　　　　　　　　）や（b　　　　　　　　　　　　　　）
a：出産直後から1週間ごろまでに出現する一過性の気分と体調の障害をいう。おもな症状は，涙もろさと抑鬱であり，ほかに不安，緊張等の精神的な症状とともに，疲労，頭痛など身体の不調も見られ，数時間から数日続く。
b：出産後数週から数ヶ月以内に出現するうつ病をいう。特徴的な訴えは，「赤ちゃんの具合が悪い」などの子どもに対するものや「わが子への愛情を実感できない」など，母親としての自責感や自己評価の低下などがある。

④地域からの（　　　　　）感　　　　⑤（　　　　　）の対話と相互理解の不足

図1　子育てを通じたつきあい別母親の子育ての楽しさ

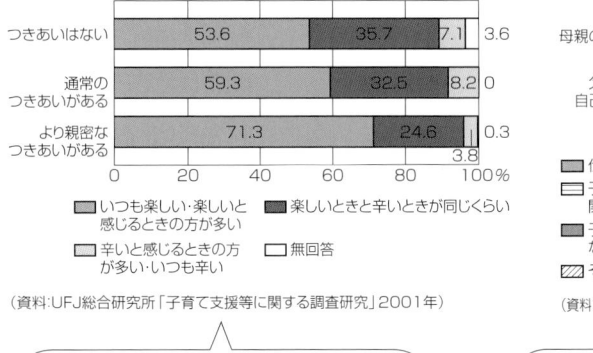

図2　父親の子育てへのかかわりが十分でない理由

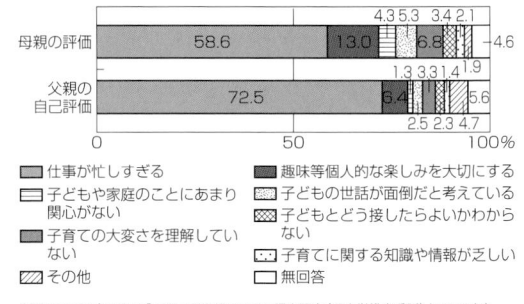

（資料：UFJ総合研究所「子育て支援等に関する調査研究」2001年）

（資料：UFJ総合研究所「子育て支援等に関する調査研究（厚生労働省委託）」2003年）

子育てを通じたつきあいが（　　　　　）ほうが，子育てを楽しく感じられる傾向がある。

希望はあっても（　　　　　）が忙しく育児参加を実現させにくい

妻と夫で理由に差がある（　　　　　）不足？

育児不安を生み出さないためにはどうすればよいだろう？

今の自分は…

将来の自分は…

将来子どもをもったときの自分は…

11　車椅子で街に出てみよう（p.92）〈ワークシート1「校内のバリアフリー度調査用紙」〉
　　　　　　　　　　　　　　　　　　〈ワークシート2「感想カード」〉

　　年　　月　　日(　　曜日　　時間目)　　　　年　　組　　番　名前

校内のバリアフリー度　調査用紙

①正面階段　　段差………　無　・　有　　高さ（　　　　　　　）cm×（　　　　　　　）段
　　　　　　　スロープ…　無　・　有　　（車椅子通行　可）

②トイレ　　　入口（　　　　　　　　　　　　　　　　　　　　　　　　　　　　　　　　）
　　　　　　　トイレドアの形式（　　　　　　　　　　　　　　　　　　　　　　　　　　）
　　　　　　　広さ（　　　　　　　　　　　　　　　　　　　　　　　　　　　　　　　　）
　　　　　　　使い勝手（　　　　　　　　　　　　　　　　　　　　　　　　　　　　　　）

③教室　　　　前ドア形式……　引き戸　・　開閉式（　手前　・　押す　）
　　　　　　　後ろドア形式…　引き戸　・　開閉式（　手前　・　押す　）
　　　　　　　段差…………　無　・　有

④中央階段　　段差…………　無　・　有　　高さ（　　　　　　　）cm×（　　　　　　　）段
　　　　　　　スロープ………　無　・　有　　（車椅子通行　可）

　　年　　月　　日(　　曜日　　時間目)　　　　年　　組　　番　名前

感想カード

1　車椅子に乗る側の立場を経験してみて気づいた点

2　車椅子を押す側の立場を経験してみて気づいた点

3　スーパーで買い物をしてみて気づいた点，工夫や配慮されていたものがありましたか？

4　高齢者や障害者にとって学校周辺の街づくりはどうでしたか？

5　学校のバリアフリーチェックをして気づいた点

6　その他，今日の実習の感想

12 被服材料の性能を考えた被服選び(p.100) 〈ワークシート4「吸水実験」〉

　　　年　　月　　日(　　曜日　　時間目)　　　　年　　組　　番　名前

吸水実験ワークシート

1　実験の手順
①20cm×2.5cmの試験布を用意する。
②試験布の下端1cmのところに線を引く。
③線より下側中央にクリップを1個おもりとしてつける。
④スタンドに試験布を取り付ける。しるしの線が一直線になるように調整する。
⑤バットの中にやかんの色水を入れ，水面が試験布の1cmの線のところになるようにする。
⑥5分間放置後，水の最高吸い上げ位置に鉛筆でしるしを付ける。
⑦試験布をスタンドからはずし，新聞紙の上に置いて，下端1cmから最高吸い上げ高さを測定する。
⑧色水はやかんに戻す。

2　実験結果(たて方向，最高吸い上げ高さ，cm)

	布地名	最高吸い上げ高さ(cm)
1	綿　ブロード(平織)	
2	綿　さらし(平織)	
3	綿　タオル(添毛組織)	
4	綿　よこメリヤス	
5	キュプラ　平織	
6	アセテート　平織	
7	ポリエステル　平織	
8	ポリエステル　たてメリヤス	

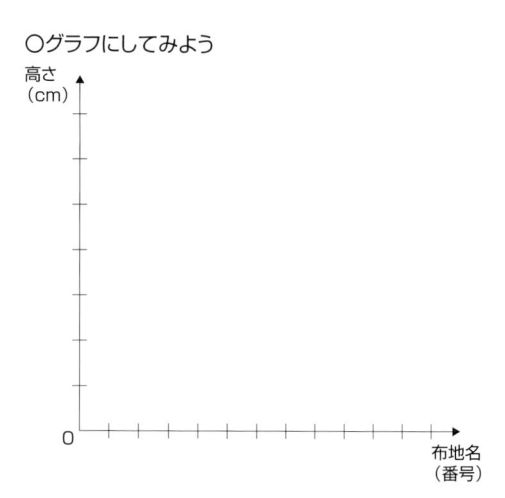

○グラフにしてみよう
高さ(cm)
布地名(番号)

3　考察─実験結果より考察してみよう─
A　繊維の吸水性について，下の語群から選びまとめる。
　　吸水性が高い繊維　（①　　　　　　）（②　　　　　　）
　　吸水性が低い繊維　（③　　　　　　）（④　　　　　　）
　　【語群】　ア)天然繊維　　イ)合成繊維　　ウ)半合成繊維　　エ)再生繊維

B　布の構造に関する吸水性について，それぞれに不等号(＜，＞)で表す。
　　組織の密度　[　　　密で糸目が詰まっている　　　　あらく糸目が大きい　]
　　組織の種類　[　　　　　　　織物　　　　編物　　　　　　　　　　　]
　　織物の種類　[三原組織(平織・斜文織・朱子織)　　添毛組織　　　　　]

4　感想

13 自分らしい着装について考える(p.106) 〈ワークシート3「スーツのコーディネートを考えてみよう」〉

　　　年　　月　　日(　　曜日　　時間目)　　　　年　　組　　番　名前

自分の着装を考えてみよう

①男性用・女性用スーツに合わせて，シャツ(ブラウス)，小物のカラーコーディネートをして，どんな着回し方があるか考えよう。

★スーツは，好きな色を一つ決め，シャツ(ブラウス)や小物の色を変えることでイメージを変える。
★男性用スーツと女性用スーツの色は，異なってもかまわない。

〈男性用スーツ〉　　　　　　　　　　　　　　〈女性用スーツ〉

| 〈工夫したところ〉 | 〈工夫したところ〉 | 〈工夫したところ〉 | 〈工夫したところ〉 |

②自分の服(トップスでもボトムでもよい)を一つ固定し，合わせる服を変えて3つ，コーディネートしてみよう。みんなからイメージされた色や，みんなにイメージしてほしい色など，これまで授業で学習したことをフル活用して配色してみよう。

イメージ			
イラスト			
工夫したところ			

③これらの作業を通してわかったこと，難しかったことなどを記入しよう。
....
....

④これまでの作業や他の資料などから，自分が今後被服を購入したり，日々コーディネートをする際，「色」をどのように取り入れて行きたいと思うか記入しよう。
....
....
....

14 食事と運動のバランスを考える(p.112) 〈ワークシート1「食事調査と生活時間調査」〉

《生活時間》

| 0 | 3 | 6 | 9 | 12 |

| 12 | 15 | 18 | 21 | 24 |

※1日の生活時間から、生活活動の種類ごとの時間を計算する

生活活動の種類	時間(分)	生活活動の種類	時間(分)
睡眠		ボーリング	
休養・談話(座位)		ソフトボール	
休養(読み書き・テレビ)		野球	
談話(立位)		キャッチボール	
食事		ゴルフ	
身の回り(身支度・便所)		ダンス(活発な)	
裁縫		サイクリング	
趣味・娯楽		ハイキング	
車の運転		卓球	
机上事務(授業)		テニス	
乗り物(電車バス・立位)		バレーボール	
徒歩(買い物・散歩)		バドミントン	
洗濯		ジョギング	
炊事		登山	
掃除(電気掃除機)		サッカー・ラグビー	
自転車(普通の速さ)		バスケットボール	
掃除(雑巾がけ)		水泳	
急ぎ足(通勤・通学)		縄跳び	
布団あげおろし		筋力トレーニング	
階段昇降		小計(B)	
小計(A)		合計(A+B)	

※合計時間を1日の1440分にすること

_____月_____日の生活診断記録表　_____年_____組_____番　名前_____

《食事調査》

	食べた時間	献立内容	食べた量
朝食			
昼食			
夕食			
間食			

15 栄養を考えた昼食ショッピング(p.118)〈資料「栄養を考えた昼食ショッピング　食品カード」〉

《表》
おにぎり2個(梅)

240g
食べた場合

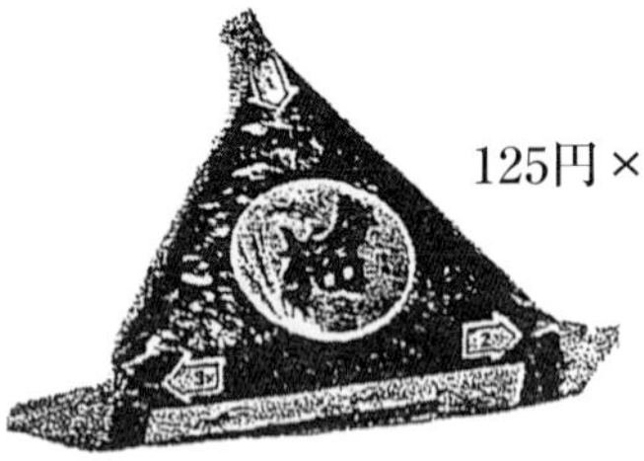

125円×2個

《裏》
おにぎり2個(梅)

男子

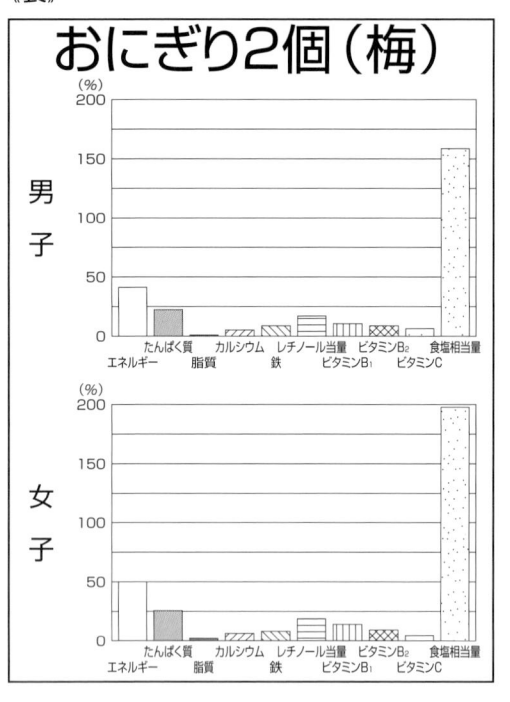

女子

エネルギー／たんぱく質／脂質／カルシウム／鉄／レチノール当量／ビタミンB₁／ビタミンB₂／ビタミンC／食塩相当量

《表》
唐揚げ弁当

鶏唐揚げ，サラダ菜，ポテトサラダ，
きんぴらごぼう，梅干し

495円

《裏》
唐揚げ弁当

男子

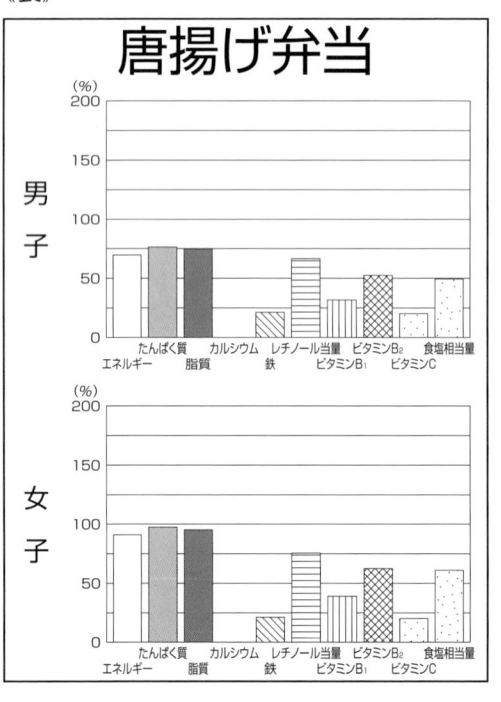

女子

エネルギー／たんぱく質／脂質／カルシウム／鉄／レチノール当量／ビタミンB₁／ビタミンB₂／ビタミンC／食塩相当量

＊グラフは，生活活動強度Ⅲ(適度)の15〜17歳における1日の栄養所要量の約1/3(1食分)を100%とした場合の栄養素の充足率を表す。上段は男子，下段は女子。

21 自分らしい一人暮らしのバランスシート(p.156) 〈資料「給与明細書と生活費」〉

①給与明細書の見方と可処分所得の計算

2時間続きの1回の授業で、パソコン実習を効果的に組み入れるために、事前授業で「家計の収入と支出の分類」の講義をしておく。そして、復習として、パソコン実習の導入で、給与明細書を見ながらワークシートで実収入と非消費支出を確認し、可処分所得を計算する。

〈給与明細書〉

番号	08823	名前			差引支給額	175,656
基本給	職務給	扶養手当	住宅手当	通勤手当	支給額合計	
185,000	10,000	0	10,000	6,000	211,000	
健康保険料	厚生年金	雇用保険料	所得税	住民税	控除額合計	
8,500	17,350	864	8,630	0	35,344	

＊住民税は、年収をもとに翌年納める形をとる

②可処分所得から1ヶ月の生活費を支出(シート1)

支出の内訳を参考にして、各費目ごとに1ヶ月の支出金額を決めて、パソコンに決定金額を入力する。

〈支出の内訳〉

支出費目	内容(一人暮らし予算の参考資料)	決定金額
食料費	1日分(　　　)円として、1ヶ月(30日分)の食料費は(　　　)円	
住居費	3つの広告の中から1つを選んで、家賃を決定　(図中の数字：畳)	

A駅　徒歩6分　■家賃：5.4万円
アパート。85年築。2／3階角部屋。専有面積23.1㎡。2口ガスコンロ使用可。通風良好。

A駅　徒歩20分　■家賃：6.7万円
マンション。新築。7／12階角部屋。専有面積25.9㎡。洗浄便座あり。

B駅　徒歩4分　■家賃：7.5万円
マンション。01年築。2／5階。専有面積30.2㎡。浴室乾燥機あり。ガスコンロ使用可。

光熱・水道費	節約型：8,000円、標準型：12,000円、浪費型：16,000円	
家具・家事用品	トイレットペーパー、シャンプー、洗剤代等	3,000円
被服及び履き物費	デートに着ていく服もほしいし……… 　4,000円、10,000円、20,000円	
保健医療費	病院代、コンタクト用品、理美容代等 　3,000円、5,000円、7,000円	
交通・通信費	通勤にかかる交通費：6,000円、新聞代：3,925円 電話・インターネット代：5,000円、10,000円、15,000円	
教育費	結婚もしていないし、子どもはいないから………	0円
教養娯楽費	趣味や遊びのお金は絶対必要……… 　10,000円、20,000円、30,000円	
貯蓄・保険	できれば財形貯蓄を始めたい、生命保険にも勧誘された……… 　5,000円、10,000円、15,000円	
支出合計		

22 これからの生活プラン (p.162) 〈資料「生涯賃金・生涯経費・ライフイベント・ライフリスク」〉

①生涯賃金について
〈省略〉

②およその生涯経費は，いくらかかるか。

A 家族数別生活費(食費 ＋ 住居費 ＋ 被服費 ＋ その他生活費)

家族数	1人	2人	3人	4人	5人
1ヶ月	129,900円	187,000円	219,440円	251,890円	284,320円
40年間	6,300万円	9,000万円	1億600万円	1億2,100万円	1億4,000万円

B 非消費支出(所得税・他の税・社会保険料など)　(実際には，夫婦共働きか，独身かなどによって異なる)
- 1人あたり　　26,270円／月　　40年間で　約1,260万円
- 2人家族　　　52,540円／月　　40年間で　約2,520万円
- 3人家族　　　78,810円／月　　40年間で　約3,780万円
- 4人家族　　　105,080円／月　　40年間で　約5,040万円
- 5人家族　　　131,350円／月　　40年間で　約6,300万円

(総務省統計局「勤労世帯の家計　1人あたり収入及び支出の内訳」平成15年度―全国／勤労者世帯より)

③ライフイベント(できごと)の例

平均値なので，□□の部分は，いろいろ変更できます

本人結婚式 371+200 =571万円	本人出産 30万円	私立幼稚園 入園・卒業 52×3=156万円	公立小学校 入学・卒業 29×6=174万円	公立中学 入学・卒業 44×3=132万円
公立高校 入学・卒業 53×3 =159万円	私立高校 入学・卒業 103×3 =309万円	私立大学 入学・卒業 文系　326万円 理系　442万円 医学系1,306万円	国立大学 入学・卒業 文系・理系とも 242万円	マンション購入 2,000万円～5,000万円
車購入 200万円／10年乗換 800万円	国内旅行 1人2万円～	海外旅行 1人8万円～	家の改修	趣味用品購入
資格取得 運転免許 30万円	ペットを飼う ゴールデンリトリバー の一生涯飼育費 470万円	短大・専門学校 入学・卒業 大学の1/2		

④ライフリスク(予期できない悪いできごと)

人生には，よいできごとばかりではなく，悪いできごともあります。
起こるかもしれない悪いできごとを考えて，「6」に書き込んでみましょう。

1　1年間失業 900万円	2　火災・地震のための修理 200万円	3　手術・入院 30万円	4　家族の死亡 葬儀　346万円	5　離婚・慰謝料 300万円
6　班で決めましょう (　　　　　) (　　　　　)万円				

※さいころで2つ決めます。

執 筆 分 担 （所属は執筆時）

[編著者]

　中間　美砂子（なかまみさこ　　元千葉大学）
　　はじめに，第Ⅰ章

[著者]（50音順，数字は実践番号）

　小椋　さやか（おぐらさやか　　愛媛県立北条高等学校）
　　7，8

　久保田まゆみ（くぼたまゆみ　　広島市立広島工業高等学校）
　　1，3，19

　小谷　教子　（こだにのりこ　　麻布中学・高等学校（非），日本大学習志野高等学校（非））
　　4，11，20

　坂本　理恵子（さかもとりえこ　神奈川県立横浜旭陵高等学校）
　　2，12

　真田　知恵子（さなだちえこ　　千葉県立千葉東高等学校）
　　9，16，17

　新山　みつ枝（しんやまみつえ　神奈川県立百合丘高等学校）
　　5，15，22

　野中　美津枝（のなかみつえ　　千葉商科大学付属高等学校）
　　10，14，21

　踏江　和子　（ふみえかずこ　　広島市立沼田高等学校）
　　6，13，18

家庭科への参加型アクション志向学習の導入　22の実践を通して
Ⓒ Misako Nakama,2006　　　　　　　　　　　　　NDC375／179p／26cm

初版第1刷	2006年11月1日
第2刷	2012年9月1日

編著者	中間美砂子
発行者	鈴木一行
発行所	株式会社 大修館書店
	〒113-8541　東京都文京区湯島2-1-1
	電話　03-3868-2651（販売部）
	03-3868-2266（編集部）
	振替　00190-7-40504
	［出版情報］http://www.taishukan.co.jp

カバーイラスト	高橋三千男
装丁	井之上聖子
印刷所	広研印刷株式会社
製本所	司製本

ISBN978-4-469-27001-3　　Printed in Japan

Ⓡ本書のコピー，スキャン，デジタル化等の無断複製は著作権法上での例外を除き禁じられています。本書を代行業者等の第三者に依頼してスキャンやデジタル化することは，たとえ個人や家庭内での利用であっても著作権法上認められておりません。